LA

BOURGEOISE

D'ANVERS

PAR

CONSTANT GUÉROULT

PARIS
P. BRUNET, ÉDITEUR
RUE BONAPARTE, 31

LA

BOURGEOISE D'ANVERS

Clichy. — Impr. de Maurice Loignon et Cie, rue du Bac-d'Asnières, 12.

LA

BOURGEOISE

D'ANVERS

PAR

CONSTANT GUÉROULT

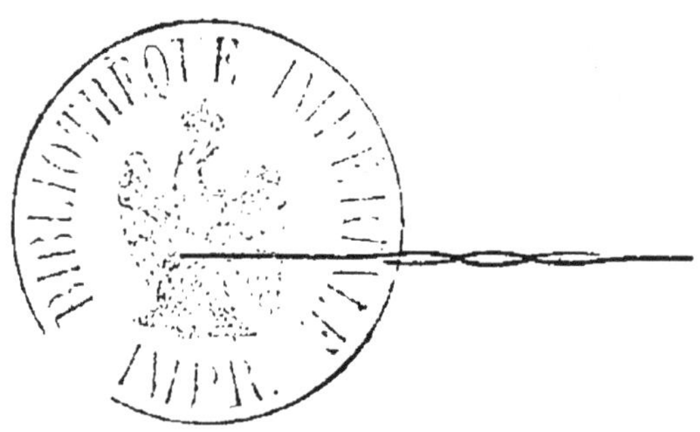

PARIS
BRUNET, LIBRAIRE-ÉDITEUR
RUE BONAPARTE, 31

1864

LA

BOURGEOISE D'ANVERS

I

LES VICTIMES.

Vers la fin du mois de mai de l'année 1573, trois personnes étaient réunies dans une vaste pièce de l'hôtel de Sterbeck, l'un des plus vieux et des plus somptueux bâtiments de la place Verte, à Anvers ; toutes trois semblaient courbées sous le coup d'un immense désespoir. Ces personnes étaient la duchesse de Sterbeck, Noémie, sa fille, et le comte Popoli, fiancé de Noémie.

La cause du désespoir qui les tenait muets et immobiles en face l'un de l'autre, était la condamnation à mort des deux frères de Noémie, dont l'exécution devait avoir lieu le lendemain.

A la nouvelle de leur arrestation, la malheureuse mère avait pris aussitôt le chemin de Bruxelles et était allée se jeter aux genoux du duc d'Albe, demandant avec des pleurs et des cris d'angoisse, la vie de ses enfants, dont la jeunesse eût trouvé grâce aux yeux de tout autre homme ; l'aîné avait vingt ans, l'autre dix-sept à peine.

Mais le duc d'Albe, qui voyait les révoltes se succéder

plus fréquentes et plus redoutables que jamais en face des échafauds, du haut desquels il avait cru les écraser, le duc d'Albe, qui se sentait envahi lui-même sous les flots de sang qu'il avait répandus, et entrevoyait déjà, la rage dans le cœur, la nécessité d'abdiquer bientôt peut-être cette toute-puissance restée stérile entre ses mains, le duc d'Albe, plus dur et plus inflexible que l'acier de son épée, vit la pauvre mère se rouler à ses pieds, s'arracher les cheveux comme une insensée, et pas une fibre ne s'émut dans ce cœur de granit; et, comme il redoutait l'effet d'un pareil désespoir sur une ville où tous les esprits étaient en fermentation, il envoya l'ordre au gouverneur d'Anvers et au chef du conseil des Troubles d'avancer de quelques jours l'exécution des deux frères.

Agée de soixante ans environ, grande et maigre, d'une distinction remarquable dans toute sa personne, avec sa figure longue et pâle, ses yeux bleus et calmes, son abondante chevelure, qui, noire encore la veille du coup qui l'avait si cruellement frappée, blanchissait pour ainsi dire à vue d'œil, la duchesse de Sterbeck offrait le type de la grandeur la plus imposante, unie à la bonté la plus parfaite.

Noémie, blonde, avec les yeux bleus et le doux regard de sa mère, tirait son plus grand charme d'une expression de mélancolie, dont il était impossible de n'être pas touché. Ce trait caractéristique se retrouvait partout, dans le timbre musical de sa voix, dans la lenteur harmonieuse de son geste, dans la gracieuse nonchalance de sa pose et de sa démarche. Aussi beaucoup de jeunes gens, appartenant aux premières familles de la Flandre, avaient-ils demandé sa main, avant même qu'elle n'eût atteint sa seizième année.

Mais la jeune fille, laissée entièrement maîtresse de son choix, et résolue à ne prendre pour époux que l'homme vers lequel son cœur se sentirait entraîné, avait refusé tous les partis, jusqu'au jour où le comte Popoli s'était mis à son tour sur les rangs. Depuis longtemps déjà elle éprouvait une vive sympathie pour l'Italien, qu'elle avait rencontré dans plusieurs fêtes. Ce fut donc avec une joie profonde, quoique discrètement dissimulée, qu'elle l'accueillit et lui permit d'aspirer à sa main.

Les avantages personnels du comte Popoli justifiaient au plus haut point la préférence de Noémie : d'une taille moyenne, pleine d'élégance et de souplesse, il réunissait à peu près toutes les distinctions du type italien, un profil qui tenait de l'antique, animé par une teinte d'un brun ardent, encadré par une chevelure noire, naturellement bouclée, illuminé par un regard où éclataient à la fois l'intelligence et la passion. Quelque chose de doucereux et d'insinuant dans l'expression trahissait le Napolitain et laissait à l'esprit quelques doutes sur la franchise et l'élévation du caractère; mais cette nuance était peu sensible, et il fallait observer le comte bien attentivement pour la saisir.

La duchesse de Sterbeck n'avait eu sur le comte Popoli et sur sa famille d'autres renseignements que ceux qu'il lui avait donnés lui-même; mais la sœur de celui-ci avait épousé le comte de Ristaël qui, portant un des plus beaux noms de la Flandre, et connu par sa pointilleuse susceptibilité touchant la conformité des alliances, offrait par son choix même la meilleure des garanties.

Ulcérée par le malheur, éclairée par de douloureuses expériences, la duchesse avait un instant exprimé la crainte de voir le comte se retirer d'une famille désormais signalée à la haine et à la persécution des Espagnols. Mais Noémie, repoussant avec énergie un soupçon qui outrageait si vivement le caractère de l'homme qu'elle avait jugé digne de son amour, répondit de son dévouement et eut la joie de voir justifiées toutes les espérances qu'elle avait fondées sur lui. Non-seulement il revint plus assidûment à partir du jour où les deux frères de Noémie furent arrêtés, mais il supplia la duchesse de hâter son mariage pour donner à sa famille un chef dont l'appui, dans la situation critique où elles se trouvaient, allait leur devenir indispensable.

— Reprenez courage, madame la duchesse, dit le comte après un long silence, interrompu de temps à autre par un soupir ou un sanglot, tout espoir n'est pas encore perdu. Je vous l'ai dit, ma sœur, la comtesse de Ristaël, voit fréquemment la fille de don Gonzalvo Rivarès, chef du conseil des Troubles; la senora Cornélia lui témoigne une vive amitié, et, grâce à l'absence du gouverneur, don Gonzalvo étant maître de fixer à son gré le jour de l'exécution, nous pouvons espérer un sursis pendant lequel une demande en grâce parviendra au roi d'Espagne.

— Hélas! répondit la duchesse, si le caractère de cette senora Cornélia est tel qu'on le dépeint, autant vaudrait tenter de fléchir le bourreau lui-même.

— Je sais qu'on lui attribue le redoublement des rigueurs qui pèsent sur Anvers, depuis que son père y préside le conseil des Troubles; mais malgré l'austérité sauvage de sa foi religieuse, je ne saurais admettre une telle barbarie dans un cœur de jeune fille, et je ne doute pas, qu'à la sollicitation de ma sœur, elle ne fasse tous ses efforts pour sauver vos deux enfants.

— Allez donc trouver sans retard la comtesse de Ristaël, comte Popoli, et que le ciel vous seconde, dit la duchesse en soupirant, mais je ne sens rien battre dans l'immense vide de mon cœur, et une voix funèbre me dit que rien au monde ne pourra les sauver.

— Et moi j'espère, dit l'Italien en se dirigeant vers la porte.

La duchesse resta immobile et comme pétrifiée sur son fauteuil.

Noémie reconduisit le comte jusqu'à la porte qui ouvrait sur le jardin, toutes les portes et fenêtres qui donnaient sur la place étant fermées depuis trois jours.

— Mon ami, mon cher Paolo, lui dit-elle, vous savez à quel point je vous aime; eh bien! sauvez mes frères, sauvez ma mère, qui ne leur survivrait pas, et il me semble que mon amour pourra s'accroître encore. Vous êtes jeune, brave, dévoué, quels obstacles ne pourriez-vous pas vaincre? Vous réussirez, j'en ai le pressentiment, et alors, ah! alors, quel bonheur, quel ravissement succéderont aux angoisses qui nous tuent aujourd'hui. Allez, et à bientôt, n'est-ce-pas?

— Je me rends directement chez la senora Cornélia, car le temps est précieux, dit le comte, et si je puis lui parler, peut-être serai-je ici avant une heure. Adieu, chère Noémie, comptez sur mon dévoûment.

Noémie lui jeta un regard plein de tendresse à travers ses larmes, puis elle revint s'asseoir près de sa mère, se sentant au cœur comme un rayonnement d'espoir.

— Nous les sauverons, ma mère, dit-elle en portant tendrement à ses lèvres la main de la duchesse ; le comte va parler de nous à cette jeune fille ; il va lui peindre notre désespoir, et il est impossible qu'elle y reste insensible.

— Tout est possible, excepté le salut de mes enfants ; voilà ce que me répond mon cœur quand je l'interroge, dit la duchesse sans relever la tête ; et pourtant j'ai tout tenté ; à cette heure même, six cents hommes, six cents cœurs intrépides, organisent dans l'ombre un complot pour les sauver. Ils sont tous fort braves, tous déterminés à mourir ; ils ont pour chef un Français, un gentilhomme digne de les commander, dont l'adresse et l'énergie sont sans égales ; mais que pourront-ils contre l'arrêt du destin ?

Pendant ce temps, le comte Popoli se présentait chez le président du conseil des Troubles et demandait à parler à la senora Cornelia. Il lui fut répondu qu'elle assistait avec son père à une délibération du conseil et qu'il ne pourrait la voir avant deux heures. L'Italien demanda alors de quoi écrire, et dans quelques lignes rapidement tracées, il supplia la jeune fille de vouloir bien lui accorder une audience. Puis il s'en fut chez le comte de Ristaël, où nous allons le précéder.

II

LA COMTESSE RÉGINA.

La comtesse Régina de Ristaël était accoudée au balcon d'une élégante maison, un de ces bâtiments sans style déterminé, mais d'un caractère plein de pittoresque, comme on en rencontre encore à chaque pas en Belgique, et dans lesquels se trahit l'influence du génie espagnol.

Dans tout l'épanouissement de la jeunesse, car elle paraissait vingt ans à peine, Régina était belle, mais le caractère dominant de sa beauté était l'étrangeté. Le premier sentiment qu'on éprouvait en la voyant tenait autant de la surprise que de l'admiration ; la première pensée qu'elle inspirait était le désir de pénétrer la nature pleine de bizarreries, de caprices et de contradictions que trahissait cette tête à la fois ardente et rieuse, ce regard brillant de finesse et de passion, ce beau front où siégeaient ensemble la noblesse et la ruse, la frivolité et l'exaltation, la raillerie et la foi.

Sa peau brune avait le poli et les tons lumineux du bronze florentin, chaque ligne de son visage, ciselée avec une délicatesse et un fini exquis, exprimait une pensée ou un sentiment. Elle avait des poses, des façons, des airs de tête dont la grâce et la liberté tenaient à la fois de la princesse et de la courtisane, et le mélange de ces deux types se remarquait encore dans sa mise, dont la richesse égalait l'originalité et le sans-façon.

Elle était presque entièrement couchée sur des coussins de velours rouge empilés l'un sur l'autre, le coude posé sur la balustrade du balcon, le menton plongé dans la paume de la main. Sa tête, coiffée d'une espèce de résille rouge d'or dont les glands massifs retombaient de chaque côté du visage, éclairée par un reflet de soleil couchant, dont la lumière faisait resplendir son teint d'or pâle ; cette tête avait quelque chose de l'immobilité granitique et de la fixité mystérieuse des sphynx babyloniens. Une curiosité ardente, profonde, concentrée, étincelait dans son œil noir et donnait à ses traits une exubérance de vie intime dont l'effet était merveilleux et le charme irrésistible.

On devinait qu'elle était née sous un autre climat que celui de la Flandre et qu'une partie de sa vie avait dû se passer ailleurs que dans les classes de la société où toutes les heures sont réglées par l'inflexible compas de l'étiquette :

on le comprenait surtout au cachet tout particulier qu'elle imprimait aux riches étoffes dont elle était couverte et qui sur elle avaient l'air de splendides oripeaux.

Elle était si complètement absorbée qu'elle n'entendit pas entrer son frère, qui s'arrêta un instant sur le seuil à la considérer d'un air soucieux, puis s'avança jusqu'à elle, et la voyant toujours immobile, lui toucha doucement l'épaule pour lui faire savoir qu'elle n'était pas seule.

Régina tourna lentement la tête.

— Ah! c'est vous, comte, dit-elle en reprenant sa première position.

— C'est moi qui vient vous demander un service, Regina.

— Votre demande ne pouvait arriver plus mal à propos, car vous venez de chasser le plus beau rêve!... J'avais jeté mon esprit dans un monde inconnu, j'y trouvais des sensations que je n'avais pas soupçonnées jusque là et dont la nouveauté me charmait au dernier point, et vous êtes venu détruire tout cela ; je suis donc fort mal disposée, mais n'importe, voyons de quoi il s'agit.

Le comte lui fit part de ce qui venait de se passser chez la duchesse de Sterbeck, de l'espoir que cette mère infortunée fondait sur une démarche de la comtesse de Ristaël près de la senora Cornélia, et il finit en la priant de l'accompagner chez celle-ci, ne doutant pas qu'elle ne lui accordât l'audience qu'il lui avait demandée.

Régina l'avait écouté d'un air distrait, et tout en jouant avec les glands d'or de sa résille. Quand il eut fini, elle resta quelques minutes sans répondre, puis se tournant à moitié vers lui, et lui jetant un regard dont la finesse était inexprimable :

— Monsieur le comte, lui dit-elle, je ne suis pas prophétesse, cependant, voulez-vous que je vous prédise, mot pour mot, ce qui va arriver ?

— Parlez, Regina.

— Il va arriver trois choses : l'audience vous sera accordée, la grâce vous sera refusée, et vous aurez déchaîné contre vous la plus furieuse haine de femme que jamais homme se soit attirée.

— J'avoue que je ne comprends pas.

— Cela va venir... Dites-moi, comte Popoli, aimez-vous réellement, sincèrement mademoiselle de Sterbeck ?

— Quelle question !

— Enfin ?

— Je l'aime d'un amour profond, immuable.

— Et vous êtes toujours ambitieux?

— Toujours ?

— Mais cette ambition ne va pas, j'imagine, jusqu'à vous faire commettre des choses contraires à la délicatesse, à l'honneur !

— Ah ça, ma chère Régina, où voulez-vous en venir avec de pareilles questions?

— Je veux savoir si je puis vous donner l'explication de ma prophétie sans vous exposer à vous rendre coupable d'une de ces petites lâchetés qu'il suffit d'indiquer aux vrais ambitieux pour qu'ils courent au-devant.

— Mon ambition ne s'élève pas à cette hauteur.

— J'en suis convaincue; je puis donc vous parler à cœur ouvert et vous dire la vérité sans détour. Eh bien! cette vérité, c'est que la senora Cornélia vous aime; c'est que, si vous étiez de ces natures de bronze qui sacrifient tout au désir de parvenir, il ne tiendrait qu'à vous d'être son mari avant quinze jours, et peut-être gouverneur des Pays-Bas dans quelques mois; car voilà où elle vise, je l'ai devinée, et son ambition, à elle, est de celles qui peuvent arriver à tout.

Le comte Popoli était resté stupéfait, anéanti, mais il eût été impossible de saisir sur son visage autre chose que l'étonnement, et peut-être était-il incapable lui-même de discerner le véritable sentiment que soulevait en lui une révélation aussi imprévue.

Un sourire dédaigneux effleura les lèvres de Regina, qui reprit au bout d'un instant :

— Savez-vous ce que ferait un ambitieux, à votre place, mon cher Paolo? Cette audience demandée pour obtenir la grâce de deux amis, il en profiterait pour déclarer à la senora Cornelia qu'il l'aime depuis longtemps, et pour lui demander la faveur d'aller assister à ses côtés au supplice des deux rebelles.

Le comte tressaillit et garda le silence.

— Heureusement, reprit Régina, rien de pareil n'est à craindre de votre part; vous aimez Noémie et votre ambition se contente d'une alliance honorable, d'autant plus honorable pour vous, qu'elle est complétement désintéressée, puisque la peine capitale que vont subir les deux frères de mademoiselle de Sterbeck entraîne la confiscation des biens de la famille; et vous avez raison, le bonheur est dans la médiocrité et dans le contentement du cœur.

— Mais, dit le comte en souriant d'un air dégagé, qui vous a révélé la prétendue passion dont Cornelia vous paraît atteinte?

— Son regard et sa pâleur chaque fois que vous paraissez devant elle.

— J'aurais cru que son cœur était voué tout entier à l'ambition.

— Je l'ai cru longtemps comme vous.

Le comte reprit après un nouveau silence :

— Si vous êtes si sûre de ne vous être pas trompée, et si vous croyez qu'en demandant la grâce des deux condamnés, je ne fasse qu'exciter contre eux la vengeance de Cornélia, peut-être est-il prudent qu'un autre se charge de plaider leur cause, et vous auriez plus de chances que personne de le faire avec succès, si vous vouliez bien accepter cette tâche.

Régina partit tout à coup d'un éclat de rire.

— Qu'avez-vous donc? lui demanda le comte en rougissant.

— C'est une idée bizarre qui vient de me traverser l'esprit.

— Je serais curieux de la connaître.

— Je me disais qu'il y aurait un calcul sérieux à faire : ce serait de chercher de combien de lâchetés se compose la gloire d'un ambitieux. C'est un problème que je veux m'amuser à résoudre un jour.

— C'est là un de vos mille caprices, répondit le comte

avec quelque embarras, mais je ne comprends pas l'à-propos de celui-ci.

— Le caprice va par bonds, et son plus grand charme est de manquer d'à-propos, répliqua la jeune femme d'un ton railleur.

Puis, toisant le comte d'un rapide coup d'œil :

— Voilà, lui dit-elle, une toilette fort convenable pour consoler une mère au désespoir et mêler ses larmes à celles d'une fiancée, mais ne trouvez-vous pas qu'il serait bien d'en prendre une d'un effet moins attristant pour paraître devant une jeune fille, car après tout Cornélia est une jeune fille, quoiqu'elle n'en ait ni l'esprit ni les façons.

— Je comprends votre pensée et devine parfaitement la raillerie qui se cache sous ce conseil, répondit le comte; mais je vous jure que, pour cette fois, votre esprit et votre pénétration sont en défaut et que je ne suis nullement tenté de manquer à la foi que j'ai jurée à Noémie; ce serait lui briser le cœur et je vous répète que je l'aime de toute mon âme.

— C'est parce que vous l'aimez, c'est parce que vous voulez rendre la vie à ce pauvre cœur, que vous allez quitter des habits dont le moindre inconvénient est de paraître afficher le deuil des rebelles condamnés par le père de Cornelia.

— Mais, dit le comte après un moment d'hésitation, est-ce que vous n'avez pas consenti à faire vous-même cette démarche?

— Oui, certes, mais vous ne prétendez sans doute pas faire à la senora Cornélia Rivarès l'affront de ne pas vous rendre à une audience que vous avez sollicitée?

— Cependant l'objet de cette audience n'existant plus...

— Il faut en trouver un autre et je m'en rapporte pour cela à votre imagination. Seulement n'allez pas oublier, près de l'Espagnole, les serments échangés avec la Flamande.

— Rassurez-vous, Régina, et, je vous en prie, ne parlez plus avec cette légèreté d'une famille si cruellement éprouvée.

Régina devint tout à coup sérieuse, et regardant le comte en face :

— Vous semblez m'accuser de dureté de cœur, lui dit-elle, et voilà ce que je ne veux pas laisser passer. Une fois pour toutes, je veux bien vous le dire, j'ai horreur des gens qui cachent sous un masque de vertu les sentiments les plus hideux ; ce que je crains par-dessus toutes choses, c'est de leur ressembler et je veux l'éviter à tout prix. Vous avez maintenant le secret de mon apparente légèreté en ce qui touche les choses du cœur.

Puis se levant avec une grâce et une légèreté d'oiseau :

— Décidément, dit-elle au comte en reprenant son ton habituel, changez-vous de toilette?

— Je me rends à vos conseils, Régina.

— Allez donc ; je vais me faire moi-même aussi belle que possible, nous nous rendrons immédiatement chez Cornélia, et si je n'obtiens pas que l'exécution de ces pauvres jeunes gens soit retardée jusqu'au jour où l'on aura pu recevoir la réponse du roi d'Espagne, je vous jure que ce ne sera pas ma faute.

Comme le comte allait se retirer, elle le rappela.

— Dites-moi, mon beau comte, je vous ai dit quand vous êtes entré, que vous m'aviez brutalement dissipé un très-beau rêve, et vous n'avez pas même eu la curiosité de me demander à quoi je rêvais.

— Je suis dans mon tort, chère Régina, et je vous assure que je serais très-heureux de connaître...

— Tenez, dit la jeune femme en lui montrant la maison qui faisait face à la sienne. Savez-vous qui habite cette maison ?

— Je ne m'en suis jamais inquiété.

— Et bien, c'est madame Roosendal.

— Ah ! la femme de ce riche marchand ?

— Oui.

— On la dit bien belle.

— Merveilleusement belle ne serait pas assez dire. Je veux vous la montrer un jour, et vous conter les rêveries qu'elle a fait éclore dans mon cerveau.

— A moins que d'ici là elles ne soient chassées par des rêveries toutes contraires.

—Peut-être.

— Ah! j'allais oublier de m'informer du comte.

— Mon mari! toujours retiré dans son cabinet sombre, où nous le trouverons quelque jour transformé en pierre, à coup sûr.

— Et vous ne soupçonnez pas la pensée qui l'absorbe ainsi jour et nuit?

— C'est son secret; je n'ai jamais cherché à le pénétrer.

III

RÊVES.

Le comte reprit après un instant de silence :

— Il y a là un mystère qui m'inquiète.

— Pourquoi?

— Je l'ignore, mais cette tête qui se dessèche de jour en jour, cet œil sombre qui se creuse sans cesse, les regards étranges qu'il vous jette parfois et dont il serait impossible de définir le sens, tout cela me tourmente et me fait craindre souvent..,

— Quoi?

— S'il avait appris... tout ce qu'il y a dans le passé?

— Comment?

— Je ne sais, mais ses étranges façons, le changement complet de ses manières à votre égard, tout me ramène à cette pensée, qui me fait frémir.

Régina haussa dédaigneusement les épaules.

— Vous vous effrayez de peu de chose, mon pauvre Paolo, lui dit-elle. Allez, le comte voit comme je veux et croit ce qu'il me plaît; mon empire sur son esprit est inébranlable, et cette tête frivole, ajouta-t-elle en se touchant le front, tourne la sienne au gré de sa fantaisie, comme la vôtre, mon beau comte, quoique vous puissiez faire pour vous y opposer. Mais s'il arrivait que mon noble époux parvînt à se soustraire à ma domination, si le malheur que vous redoutez venait à se réaliser, eh bien! je vous assure qu'il n'aurait pas le pouvoir de mettre un nuage sur mon front, ni un souci dans mon âme. Je brave le destin, c'est le moyen de le dominer. Mais hâtons-nous, et ne risquons pas de faire attendre la senora Cornélia. Vous viendrez me reprendre ici.

Au bout d'une demi-heure le comte Popoli et la comtesse Régina de Ristaël se trouvaient de nouveau réunis à la même place où nous venons de les voir ; Régina à demi-couchée sur ses coussins, le comte assis à quelques pas d'elle.

— Ne m'avez-vous pas dit que vous aviez demandé votre audience pour deux heures, demanda Régina?

— Oui, répondit le comte.

— Il n'est qu'une heure et demie, nous avons donc encore une demi-heure à nous. Mais qu'avez-vous donc? Comme vous voilà sombre! Ce n'était pas la peine de changer d'habit, si vous gardez votre figure de deuil.

— Je suis soucieux tout au plus, répondit le comte ; mais vous-même, vous avez l'air tout rêveur.

— C'est plus que de la rêverie, c'est de la réflexion, ou plutôt je pense que je suis en train de me transformer.

— A quoi faut-il attribuer ce phénomène?

— A celle dont je vous parlais il y a une heure, ici même, dont la pensée ne me quitte plus et dont le charme agit sur moi, quoique je ne lui aie jamais adressé la parole, quoique jamais nos regards ne se soient rencontrés, à madame Roosendal, enfin. Tenez, il faut que je vous dise les divagations auxquelles m'entraîne son seul voisinage, et ensuite, je réclamerai de vous un grand service.

— Ne suis-je pas à votre discrétion.

— Je dois vous prévenir d'abord que ce que je rêve, c'est tout simplement l'impossible.

— Ceci rentre un peu dans vos habitudes.

— Je voudrais pouvoir souffler sur ma vie passée, et en

faire disparaître jusqu'à la plus légère trace, jusqu'au moindre souvenir; puis, au lieu de cette existence d'aventures, de folle insouciance et d'indépendance absolue qui m'a toujours été si chère, voici celle que j'adopterais. D'abord, chose que je n'ai jamais connue et dont, par cela même, je me fais l'idée la plus charmante, la plus fausse peut-être, j'aurais une *mère* et un *foyer*. Une mère, qui, tous les jours, m'enlèverait de mon berceau dans ses bras, deux beaux bras blancs que j'ai souvent vus en rêve, deux bras maternels, largement, superbement modelés, faits pour recevoir et bercer une tête d'enfant; une mère qui, après m'avoir fait faire ma prière, les mains jointes dans les siennes, les yeux levés sur ses yeux, à elle, tout mon ciel et toute ma providence, peignerait mes cheveux blonds, les réunirait en tresses, m'habillerait avec ce soin et cette passion que comprennent seules les mères, et, m'asseyant à ses pieds, m'apprendrait à lire dans quelque saint livre tout resplendissant d'enluminures.

Un foyer, où l'hiver, quand le vent siffle et que la neige s'entasse silencieusement sur le pavé de la rue, je viendrais m'accroupir en face des beaux châteaux qui s'élèvent et s'écroulent sans cesse dans les bûches embrasées; où, le jour de Noël, me levant au point du jour, m'approchant pieds nus, tremblante et curieuse, je trouverais dans ma pantoufle un déluge de jouets et de bonbons apportés là par l'enfant Jésus. Oh! le beau rêve! et qu'il y a loin de cette enfance imaginaire à mon enfance réelle! Qu'il y a loin du doux esclavage que vous impose la touchante sollicitude d'une mère, à cette vie en plein air, en plein soleil, à travers les buissons, les vêtements déchirés et les cheveux épars, qui fut toute mon enfance à moi!

Mais je poursuis mon rêve. Je me vois jeune fille, travaillant sous les yeux de cette mère attentive à guider mon inexpérience; l'accompagnant à l'église où, les yeux baissés sur mon missel, je devine, sans les voir, tous les regards fixés sur moi; enfin, me retirant le soir dans ma chambre tendue de blanc, et là passant lentement en revue toutes les émotions du jour, émotions innocentes et chastes, et qui cependant font monter la rougeur à mon visage. Quelques années se passent ainsi; puis je me marie, non à quelque prince incomparable, comme en rêvent toutes les jeunes filles, mais à quelqu'un de ces honnêtes bourgeois dont j'ai ri si souvent avec vous.

Alors je me voue tout entière avec bonheur, avec passion, à tous les détails de la vie domestique pour lesquels vous m'avez vu témoigner une si profonde horreur; à mon tour, j'ai des enfants, et ils sont sans cesse sous mes yeux; j'ai une nombreuse famille, et je la réunis souvent à ma table, où je suis heureuse de présider, où je jouis avec orgueil du luxe de mon beau linge damassé, de mes cristaux taillés et de ma riche argenterie. Tous mes plaisirs se bornent à ces fêtes d'intérieur, à accompagner le dimanche mon mari et mes enfants à l'église et à la promenade; à veiller à ce que l'ordre le plus parfait, la propreté la plus minutieuse règnent par toute ma maison; à ce que les vêtements et le linge soient toujours en bon état; à ce que chaque domestique fasse en conscience le travail qui lui est confié...

— Est-ce bien sérieusement que vous parlez? demanda le comte à sa sœur.

— Très-sérieusement, répondit celle-ci : vous voyez donc bien que cette fois c'est l'impossible que j'ambitionne.

— Pauvre Régina! dit le comte, non-seulement votre rêve est irréalisable, mais cette destinée, dont le calme harmonieux offre tant de charmes à votre imagination, vous lasserait bien plus vite que toute autre; toute cette poésie bourgeoise, poésie réelle et vivifiante pour certaines âmes, serait mortelle pour votre nature de feu, et vous ne tarderiez pas à comprendre que vous aviez pris pour une vocation une des mille fantaisies qui traversent votre esprit, ardentes et fugitives comme l'éclair. Demain, vous ne vous souviendrez même plus de cette folie.

— Vous vous flattez donc de me connaître, beau comte, dit Régina?

— Le ciel me préserve d'une pareille présomption, répondit le comte, je sais que vous êtes une créature bizarre, folle comme un enfant, capricieuse comme un oiseau, sage comme un vieillard, spirituelle comme personne, capable de tout, même d'un trait sublime; mais ce que je sais surtout, c'est qu'il n'est donné ni à moi, ni à qui que ce soit de vous connaître, c'est que vous échappez à tous les calculs, à toutes les suppositions, et qu'il est impossible de prévoir en ce moment ce que vous ferez dans une heure.

— Tenez, dit Régina, je veux bien vous dire d'où m'est venu tout à coup mon inexplicable fantaisie. Voici la maison de madame Roosendal; tous les jours à la même heure, je la vois sortir avec son fils, qu'on prendrait pour son jeune frère, car elle paraît trente ans à peine, et sa beauté atteint en ce moment son plus haut degré de splendeur et de pureté. L'innocence de sa vie, le calme radieux de son âme, l'ordre et la régularité de ses occupations, la noblesse de son caractère, tout cela est écrit sur elle, dans sa démarche à la fois haute et imposante, dans son port de tête modeste et fier, et jusque dans les plis de sa robe, qu'on dirait drapés par la pudeur même. Là où elle passe, tout le monde se range pour elle comme pour moi, mais c'est avec un autre sentiment; tous les regards la suivent comme ils me suivent moi-même, mais avec une autre expression; enfin, je comprends que si nous paraissions toutes deux dans une réunion, tous les égards et tous les honneurs seraient pour elle, et je reconnais que ce serait justice. Eh bien! cette femme, sa vie, son entourage, ses émotions, son passé et son avenir, voilà ce qui me séduit, voilà ce que j'envie.

— Vous êtes peintre et poëte, ma chère Régina, voilà tout ce que cela prouve; seulement, ne pouvant jeter sur la toile le tableau que vous avez composé, ne pouvant davantage répandre en vers le poëme que vous avez imaginé, ne sachant que faire alors de vos aspirations, n'ayant pas la ressource de vous en débarrasser par la plume ou par le pinceau, vous vous croyez appelée à vivre de la vie de votre rêve.

— Cette femme, reprit Régina en poursuivant toujours sa pensée, m'inspire en même temps une admiration qui va parfois jusqu'à m'arracher des larmes et une haine qui ne connaît pas de bornes. Je l'admire, enchâssée dans sa vertu comme une madone dans sa niche de fleurs immaculées ; je la hais, parce qu'elle tient dans le monde la place que je voudrais y occuper, parce qu'elle a tout ce qui me manque, l'estime et l'adoration d'un mari qu'elle aime et qu'elle honore ; l'amour, ou pour mieux dire, le culte d'un fils qu'elle idolâtre ; le suprême bon sens, qui est l'esprit des grands cœurs ; l'admiration de toute une ville ; une beauté de vierge et une âme d'enfant ; tous les ravissements de la mère et de la femme, tout enfin, elle a tout et moi je n'ai rien !

— Allons, dit le comte Popoli, vous vous êtes enivrée de votre idéal et vous le voyez à travers les vapeurs qui troublent votre esprit, je n'essayerai donc pas de vous parler raison ; je me contenterai de vous montrer, l'une des ombres de ce tableau qui vous apparaît si brillant de lumière. Ce fils, qu'elle aime de toutes ses entrailles de mère, ce fils qui est sa vie et son sang, pour qui et par qui seul elle existe, ce fils près duquel elle a passé jadis des jours et des nuits sans sommeil, lorsqu'atteint d'une maladie contagieuse et mortelle, tout le monde s'éloignait de lui, eh bien ! ce fils adoré, elle le verra tomber demain peut-être aux mains des bourreaux, qui lui trancheront la tête après avoir brisé ses os et déchiré sa chair.

— Oh ! malheureuse ! malheureuse femme ! s'écria Régina en se tournant vers le comte avec des yeux effarés.

Elle reprit aussitôt :

— Mais ce n'est qu'une supposition, n'est-ce pas ?

— Oui, mais une supposition très-vraisemblable ; sans connaître les membres de la conspiration dont on a été prévenu ces jours-ci, on sait que presque tous les jeunes gens appartenant à la haute bourgeoisie en font partie, et l'âge, ainsi que la position et le caractère bien connu du jeune Christian Roosendal, me font croire qu'il doit être sur la liste des conjurés.

— Savez-vous que ceci est affreux à penser, dit Régina, et que la pauvre femme...

— Eh bien ! êtes-vous toujours tentée de l'envier ?

— Que voulez-vous, s'écria la jeune femme, il faut un aliment à mon imagination, et je n'en trouve pas autour de moi. Je suis tourmentée d'un besoin d'émotions, d'une soif d'inconnu qui me dévorent sans relâche. Quand, retournant ma pensée sur mon âme, je me mets à regarder dans moi-même, elle m'apparaît comme un ciel sombre, immobile et morne, avec un horizon de flamme, où frémissent de temps à autre les sourds rugissements d'un tonnerre lointain, sinistres précurseurs de quelque terrible orage. Sur cet horizon sanglant, je vois passer des ombres qui personnifient mes sentiments et mes aspirations, les unes blanches et pures commes des archanges, les autres fières et menaçantes comme les anges foudroyés. Les passions les plus violentes et les plus coupables, les vertus les plus calmes et les plus suaves se succèdent tour à tour dans cette âme perpétuellement agitée, l'appelant et la tentant avec la même puissance. Élevée en dehors de toutes les règles, je ne saurais, comme les autres femmes, mesurer le vice et la vertu avec le compas de la raison, ou plutôt, de la convention. La vertu, je l'aime, mais je la veux pure et radieuse comme la lumière du soleil; je suis prête à l'adorer, le front dans la poussière, mais à la condition de ne pas voir une ombre sur sa blancheur immaculée. Si elle n'est parfaite, je lui préfère la passion avec ses vertiges et ses abîmes, avec ses langueurs divines et ses désespoirs navrants, avec ses élans de joie qui transfigurent l'âme, et ses foudroiements de douleur qui la pétrifient. La passion contient la souffrance, qui l'épure; la vertu ne peut lui être supérieure qu'en s'associant le martyre. Or, de vertu pareille, je n'en ai pas encore rencontré; le jour où l'on me montrera une femme qui représente cette perfection, je m'incline sur son passage et mets ma gloire à lui servir de marchepied.

Le comte considéra quelques instans sa sœur en silence, puis il s'écria :

— Ma chère Régina, votre caractère m'épouvante; il y a dans votre esprit un mélange de légèreté et d'exaltation qui me fait toujours craindre un entraînement ou un coup de tête.

— Mon beau comte, dit Régina, je ne puis qu'admirer votre haute raison, sans jamais espérer d'y atteindre. Je ne sais si plus tard je pourrai marcher dans la voie étroite de la prudence et de la circonspection, mais, quant à présent, voici en quelques mots mon penchant et mon caractère : jamais nul intérêt, nulle considération humaine ne balanceront à mes yeux l'accomplissement d'une fantaisie; d'une fortune perdue, je pourrais me consoler; mais de porter dans mon cœur un caprice inassouvi, jamais! Je veux bien faire des vœux pour que mon étoile ne m'envoie pas quelque folle tentation, mais, en vérité, c'est tout ce que je puis.

— Oh! malheur! malheur! s'écria le comte.

— Ah! mon cher Paolo, je vous arrête là; quand une fois vous tombez dans l'abîme du désespoir, on ne sait plus quand vous en sortirez. Parlons plutôt du service que je veux vous demander.

— Soit, de quoi s'agit-il?

— Il s'agit de trouver un moyen de me faire faire la connaissance de madame de Roosendal, que je veux voir intimement et dans son intérieur. Enfin je donnerais tout au monde pour obtenir son amitié, pour vivre un peu de sa vie, saisir le secret de ce beau et grand calme qu'elle porte sur elle et qui lui donne une séduction si chaste et si puissante.

— Je ne sais encore comment je pourrai m'y prendre, mais je vous promets d'y faire tous mes efforts.

— Je n'accepte jamais qu'une promesse, celle du succès.

— Je m'engage donc à réussir, mais qui sait si, d'ici là, cette vive sympathie ne sera pas devenue une haine ardente.

— Cela changerait la nature des services que vous auriez à me rendre, voilà tout. Mais voici deux heures qui sonnent à Saint-Jacques, il est temps de nous rendre chez la senora Cornélia.

IV

LES DEUX BOHÊMES.

Au moment où Régina et le comte Popoli entraient chez don Gonzalvo Rivarès, une scène terrible se passait dans la cour de son hôtel et sous les yeux de la senora Cornélia, qui y assistait du haut de son balcon.

Mais cette scène et le rôle qu'y joue la jeune senora paraîtraient peut-être entachés d'invraisemblance, si nous ne commencions par initier le lecteur à ce caractère étrange et aux conditions tout exceptionnelles dans lesquelles il s'était développé.

Élevée à la cour, suivant son père partout où l'entraînaient les devoirs de sa charge, même à l'Escurial, où sa présence était tolérée par une faveur toute particulière, elle avait fini par attirer l'attention du roi qui, frappé un jour de la précocité de son int lligence et du penchant prématuré qu'elle montrait pour les choses sérieuses, l'avait prise en affection et se délassait quelquefois des soucis de la politique en pétrissant ce jeune esprit suivant ses goûts et son caractère.

Déjà entraînée vers cette pente par sa propre nature, il arriva que la jeune fille était rompue à seize ans à toutes les combinaisons de la politique, et que son cœur, desséché par l'étude d'une théologie étroite et méticuleuse, endurci par les maximes impitoyables de son royal directeur, ne comprenait la religion qu'entourée de tortures et d'échafauds.

Philippe la considérait comme son ouvrage et en était fier, admirant intérieurement les nombreux points de ressemblance qui existaient entre elle et lui, la froideur impénétrable de son visage que jamais un sourire n'avait déridé depuis le jour où elle avait quitté les jeux de l'enfance, sa haine immense, ardente, intraitable contre les hérétiques, sa profonde dissimulation, qui la rendait si propre aux luttes perfides de la diplomatie, et enfin, un superbe mépris pour ces faiblesses du cœur qui sont la pierre d'achoppement des plus hautes intelligences. Aussi tout le monde comprit-il, à Madrid, quand son père fut nommé chef du conseil des Troubles, à Anvers, que c'était la senora Cornélia, c'est-à-dire un second lui-même, un esprit tout imprégné de ses sentiments, que Philippe II envoyait dans les Flandres.

Quand elle se vit au milieu de ceux qu'elle s'était de tout emps accoutumée à considérer comme les contempteurs du vrai Dieu, comme des êtres frappés de réprobation, placés en dehors de toute loi et indignes de toute pitié, Cornélia sentit grandir tout à coup les funestes instincts qu'on s'était appliqué à cultiver en elle, et, sous son influence, on vit s'accroître dans une effrayante proportion les supplices destinés à châtier la révolte et l'hérésie.

Le principal mobile auquel elle obéissait, était la foi exaltée, aveugle, sanguinaire dont on lui avait fait une seconde nature, et qui coulait pour ainsi dire dans ses veines; mais, de même que Philippe II mêlait toujours un intérêt personnel aux grandes mesures qui semblaient avoir, et qui peut-être, dans son esprit, avaient la religion pour source unique, un sentiment d'ambition toute terrestre s'était glissé peu à peu dans le cœur de Cornélia et lui avait inspiré l'audacieuse pensée de parvenir un jour à la position de gouvernante des Pays-Bas. Une femme avait déjà occupé ce rang, dont l'autorité et les prérogatives étaient presque royales, et aux yeux de Cornélia, ce précédent justifiait son ambitieuse prétention.

Cette femme, il est vrai, était Marguerite de Parme, fille naturelle de Charles-Quint; mais pour compenser un pareil titre, Cornélia comptait sur l'immense faveur dont elle jouissait près de Philippe II, sur les facultés supérieures dont elle se sentait douée, et sur l'espèce de prédestination qui lui semblait l'appeler à gouverner ce pays et à planter sur son sol l'étendard de la vraie religion.

Chez certaines natures, il suffit d'élever le but pour élargi l'esprit; c'est ce qui arriva à la fille de don Gonzalvo.

Du jour où elle eut conçu ce gigantesque projet, son caractère et son intelligence, mûrissant avec une surprenante rapidité, se trouvèrent de niveau avec le rôle qu'elle se croyait destinée à remplir. Elle s'immisça dans toutes les affaires qui étaient du ressort de son père, et celui ci, promptement dominé par la pénétration de son esprit et par l'énergie de sa volonté, finit peu à peu par lui abandonner entièrement l'immense autorité dévolue au chef du conseil des Troubles.

En révélant ainsi sa force à Philippe II, qu'elle avait instruit de tout par des agents secrets, Cornélia comptait faire germer dans son esprit la pensée de lui confier un jour le gouvernement des Pays-Bas, qui était devenu son rêve de toutes les heures. C'est dans le même but qu'elle tâchait d'élever la persécution contre l'hérésie à la hauteur du sombre et insatiable fanatisme de Philippe.

Revenons maintenant à la scène que nous avons annoncée au début de ce chapitre.

Cette scène se passait, ainsi que nous l'avons dit, dans la cour de l'hôtel du conseil des Troubles, que don Gonzalvo habitait avec sa fille.

Au centre de cette cour dont les quatre côtés étaient garnis de soldats, un homme et une femme complétement isolés de la foule, étaient debout, les mains liées derrière le dos, le visage tourné du côté de Cornélia, qui, du haut de la balustrade où elle trônait comme une reine, les contemplait d'un air sec et impitoyable.

Les deux captifs, jeunes tous deux, étaient remarquables par l'étrangeté de leur costume dont la coupe bizarre et les couleurs éclatantes dissimulaient le délabrement, par la couleur bronzée du teint et par de grands yeux dont la noire prunelle semblait rouler des flammes. La femme, agée de dix-huit ans environ, était douée d'une beauté sauvage, et l'homme, plus âgé qu'elle de cinq ou six années, paraissait cacher une grande force musculaire sous sa maigreur.

— Vous entendez, leur disait en ce moment Cornélia, on vous accuse d'avoir offensé la religion en mangeant aujourd'hui vendredi saint, de la viande, sur les degrés même de la cathédrale?

— Nous sommes de pauvres Bohêmes, répondit l'homme du ton le plus humble et en jetant sur sa compagne un regard plein de tendresse et d'anxiété, nous ignorons vos coutumes, et si nous avons mal fait, c'est sans le savoir.

— Des païens! dit l'Espagnole avec un mélange de haine et de mépris; ils sont doublement indignes de pitié. Qu'on les dépouille tous deux jusqu'à la ceinture et qu'on les flagelle !

Quatre hommes s'avancèrent aussitôt, chacun tenant à la main un fouet formé de longues lanières de cuir.

— Qu'on commence par la femme dit Cornélia.

Les quatre bourreaux s'approchèrent de la pauvre Bohémienne qui les regardait en tremblant de tous ses membres et les traits couverts d'une pâleur mortelle. Mais d'un bond aussi rapide que la pensée, son compagnon s'était élancé jusqu'à elle; une violente secousse l'avait débarrassé des cordes qui liaient ses poignets, et de deux coups portés à droite et à gauche, il avait envoyé rouler à dix pas les deux hommes dont la main s'était déjà posée sur la jeune femme.

Il allait faire subir le même sort aux deux autres atterrés devant une telle preuve de vigueur, quand par un revirement aussi prompt, aussi inattendu que l'avait été son attaque, il se calma tout à coup, croisa ses bras sur sa poitrine et s'adressant à Cornelia encore sous le coup de la surprise:

— Madame, lui dit-il, je vous supplie, par le Dieu que vous servez et qui, dit-on, commande la clémence, ne châtiez que moi seul, ne souffrez pas qu'on fasse souffrir à ma pauvre Zora l'horrible supplice de se voir flagellée nue en face de tous ces hommes, et je vous jure qu'il n'y aura pas dans mon cœur une seule pensée de haine contre vous.

— Qu'on exécute mes ordres, dit Cornélia de sa voix inflexible, et que dix soldats maintiennent cet homme jusqu'à ce que sa digne compagne ait subi son châtiment.

Elle fut aussitôt obéie, et les deux bourreaux qui avaient reculé devant la colère du Bohême, rassurés par la présence des soldats, se dirigèrent résolûment vers Zora.

— Madame, dit le Bohême à Cornélia, écoutez bien la parole que je vais vous dire et le serment que je vais prononcer, car aussi sûrement que le jour nous éclaire à cette heure, rien ne me coûtera, pas même la certitude de la mort, pour accomplir ma vengeance. Faites grâce à Zora, et, je vous le répète, non-seulement je vous pardonne le mal qui me sera fait, à moi, mais vous pourrez compter sur ma reconnaissance, et vos ennemis deviendront les miens. Si, au contraire, votre cœur reste fermé à la pitié, alors je m'attache à vous des dents et des griffes, comme le tigre à sa proie, et je ne vous lâche plus jusqu'à ce que je vous aie broyée.

Cornélia sourit dédaigneusement.

— Ecoutez-moi une minute encore, reprit le Bohême avec une froide énergie, vous avez admiré dans les Flandres ces digues formidables dont la force contient la mer et résiste à toutes les tempêtes; eh bien, ces digues puissantes, un ver infime, un misérable insecte qu'un enfant écraserait dans ses doigts, les creuse, les dévore lentement, et les fait crouler si la main des hommes n'arrive à temps pour réparer ses ravages. La digue puissante, c'est vous, madame; le ver, ce sera moi, et comme ma vie entière sera occupée à vous miner par la base, il faudra bien que vous crouliez un jour. Maintenant décidez, et, quel que soit votre arrêt, quelle que soit la violence de ma douleur, si le fouet de ces hommes déchire le corps de Zora, je vous jure de rester spectateur impassible de son supplice, soutenu par la certitude d'une vengeance à laquelle nulle puissance au monde, que la mort seule, ne pourra vous soustraire.

Cornélia fit un signe aux bourreaux qui, en un clin-d'œil, dépouillèrent la jeune fille et la mirent nue jusqu'à la ceinture, puis les longues lanières s'enroulèrent en sifflant autour de son corps.

La pauvre Bohême jeta un cri terrible et se tordit sous la douleur.

Son compagnon donna la preuve d'une énergie surhumaine, en restant impassible, quoiqu'il fût à six pas des bourreaux et entièrement libre de ses mouvements. Il ne bougeait pas, mais à chaque cri de la jeune femme, on voyait ses muscles se tendre comme des cordes. La sueur ruisselait de son visage; son teint de bronze était couvert d'une pâleur verdâtre, et les lueurs de l'agonie passaient dans ses yeux.

Au bout de cinq minutes, la victime tombait inanimée sur le sol.

— Je te fais grâce et te permets d'emporter ta compagne, dit alors Cornélia.

— A dater de cette heure, lui cria le Bohême en lui montrant le ciel, votre perte est écrite là-haut.

Cornélia rentra chez elle sans daigner répondre.

Arrêtés dans leur marche par la foule qui encombrait la cour, le perron et les couloirs, le comte Popoli et sa sœur avaient été contraints d'assister à cette scène.

— Vous reste-t-il encore quelque espoir de toucher un cœur de cette trempe et d'en obtenir quelque chose en faveur des deux condamnés? demanda le comte à Régina.

— J'en doute beaucoup, mais puisque nous y sommes, tentons toujours. Que dites-vous du serment de vengeance de cet homme?

— Paroles arrachées par le désespoir et dont il ne se souviendra plus dans huit jours.

V.

L'ANGE DE LA PITIÉ.

Quelques instants après le comte et sa sœur étaient introduits près de la senora Cornélia.

Ils la trouvèrent dans une vaste pièce dont le plafond élevé, les corniches sculptées et dorées, la haute cheminée de marbre, et les lambris de chêne d'un brun foncé, étaient d'un effet grandiose et imposant. C'était là que se tenait habituellement Cornélia, admirablement guidée par cet instinct, qui nous fait choisir sans réflexion le milieu qui nous convient le mieux. Il y avait, en effet, une secrète et saisissante harmonie entre les grandes proportions et la richesse sévère de ce salon, et les lignes correctes, sérieuses et inflexibles de cette tête si jeune et si austère. La noblesse un peu roide de son maintien, la fierté impérieuse de son regard froid, pénétrant et toujours direct, avaient quelque chose de royal qui se mariait avec la grandeur simple et large de tout ce qui l'entourait.

Le comte Popoli ne l'avait jamais si bien vue et si bien comprise; aussi sa première pensée fut-elle de se demander comment Régina, qui avait donné la preuve d'un tact presque infaillible dans la plupart de ses jugements, avait pu croire une telle femme capable d'éprouver un autre sentiments que l'ambition.

Cornélia reçut le frère et la sœur avec cette politesse empesée qu'elle tenait à la fois de son caractère et des habitudes qu'elle avait puisées à la cour formaliste de Philippe II.

Quand, sur une invitation laconique, ils se furent assis tous deux à quelques pas de son fauteuil, Régina, qui se sentait toujours glacée par ses façons, s'empressa de prendre la parole :

— Senora, dit-elle, ce n'est pas en amie, mais en suppliante, que je viens vous voir aujourd'hui.

— En suppliante, vous, comtesse de Ristaël, répondit Cornélia avec calme, vous me surprenez beaucoup.

— Senora, reprit Régina d'une voix légèrement altérée, car ce ton glacial la paralysait peu à peu, deux jeunes gens, je pourrais dire deux enfants, ont été condamnés à mort pour une faute dont leur inexpérience n'a pu comprendre la gravité, et dont le châtiment tout entier doit retomber sur ceux qui ont abusé de leur jeunesse pour les entraîner.

La comtesse s'arrêta un instant pour lire sur les traits de l'Espagnole l'impression que lui causaient ces paroles; mais le visage de celle-ci ne trahissait rien ; elle paraissait attendre, quoiqu'elle eût parfaitement compris.

— Ces jeunes gens, reprit Régina, de plus en plus glacée

par cette inaltérable impassibilité, sont les fils de madame de Sterbeck, pour lesquels je ne viens pas vous demander grâce, mais seulement un sursis qui permette à sa famille d'envoyer un des leurs à Philippe II. Vous pouvez, je pense...

— Assez, comtesse de Ristaël, interrompit Cornélia d'une voix brève, et retenez pour l'avenir, que je considère comme hérétique de cœur quiconque intercède en faveur des rebelles et des hérétiques. Non-seulement je n'attendrai pas qu'on s'adresse au roi, mais si Sa Majesté catholique pouvait être tentée de faire grâce à un seul des coupables condamnés par le conseil des Troubles, je quitterais aussitôt les Flandres avec mon père, plutôt que de laisser briser entre nos mains les armes qu'on nous a données pour combattre l'hérésie et la rebellion. Parlons d'autre chose, si vous voulez m'être agréable.

— Ce que j'aurais à vous dire ne pourrait que vous déplaire, répondit Régina avec hauteur; permettez-moi donc de me taire et de me retirer.

Elle se leva et le comte fit de même.

— J'espère, comtesse de Ristaël, dit Cornélia en s'approchant d'elle, que vous voudrez bien oublier des paroles dont je regrette la vivacité, puisqu'elles ont pu vous blesser.

Puis s'adressant au comte :

— Je croyais, comte Popoli, que vous aviez quelque chose à me demander?

— Ma sœur a parlé pour moi, répondit le comte en s'inclinant.

— Ah! c'est pour cela que vous aviez sollicité cette audience, dit Cornélia d'une voix sourde et le visage subitement empourpré par la colère; en effet, n'êtes-vous pas le fiancé de mademoiselle Noémie de Sterbeck! Mais, prenez garde, comte Popoli, il est dangereux d'entrer dans une famille d'hérétiques au moment même où deux de ses membres marchent à l'échafaud, il y a là une intention évidente de braver à la fois le roi et la religion, et peut-être aurez-vous bientôt à vous en repentir.

Le comte s'inclina de nouveau et se dirigea vers la porte, suivi du regard par Cornélia, qui, immobile, les traits pâles, et le front contracté, paraissait en proie aux plus violentes émotions.

Quand il eut disparu avec Régina, elle se laissa tomber sur un siége, plongea sa tête dans ses deux mains et murmura d'une voix vibrante de haine et de douleur :

— Oh ! c'est trop souffrir, mais ma vengeance les atteindra tous deux.

Comme le frère et la sœur sortaient de l'hôtel, ils aperçurent, gisant sur le pavé le corps sanglant de la pauvre Bohême, près de laquelle son compagnon était agenouillé, lavant ses plaies avec de l'eau et des linges qui lui avaient été apportés par quelques gens du peuple, et s'arrêtant de temps à autre pour essuyer les larmes qui inondaient son visage. Pendant ce temps, deux femmes soutenaient la tête de Zora et lui faisaient respirer du vinaigre, car à chaque instant, elle perdait connaissance.

— Pauvre jeune femme ! murmura Régina, profondément émue, elle ne peut rester ici, il faudrait la faire transporter quelque part.

En ce moment, une femme dont la mise annonçait une riche bourgeoise, s'approcha du groupe qui entourait la jeune Bohême, s'informa, examina les plaies, puis, s'adressant à un jeune homme qui l'accompagnait :

— Christian, lui dit-elle, allez chercher deux de nos ouvriers avec tout ce qu'il faut pour transporter commodément cette jeune femme, et dites à Périne de lui préparer un lit.

— J'y cours, ma mère, répondit le jeune homme.

Le Bohême contemplait avec ravissement celle qui parlait ainsi ; son éclatante beauté, la profonde douceur de son regard, le timbre frais et musical de sa voix le tenaient comme fasciné.

— Oh ! madame ! madame ! s'écria-t-il enfin en baisant avec un ardent respect le bas de sa robe, ma vie est à vous désormais.

Et il pleura de nouveau, mais cette fois, c'étaient des larmes de bonheur et d'attendrissement.

— Paolo, dit Régina à son frère, c'est elle, madame Roosendal.

Mais Paolo ne l'entendit pas; ses regards s'étaient fixés sur les traits du Bohême et ne pouvaient plus s'en détacher.

— C'est impossible, murmurait-il avec une espèce de terreur, Pepito est mort! et pourtant ce sont bien ses traits.

Au bout de dix minutes, deux hommes vigoureux, amenés par Christian Roosendal emportèrent la jeune femme sur un matelas.

Son mari allait la suivre quand son regard, cherchant, pour les remercier ceux qui venaient de lui prêter secours, s'arrêta sur Régina d'abord, puis sur le comte Popoli. A l'aspect de celui-ci, il tressaillit vivement, contempla avec surprise les riches vêtements dont il était couvert, puis allant à lui après un moment d'hésitation :

— Lazzaro! murmura-t-il de manière à être entendu de lui seul.

— A qui en as-tu? lui demanda le comte avec hauteur et en le regardant fixement.

— Si vous voulez avoir la bonté de me dire votre nom et votre demeure, monseigneur, j'irai vous le dire à vous-même.

— Tu n'as que faire de mon nom, et je te fais jeter à la porte comme un chien si tu oses te présenter chez moi.

Le Bohême parut sur le point de se laisser aller à un mouvement de colère, mais un regard jeté sur sa personne lui rendit tout son calme.

— Je me suis trompé, veuillez me pardonner, monseigneur.

Et il se retira en arrière.

— Régina, dit le comte à sa sœur, veuillez retourner seule chez vous.

— Que voulez-vous faire? demanda Régina.

— La rencontre de cet homme change toutes mes résolutions, je suis perdu si je tarde un instant à parer le coup qui me menace; je n'ai qu'un moyen de salut, adieu.

— Où allez-vous?

— Chez la senora Cornélia.

VI

LA SENORA CORNÉLIA.

Tout entier à la pensée qui venait de le décider si brusquement à retourner près de Cornélia, le comte Popoli n'avait pas remarqué que Pepito, après avoir marché quelques instants à côté de Zora et s'être informé de l'endroit où on la conduisait, était revenu sur ses pas, et, tapi à l'encoignure d'une rue, l'avait vu rentrer à l'hôtel de don Gonzalvo.

Pepito demanda à un passant quel était cet homme; quand il eut obtenu sur ce point tous les renseignements qu'il désirait :

— Je comprends, pensa-t-il, Lazzaro va me recommander à la senora Cornélia, qui, déjà peu disposée en ma faveur, ne pourra lui refuser le service de le débarrasser d'un misérable Bohême.

Et ruminant mille projets, il se rapprocha lentement de l'hôtel du conseil des Troubles.

Pendant ce temps, le comte Popoli entrait dans la pièce qu'il venait de quitter avec sa sœur. Il y retrouva Cornélia, dont le cœur, mordu par tous les serpents de la jalousie, lui soufflait les plus infernales pensées.

A sa vue, l'Espagnole se leva d'un bond, et lui jetant un regard dur et hautain :

— Encore vous, comte Popoli, lui dit-elle de cette voix brève et tranchante où se révélait toute l'inflexibilité de son caractère.

Un moment atterré par cette réception, le comte comprit aussitôt le motif qui la lui attirait et se remit promptement.

— Senora, lui dit-il en se rapprochant de quelques pas, laissez-moi parler, je vous prie, vous aurez tout à l'heure assez de motifs de m'accabler de votre haine.

Il y avait dans l'accent dont le comte prononça ces paroles, quelque chose de douloureux qui fit impression sur Cornélia. Elle le regarda attentivement et remarqua sur ses traits un trouble et une pâleur qui détendirent un peu sa colère.

— Vous paraissez bien agité, comte, lui dit-elle, asseyez-vous et prenez le temps de vous remettre.

Le comte prit place près de Cornélia, puis levant sur elle un regard qui la fit tressaillir :

— Oh! non, murmura-t-il, non, je n'attendrai pas, car si je ne me hâtais de parler, je n'en trouverais plus le courage dans quelques instants.

— Qu'avez-vous donc de si grave à me dire? demanda l'Espagnole émue des regards, de l'accent et des manières du comte, mais faisant tous ses efforts pour dominer une impression dont elle se sentait humiliée.

— Ce que j'ai à vous dire, balbutia Paolo d'une voix tremblante, et en attachant sur la jeune fille ce regard qui lui traversait le cœur comme une flèche; oh! tenez, quand j'y songe, je sens ma langue se glacer dans ma bouche et mon sang se figer dans mes veines.

— Mais vous m'effrayez presque, dit Cornélia adoucissant tout à coup le timbre de sa voix et l'expression de son visage; voyons, parlez, c'est moi maintenant qui vous en supplie.

— Rappelez-vous que c'est vous qui me l'avez commandé, senora, et écoutez-moi avec toute l'indulgence qu'on accorde à un homme privé de sa raison.

— Je vous le promets, comte, expliquez-vous donc sans crainte.

Paolo garda quelques instants le silence, passant sa main sur son front, dans son épaisse chevelure noire, et paraissant en proie à une lutte intérieure dont la violence lui donnait quelque chose d'égaré. Enfin, il fit un geste qui annonçait une détermination énergique, et s'agenouillant devant Cornélia :

— Senora, dit-il en plongeant son regard au fond des yeux de l'Espagnole, vous voyez bien que je suis fou, puisque je vous aime et que j'ose vous le dire.

— Vous m'aimez, balbutia Cornélia, si vivement émue qu'elle frissonnait de tous ses membres, vous m'aimez, et vous épousez Mlle de Sterbeck?

— Savez-vous pourquoi je voulais l'épouser? répliqua Paolo, c'est que votre image avait pénétré si avant dans mon cœur, dans mon âme, dans tout mon être enfin, que je me sentais sur la pente d'un abîme, en proie à un irrésistible vertige, entraîné malgré moi par la main toute-puissante d'une passion insensée, sans cesse au moment d'aller me jeter à vos pieds et de vous avouer mon amour comme je le fais à cette heure. C'est pour me soustraire à cette brûlante fascination que j'ai voulu élever l'insurmontable obstacle d'un mariage entre vous et mon amour.

Tandis qu'il lui parlait ainsi, donnant à ses traits, à ses yeux, à sa voix, toute la fièvre et toute l'apparence de la passion arrivée à cette limite extrême où elle touche à la folie, Cornélia le contemplait avec un mélange de doute et de ravissement, hésitant entre son cœur qui l'excitait à croire et son esprit qui lui conseillait la défiance.

Enfin, sa pensée lui échappa tout à coup en une phrase prononcée avec un accent qui renfermait à la fois tant d'amour, tant de haine, tant de jalousie, que Paolo en fut un moment ébranlé.

— Ah! s'écria-t-elle en se levant et en se tordant les mains avec frénésie, ah! si vous me trompiez!

— Pourquoi? Dans quel but? répliqua le comte, retrouvant tout à coup son sang-froid.

Cornélia demeura immobile et muette, pressant fortement sont front dans sa main, comme pour comprimer l'orage qui bouleversait son âme et obscurcissait son esprit.

— Tenez, s'écria-t-elle au bout d'un instant, je ne vois plus, je ne comprends plus, je sens qu'à cette heure un enfant mettrait en défaut cette pénétration si vantée; je renonce à faire usage de mon jugement et veux m'en rapporter à vous. S'il est vrai que vous m'aimiez comme vous le dites, eh bien, soyez donc heureux, car moi aussi, je vous aime.

— Vous, senora! vous, Cornélia! vous m'aimez! s'écria Paolo comme étourdi d'un si grand bonheur.

Et il joua le ravissement avec la même perfection qu'il avait joué tout à l'heure le délire de la passion.

Il s'empara de sa main et la couvrit de baisers, et Cornélia, s'abandonnant avec délices aux enivrements d'une passion longtemps bercée au fond de son cœur, longtemps comprimée par l'énergie de sa volonté, lui abandonna cette main tout le temps qu'il voulut la garder.

Plus de dix minutes s'écoulèrent ainsi ; Cornélia ne soupçonnant guère que cette scène avait pour témoins l'œil et l'oreille d'un ennemi.

Ce fut elle qui, la première, retrouva son sang-froid

— Comte Popoli, dit-elle à Paolo, reprenez votre place près de moi, et veuillez m'écouter.

Le comte fut stupéfait de la rapidité avec laquelle elle venait de changer de ton et de maintien.

Il s'assit et attendit, en proie à une vague inquiétude.

— Comte, dit Cornélia, dont les traits avaient repris leur expression sérieuse et austère, je viens de vous faire tout à coup, sans hésiter, un aveu que toutes les jeunes filles ont dans le cœur et qu'elles ne laissent échapper de leurs lèvres qu'après de longs combats. Vous avez été étonné, et qui sait ! scandalisé peut-être de ma conduite en cette circonstance, je vais vous surprendre davantage encore par la déclaration que je vais vous faire.

Que voulez-vous? je ne saurais imiter les petits manéges auxquels se livrent les jeunes filles quand il s'agit d'amour, et je trouve plus digne de vous et de moi d'étaler au grand jour mes pensées et mes sentiments.

Elle réfléchit quelques instants, comme combattue par un reste de défiance, puis se retournant vers Paolo d'un d'un air décidé :

— Écoutez-moi, lui dit-elle, et pesez bien mes paroles, car elles sont graves. Quelque soit le jugement que l'on porte sur mon caractère, que l'on voie dans mes actes des preuves de férocité ou les témoignages d'une grande énergie, il est une chose dont tout le monde conviendra, c'est que je ne suis pas une femme ordinaire, et c'est ce que j'ai voulu. Je suis parvenue à m'élever au-dessus du rôle vulgaire assigné à mon sexe et à me mettre de niveau avec les hommes les plus haut placés, les plus éminents de ce temps-ci. Considérez donc à qui vous parlez avant d'aller plus loin, avant de recevoir une confidence qui vous prouvera ce qu'il y a de sérieux dans le sentiment que je viens de vous avouer, mais après laquelle je ne vous reconnais plus le droit de faire un pas en arrière, car je vous aurai révélé des faits et des sentiments auxquels mon époux seul doit être initié et dont la connaissance devient pour vous un engagement irrévocable. Décidez, dois-je parler ou me taire? Il en est temps encore, il sera trop tard dans un instant.

— Parlez, dit vivement Paolo, puisque cette révélation doit déjà établir un lien entre nous.

— Je parle donc ; sachez d'avance que je vais vous dire des choses et vous dévoiler des pensées que j'ai renfermées jusqu'alors au plus profond de mon cœur, que mon père lui-même ignore et ignorera toujours.

Après un moment de silence, elle reprit de cette voix lente et solennelle qui se mariait si bien à l'expression de son visage et traduisait si nettement son caractère :

— Un jour, j'avais douze ans environ à cette époque, mais j'étais plus sérieuse et plus grave dans mes manières qu'aucune femme de la cour ; un jour donc, que je jouais chez mon père, au milieu d'un petit bois d'oliviers, qui s'étendait à quelque distance du château, je vis sortir tout à coup d'un massif d'arbres un homme dont je reconnus aussitôt le long manteau à grandes bandes transversales, la barbe noire et épaisse, et les yeux de feu, étincelants sous les bords déformés d'un vieux sombrero. C'était un mendiant, dont les traits m'étaient familiers et se liaient à tous mes souvenirs d'enfance. Chaque fois qu'il me rencontrait, il me saluait et me souriait avec une expression qui me l'avait fait prendre en amitié ; ce fut donc avec plaisir que je le vis venir à moi.

— Senora, me dit-il, si je vous ai bien jugée, le ciel vous a donné une de ces intelligences supérieures, une de ces âmes énergiques, auxquelles il faut, pour se développer, un grand rôle et une grande destinée. Vous devez sentir en vous des instincts de puissance et de domination qui ne demandent qu'à être dirigés pour vous porter aux plus hautes positions, et nul autour de vous ne soupçonne ces pensées et ces aspirations, n'est-ce pas?

Tout cela était parfaitement juste et je le lui avouai.

— Eh bien, me dit-il, voulez-vous mettre en moi votre confiance, suivre aveuglément tous mes conseils, me faire part des obstacles que vous pourriez rencontrer en chemin et vous en rapporter à moi du soin de les faire disparaître? Consentez, et je jure de réaliser pour vous le rêve le plus splendide que puisse imaginer l'ambition d'une femme.

Il y avait dans l'accent de Gomez, c'est le nom de mon mendiant, une conviction si profonde et si communicative, que je me sentis de suite en lui une aveugle confiance et je lui fis sans hésiter la promesse qu'il me demandait.

Il commença par m'engager à tout mettre en œuvre pour me trouver fréquemment sur le passage du roi, me recommandant par-dessus toute chose de ne pas forcer ma nature sérieuse, de ne jamais jouer et de ne jamais sourire devant lui. Au surplus, ajouta-t-il, quelque soit le lieu que vous habitiez, je serai toujours près de vous, et jamais mon appui ni mes conseils ne vous manqueront.

Puis il me quitta en me recommandant le secret, même envers don Gonzalvo.

Dans cet entretien, Gomez avait fait preuve d'une pénétration, d'un jugement et d'un esprit de décision dont j'avais été d'autant plus vivement frappée que ces qualités formaient un remarquable contraste avec la nature indolente et la médiocrité d'esprit de mon père. Cette supériorité me subjugua ; je n'hésitai pas une seconde à m'abandonner à la direction de cet étrange conseiller. Je dois ajouter que je n'eus jamais qu'à m'en applaudir, qu'il tint fidèlement tous les engagements qu'il avait pris vis-à-vis de moi, jusqu'au jour où j'ai quitté l'Espagne, car je ne l'ai pas revu depuis. C'est grâce à lui que j'ai toujours pu suivre, sans en jamais dévier, la voie difficile qui m'a conduite au point où je suis arrivée aujourd'hui. Encore quelques mois de persévérance dans la ligne inflexible qu'il m'a tracée, et je verrai se réaliser peut-être, comme il me l'a prédit la plus brillante destinée que puisse rêver un cœur ambitieux ; car s'il faut vous l'avouer, je me crois à la veille d'obtenir de Philippe II le gouvernement des Pays Bas.

— Ah ! dit vivement Paolo, dont une expression de triomphe fit briller le regard à ces dernières paroles.

Il ajouta aussitôt :

— Le duc d'Albe est bien puissant.

Cornélia ouvrit un tiroir, en tira une lettre, et la remettant à Paolo :

— Tenez, lui dit-elle, lisez.

C'était une lettre de Philippe II, lettre dont le contenu, répondant à une série d'insinuations perfides, laissait entrevoir la prochaine disgrâce du duc d'Albe, en même temps que son remplacement presque certain par Cornélia, pour laquelle le roi montrait une confiance et une sympathie très-opposées à sa froideur et à sa circonspection habituelles.

Paolo resta quelques instants sous le coup d'une émotion profonde après la lecture de cette lettre, qui ouvrait tout à coup à son ambition un champ si vaste et si brillant.

— C'est maintenant, dit Cornélia en reprenant la lettre, que j'appelle toute votre attention sur ce qui me reste à vous dire. Sans que Gomez m'ait jamais mise en garde sur ce point, j'ai compris de tous temps qu'on ne saurait être une femme supérieure qu'à la condition de secouer toutes les faiblesses de la femme, qu'on ne peut dominer la foule qu'en renonçant à ses joies et à ses félicités, et que la première chose dont l'ambitieux doive se faire un marchepied, c'est son propre cœur.

Aussi, je vous l'avouerai, je me suis crue déchue du moment où j'ai senti se glisser dans ce cœur un autre sentiment que celui de l'ambition ; ce jour-là j'ai eu une heure de doute poignant et d'horrible angoisse, car je me voyais déjà tombée au rang des femmes vulgaires et je craignais de m'être choquée à l'obstacle qui devait faire crouler tout mon rêve. Après m'être coulée en bronze et posée sur un piédestal, je me retrouvais de chair et d'os et les pieds sur la terre ;

cette pensée me causait contre moi-même une profonde indignation et me jetait dans des accès de sombre découragement. Et pourtant j'ignorais si mon amour était partagé, je n'avais jamais eu cinq minutes de tête-à-tête avec *lui*; il me restait donc à traverser l'épreuve suprême et décisive que je viens de subir tout à l'heure, et je me demandais avec terreur comment j'en sortirais si elle se présentait. Enfin la crise est traversée et le résultat si redouté m'est connu. Tout à l'heure, pendant les deux minutes que vous avez mis à lire la lettre du roi, je me suis interrogée, il y a eu en moi comme un jugement, comme une délibération intérieure, où j'ai étudié froidement la puissance des deux sentiments qui se disputent mon cœur et veulent s'emparer de ma vie.

Eh bien! je suis sortie de cet examen, sinon triomphante, du moins rassurée, plus confiante dans ma force et à peu près convaincue que ma foi et mon ambition réunies vaincront tout ce qui voudra leur faire obstacle. Je me laisse donc aller à mon amour, mais à condition qu'il aidera à ma fortune au lieu de l'entraver. Pour cela, il faut que cette fièvre de fanatisme, que j'ai gagnée au contact de Philippe II, passe en vous et dévore votre âme comme elle dévore la mienne; il faut que, de tous les points de la Flandre, toutes les voix de l'hérésie s'élèvent contre vous assez éclatantes pour faire parvenir votre nom jusqu'à Philippe II. Cette foi sublime, aveugle, impitoyable, qui se ravive aux tortures des hérétiques, qui met sa gloire dans les haines, dans les vengeances qu'elle soulève, cette foi est-elle en vous? Enfin, le rôle que je joue, les sentiments que j'excite, les malédictions qui s'attachent à mon nom, les périls qui me menacent, la responsabilité que j'accepte vis-à vis de la postérité, vous sentez-vous le courage de partager tout cela avec moi? S'il en est ainsi, nos noms, unis dans une commune exécration, donnent à notre mariage un caractère providentiel qui nous vaut non-seulement l'approbation, mais encore toute la faveur du roi. Réfléchissez sérieusement à cela, comte, consultez-vous et décidez avec vous-même jusqu'où peuvent aller l'ardeur de votre foi et l'énergie de votre caractère; vous me ferez part ensuite du résultat de cet examen, et mon parti sera aussitôt pris : ou une prompte union, ou une rupture immédiate et sans retour.

Ambitieux sans vigueur et sans décision, Paolo admirait sincèrement, profondément, cette sauvage énergie, cette virilité de caractère chez une jeune fille qui avait vingt ans au plus, et, en ce moment, il éprouva un vif sentiment d'orgueil d'avoir excité une passion dans une âme de cette trempe.

— Je puis vous donner immédiatement ma réponse et sans avoir besoin d'y réfléchir, dit-il, et je n'ai pour cela qu'à rester conséquent avec ma vie passée. Mes principes religieux, sans atteindre tout à fait à l'exaltation qui vous fait accomplir de si grandes choses pour les intérêts de la vraie religion, sont entièrement conformes aux vôtres, et je m'associerai toujours de grand cœur aux mesures que vous prendrez pour assurer le triomphe de la religion catholique.

— De cœur, c'est quelque chose, murmura Cornélia, mais ce n'est pas assez.

— Que puis-je faire de plus? demanda le comte.

— Je vous le dirai demain, répondit l'Espagnole après un moment de réflexion.

— Pourquoi pas en ce moment?

— Parce que je ne sais pas au juste ce que je vous demanderai; je sais seulement que ce sera quelque chose qui puisse avoir un grand retentissement, quelque chose d'éclatant qui vous jette violemment à mon bord et vous sépare sans retour des tièdes et des indifférents, que vous avez connus jusque-là. Enfin, c'est un coup décisif que je veux frapper, un coup qui attire les regards de toute la ville et vous mette en un jour à mon niveau.

— J'accepte l'épreuve, quelle qu'elle soit, répondit Paolo d'un air résolu.

— Dieu le veuille, comte Popoli; mais notre entretien s'est singulièrement prolongé, il est temps que vous preniez congé de moi.

Paolo se leva, baisa tendrement la main de Cornélia et sortit.

Quelques instants après cet entretien, Pepito entrait chez M. Guillaume Roosendal, et une fois seul avec sa femme, mollement couchée dans un lit excellent, il lui disait les traits rayonnants d'une joie triomphante :

— Zora, je tiens ma vengeance ; le ver a trouvé le joint de la digue, il va la ronger lentement, patiemment, et bientôt elle tombera en poussière.

Il lui raconta alors comment, favorisé par le hasard, soutenu par le démon de la vengeance, il avait pénétré dans l'hôtel sans être vu, s'était trouvé dans un corridor sombre, et, comme il en cherchait l'issue, avait entendu deux voix trop connues de son oreille. Il s'était arrêté, puis attiré par une lueur vague qui semblait jaillir du mur, il avait reconnu là une de ces ouvertures perfides, habilement pratiquées, qui permettent de voir tous les gestes, et d'entendre toutes les paroles des gens qui expriment sans défiance leurs sentiments. Cette ouverture qui, sans doute, avait servi cent fois à Cornélia, l'avait trahie à son tour en livrant son secret à un ennemi.

Franchissons un court intervalle, et quelques heures après que Cornélia a refusé à la comtesse Régina de retarder d'un seul jour l'exécution des deux frères de Sterbeck, nous trouvons sept hommes réunis chez le chevalier Armand de Soulas, gentilhomme français, et organisant un complot pour la délivrance des deux condamnés.

Parmi ces sept hommes, un jeune homme de vingt ans à peine, qu'on appelait Christian et qui, par sa mise et ses manières, paraissait appartenir à l'une des riches familles marchandes d'Anvers, faisait office de secrétaire et prenait des notes.

Chacun de ces hommes pouvait réunir en une heure cent ouvriers de tout état, choisis parmi les plus forts et les plus énergiques, et les six chefs de cette redoutable association avaient élu pour chef suprême et connu d'eux seuls, le chevalier de Soulas.

La réunion avait lieu dans une salle basse, parfaitement

close et donnant sur un jardin ; et la maison, d'ailleurs, était située dans un des quartiers les plus déserts et les plus éloignés de la ville.

Une torche de résine éclairait le centre de la salle, et mettait vigoureusement en saillie les sept chefs debout autour d'une table de chêne. Il y avait là deux étrangers dont les types tranchaient vivement sur les figures carrées, calmes et hardies des Flamands, c'étaient le Français, le chevalier de Soulas, et un Espagnol connu sous le nom de Mastrillo l'Andaloux.

Cet Espagnol était un homme de quarante-cinq ans environ, dont la barbe et les cheveux noirs commençaient à s'argenter. Ses traits vigoureusement accentués, son air taciturne, son regard sombre et fier trahissaient une nature énergique et laissaient soupçonner quelque grande infortune. Il avait été cruellement éprouvé, en effet, et c'était sa haine contre le duc d'Albe, auteur de tous ses maux, qui l'avait jeté dans cette association dont il était devenu un des chefs, grâce à la haute intelligence et à l'implacable résolution qu'on avait découvertes en lui.

Quoiqu'il fût lui-même une exception à la règle établie dans le principe par les Flamands de n'introduire aucun étranger dans leur association, le chevalier de Soulas s'était opposé de tout son pouvoir à ce qu'on y admît un Espagnol, et c'était après de longs débats et vaincu par les garanties qu'il trouvait à la fois dans son caractère et dans ses malheurs, que le Français avait enfin donné son consentement.

Le chevalier Armand de Soulas, gentilhomme poitevin, appartenant au parti huguenot, était un homme de taille moyenne, mais largement découplé, et dont la physionomie, mélange d'audace et de finesse, d'insouciance et de réflexion, était de celles qui inspirent la confiance et autour desquelles on se rallie dans le péril.

— Mes enfants, disait-il aux autres chefs qui, rangés autour de lui l'écoutaient avidement, depuis la condamnation à mort de nos amis, depuis que la pauvre mère a perdu tout espoir de fléchir ce cœur de bronze, ce duc d'Albe, qui ne saurait compâtir à aucune douleur, car il n'a rien de l'homme, depuis ce jour vous m'avez tous supplié tour à tour d'organiser au plus vite un plan d'attaque contre la prison d'où ils ne doivent sortir que pour aller à l'échafaud, et me voyant opposer à vos prières un refus inexorable, vous m'avez cru insensible au sort de ces pauvres jeunes gens, n'est-ce pas ? Allons, avouez que j'ai deviné juste.

— Non, répondit un des Flamands qu'on appelait Moërdeck, nous vous connaissons trop pour jamais douter de votre cœur, mais nous avons pensé que vous jugiez dangereuse en ce moment toute manifestation hostile et que, faisant taire en vous tout sentiment de pitié, vous trouviez dans votre dévouement pour notre cause l'héroïque courage d'assister impassible à l'exécution des deux nobles victimes dont le sort, nous le savons, vous inspire autant d'intérêt qu'à nous-mêmes.

— Sachez donc que je n'ai jamais renoncé à l'espoir de les sauver, je m'en occupe depuis le jour où la Tigresse les a fait arrêter, mais j'avais résolu de ne rien tenter qu'à coup sûr, et c'est d'aujourd'hui seulement que je puis affirmer que nous les sauverons

— Se peut-il ! s'écrièrent plusieurs voix.

— Vous allez en juger.

Tout le monde se rapprocha du chevalier, qui reprit ainsi :

— Si la senora Cornélia a ses espions, moi, aussi, j'ai organisé autour d'elle une surveillance grâce à laquelle aucun de ses actes ne saurait m'échapper, et j'ai su que, redoutant, de la part des Anversois, une tentative pour délivrer les frères de Sterbeck, elle avait expédié l'ordre à Malines de lui envoyer le jour de l'exécution, deux mille soldats et de l'artillerie pour empêcher, par un déploiement de forces imposant, le mouvement qu'elle a prévu. Grâce à cette précaution, elle rendait en effet impossible toute pensée d'une lutte qui ne pourrait que tourner contre nous et à l'avantage de nos ennemis. Je voulais sauver les deux prisonniers, mais je le répète, je voulais avoir de mon côté toutes les chances favorables, et ne pas compromettre le grand intérêt auquel nous nous sommes voués, par un échec qui entraînait inévitablement notre perte et reculait de dix années peut-être l'affranchissement des Flandres. Tout mon plan devait donc consister à isoler la Cornélia avec les quinze cents hommes dont elle peut disposer, et, conséquemment, à retenir dans Malines les troupes et l'artillerie qui doivent lui être envoyées de cette ville.

— Et vous y avez réussi, demanda Mastrillo?

— Complétement; les deux mille hommes et les huit canons demandés par Cornélia arriveront à Anvers trois jours après celui marqué pour l'exécution des deux frères.

— Comment cela? demanda vivement l'Espagnol.

Tous les autres chefs attendaient avec une ardente curiosité l'explication du moyen imaginé par le chevalier de Soulas.

— Tenez, dit le chevalier en montrant un large cachet : voilà le talisman qui va annuler tous les ordres de la Cornélia, et du conseil des Troubles. Ceci est le cachet du conseil lui-même; il m'a été prêté pour cette nuit par un serviteur de don Gonzalvo, moyennant la somme de cent ducats. Vous comprenez le reste maintenant, n'est-ce pas?

J'ai fait écrire par un des nôtres, un scribe habile, imitant parfaitement toutes les écritures, un ordre exprès au chef des troupes de Malines de retarder son départ de trois jours, et ledit ordre, portant la signature de don Gonzalvo, qui s'y serait trompé lui-même, étant revêtu du cachet de son Conseil, dont nul n'oserait méconnaître l'autorité, nous sommes assurés que la troupe de Malines ne bougera pas.

Si la senora Cornélia, égarée par sa fièvre de sang, a l'imprudence de passer outre à l'exécution sans attendre ce renfort, nous attendons à la grande place les deux mille soldats qui accompagneront les condamnés, et nous en viendrons facilement à bout avec nos six cents hommes, tous déterminés et dont l'attaque sera tout-à-fait imprévue. Si, au contraire, la Tigresse se décide à attendre les Espagnols de Malines, alors au premier coup de midi sonnant à la cathédrale, nous débouchons tous en face de la prison, portant, outre nos armes, des pioches et des torches, dans le cas où il faudrait y mettre le feu pour en arracher nos amis. Voilà qui est bien entendu, n'est-ce pas? Tous nos hommes sont prévenus et seront prêts à l'heure.

— Oui, oui, répondirent les six chefs.

— Eh bien! enfants, séparons-nous et allons nous reposer, car nous aurons besoin demain de toutes nos forces et de toute notre énergie.

Ces huit hommes se serrèrent la main, gagnèrent une ruelle étroite au bout du jardin et se dispersèrent.

— Adieu, mon jeune et brave ami, adieu, mon cher Christian, dit le chevalier en se séparant du jeune homme, rentre vite de peur d'éveiller l'inquiétude de ta mère, et à demain.

VII

LA FAMILLE ROOSENDAL.

A l'heure où s'organisait la délivrance des deux frères de Sterbeck, une scène d'un caractère tout opposé se passait chez M. et madame Roosendal, personnages qui tiennent dans notre action une place trop importante pour que nous glissions légèrement sur les détails qui les intéressent.

Né dans la classe ouvrière, simple tisserand d'abord, puis contre-maître, Guillaume Roosendal s'était établi à vingt-cinq ans fabricant de tissus de laine, et à trente-cinq ans, grâce à une activité et à une aptitude tout exceptionnelles pour l'industrie et le négoce, son établissement était devenu un des plus importants de la Flandre.

C'est alors qu'il songea au mariage d'abord, puis à la femme sur laquelle devait se fixer son choix.

Il avait vu, tout enfant, et avait souvent rencontré depuis à l'église, la fille de son ancien patron, mademoiselle Madeleine Van Mordaëns, qui n'avait guère plus de quinze ans alors, et passait déjà pour la plus belle personne d'Anvers.

Grande, développée au physique comme une jeune femme, Madeleine Van Mordaëns, fille d'un père flamand et d'une mère espagnole, réunissait les qualités des deux types, dont les contrastes se fondaient harmonieusement dans sa personne. Elle avait les belles proportions, la fraîcheur virginale, les lignes de madone, l'expression noble et placide de la Flamande, avec l'œil noir, le regard à la fois brûlant et pudique, l'élasticité de taille et de mouvements qui caractérisent l'Espagnole. Sa beauté avait cette fleur de pureté, ce je ne sais quoi de suave et de radieux qui refoule les désirs vulgaires et ne dégage du cœur que l'encens des plus délicates aspirations.

Guillaume Roosendal hésita longtemps à demander sa main; il se sentait rapetissé par la grandeur innée et la noblesse naturelle qui éclataient dans cette jeune fille. Il finit pourtant par s'y résoudre, et M. Van Mordaëns, qui voyait sa maison tomber à mesure que celle de son ancien ouvrier s'élevait et prenait place parmi les plus florissantes de la ville d'Anvers, accueillit sa demande. Madeleine, consultée le soir même, donna son consentement sans qu'on eût jamais pu savoir depuis si elle avait éprouvé pour Guillaume Roosendal quelque sentiment de préférence, ou si elle s'était sacrifiée pour sauver son père d'une ruine qui paraissait probable.

Un mois après, Madeleine Van Mordaëns s'appelait madame Roosendal.

A quelque temps de là, on vit s'opérer dans Guillaume Roosendal une véritable transfiguration. En devenant riche, il n'avait pas changé, il avait conservé l'enveloppe de l'ouvrier, à laquelle s'était superposée la carapace de l'industriel âpre et cupide. Toutes ses facultés étaient tendues vers le gain, et l'esprit de négoce, dans ses nombreuses variétés, formait sa personnalité tout entière. Pour lui, les trois mots : acheter, fabriquer et vendre comprenaient toute la vie et contenaient la gamme de toutes les sensations humaines.

De cette perpétuelle tension d'esprit vers un genre de pensées et d'occupations qui aiguisent l'intelligence, mais en la matérialisant et au détriment du caractère, était résulté chez Guillaume Roosendal un dédain, ou plutôt une ignorance complète de tous les sentiments qui s'agitent au-dessus de la sphère étroite dans laquelle il se renfermait, l'absence de toute noblesse et de toute élévation dans les idées, une admiration exclusive pour l'habileté et les combinaisons commerciales, bref, l'absorption de l'homme dans l'industriel.

Sans qu'elle parût s'en mêler, Madeleine modifia complétement les façons, les goûts et jusqu'au caractère de son mari; la physionomie du marchand se rasséréna, et sa pensée, agrandissant sa sphère et se dégageant des préoccupations matérielles qui la tenaient asservie, communiqua à toute sa personne quelque chose de calme, de digne et de réfléchi, qui en faisait un tout autre homme.

Ce ne fut pas tout; par suite de l'assimilation mystérieuse qui s'établit, même à son insu, entre l'homme et le milieu dans lequel il vit, le même changement s'opéra dans la maison de Guillaume Roosendal.

Le bien-être et le grand luxe qui distinguaient alors les riches marchands flamands, pénétrèrent chez lui et donnèrent à sa demeure un caractère à la fois grandiose et patriarcal. Le linge de tout genre et de toute qualité, s'empila par douzaines dans les hautes armoires de chêne bruni, les meubles sculptés et les bahuts d'ébène remplirent les vastes chambres demeurées nues jusque-là ; des objets d'art, des bronzes, des vases rares, des tableaux de maîtres, s'alignèrent dans les larges galeries qui semblaient devoir rester à jamais le domaine des araignées.

Puis, toute la maison, depuis la cuisine jusqu'aux belles pièces, resplendit de cette propreté exquise qui est à un intérieur ce qu'est un rayon de soleil sur un paysage, car elle aussi éclaire et met en relief jusqu'aux moindres détails, le cuivre étincelant, l'étain mat, le carreau rouge de la cuisine, de même que les coffrets précieux, les antiques tapisseries, les vieux bahuts sculptés autour desquels se joue le matin et s'endort le soir la blonde lumière qui tombe dans les grandes salles à travers les vitraux étroits.

Quand, sous l'inspiration de sa femme, sa maison eut

pris ce grand air d'opulence bourgeoise et de splendeur artistique; quand, dans cette demeure qu'elle avait vivifiée, rayonna la beauté noble et pure, l'âme chaste et grande de Madeleine, alors Guillaume Roosendal vit les plus hauts personnages, les plus honorables citoyens d'Anvers solliciter la faveur d'être admis chez lui.

Madeleine consultée, comme toujours, car Guillaume avait une confiance aveugle dans son jugement droit et net comme son cœur, Madeleine qui, jeune et belle, eût dû rechercher toutes les occasions de briller et de se distraire, fut d'avis que son mari n'accueillît ces demandes qu'avec la plus grande circonspection et ne donnât que deux fêtes par an, après quoi la maison devait être fermée à tous, excepté aux parents et aux vieux amis des deux familles.

Outre ces preuves de considération, Guillaume Roosendal constata, dans les marques de sympathie qu'il recevait de ses compatriotes, des nuances qui furent pour lui comme une démonstration du phénomène qui s'était accompli dans son être moral, et dès lors l'amour immense qu'il avait voué à sa femme, prit toutes les proportions d'un véritable culte. N'avait-elle pas opéré un miracle? Ne lui devait-il pas cent fois plus que la vie, c'est-à-dire les clartés qui reculaient l'horizon de son esprit, et l'initiaient à l'intelligence des grandes choses et des nobles sentiments.

Un mot révèlera tout de suite le sentiment qui avait donné à Madeleine Roosendal l'intelligence et la force nécessaires pour enfanter tous ces prodiges : elle s'était mise à l'œuvre du jour où elle avait senti dans son sein les premiers indices de la maternité. Tout cela fut fait en vue de l'enfant qui allait naître et qu'elle appelait déjà son fils, ne pouvant admettre, tant ses vœux étaient ardents, la possibilité d'une déception.

Et à dater du jour où ce fils vint au monde, elle n'eut plus une pensée, un sentiment, une aspiration qui ne se rapportassent à lui, qui n'eussent pour but son bonheur, sa santé ou son avenir. Sa prévoyance maternelle, embrassant toutes les phases de la vie, entrevit les difficultés qui pourraient embarrasser sa marche et chercha d'avance à les lui aplanir.

C'est pour cela qu'elle voulut avoir, pour lui en faire au besoin une égide ou une auréole, non-seulement la vertu, mais encore les séductions de la vertu. Aussi eut-elle des profondeurs de coquetterie. L'amour maternel, ouvrant dans son esprit des voies jusque-là fermées, l'éclaira tout à coup sur des choses dont elle n'avait pas même le soupçon la veille, et révéla à son innocence des mystères que connaissent seuls les cœurs éprouvés.

Elle comprit que si la vertu est toujours estimée, quelque forme qu'elle revête, il faut le charme et les fascinations de la beauté pour inspirer l'adoration et le dévouement.

Comme si la nature eût voulu se faire la complice d'une coquetterie, dont le but était si pur, il arriva que madame Roosendal vit sa beauté s'épanouir de plus en plus à mesure qu'elle avançait dans l'âge où elle se flétrit chez les autres femmes. Soit qu'il fallût attribuer ce phénomène à l'innocence de son cœur, au calme profond de sa vie, à la douceur inaltérable des émotions qui la composaient tout entière; soit qu'on voulût y voir le rayonnement de l'amour maternel, dont le foyer brûlait si ardent au centre de son âme, il est certain que sa beauté atteignait à cette époque son plus magnifique développement et qu'elle paraissait vingt-huit ans à peine, quoiqu'elle en eût trente-six accomplis.

C'est ainsi que Madeleine Roosendal était devenue pour les Anversois une de ces figures saintes et sacrées auxquelles on ne saurait toucher sans soulever mille vengeances. Le sentiment qu'elle inspirait ressemblait beaucoup au culte des mystiques pour la Vierge; c'était un culte profond, à la pureté duquel se mêlait un amour inavoué et qui élevait l'admiration jusqu'à l'enthousiasme.

Il est dans la vie de toutes les mères, une heure où leur cœur se tord jusque dans ses dernières fibres, heure fatale et terrible, où le malheur, comme un oiseau funèbre, s'apprête à fondre sur ce fruit de leur amour qu'elles ont si longtemps, si tendrement couvé de leur tendresse. Cette heure sonna pour madame Roosendal le jour où pour la première fois, elle entendit son fils exhaler sa haine contre les tyrans de la Flandre.

Epouvantée de ces symptômes, comprenant bien que chez cette jeune et impétueuse nature, il n'y avait qu'un pas de la menace à l'exécution, elle se mit l'esprit à la torture pour trouver ce qui, à tout autre qu'à une mère, eût semblé l'impossible, c'est-à-dire le moyen d'arrêter dans son essor une âme de vingt ans, de la rendre tout à coup indifférente à l'oppression qui soulevait en elle des tempêtes de haine et des torrents de colère.

Ce moyen, elle le trouva dans cet abîme inépuisable de ressources et de stratagèmes sublimes que Dieu a creusé au cœur des mères. Elle ne tenta pas d'éteindre les ardeurs ou d'arrêter les élans de cette âme, mais elle leur donna un autre aliment, et sauva ainsi son fils, du moins elle put le croire, d'une mort aussi terrible qu'inévitable.

Ayant remarqué, dans les quelques fêtes auxquelles elle avait assisté avec lui, qu'ils y rencontraient toujours le comte de Nuyter avec sa fille Sabine, et que de fréquents regards étaient échangés entre les deux jeunes gens ; s'étant assurée que cette inclination était sérieuse de part et d'autre, madame Roosendal s'était rendue un jour avec son mari chez le gentilhomme flamand, lui avait fait part de ses observations, et lui avait demandé pour son fils la main de mademoiselle Sabine de Nuyter. Le gentilhomme commença par consulter sa fille, et, quand elle lui eut avoué la vérité, il répondit qu'aucun titre de noblesse ne valant à ses yeux la haute estime dont jouissait madame Roosendal, il se trouvait très-honoré de s'allier à sa famille.

A partir de ce moment, les deux jeunes gens eurent toute licence de se voir en attendant l'époque de leur mariage, qui fut fixée à deux mois de là. Le jeune homme usa largement de cette liberté et ne parla désormais que de son amour, si bien que sa mère put espérer de l'avoir soustrait pour toujours au péril qui le menaçait.

Ce soir-là, pourtant, Madeleine Roosendal était inquiète ; son fils était sorti immédiatement après le dîner, c'est-à-dire vers trois heures, et, à dix heures, il n'était pas encore revenu. C'était la première fois qu'il rentrait à une heure aussi avancée.

Comme de coutume, elle se tenait dans une petite salle qu'elle affectionnait particulièrement, et ses deux servantes, Marthe et Périne, travaillaient sous ses yeux, à la clarté d'une lampe de cuivre qui brillait comme de l'or.

Assises sur des tabourets beaucoup plus bas que le fauteuil de leur maîtresse, ces servantes étaient éclairées d'en haut, et leurs traits, parfaitement en relief, exprimaient une bonhomie calme et naïve, un dévouement simple et sûr qui rendaient très-sympathique leur grosse face rouge et commune.

Elles réparaient du linge, occupation dans laquelle elles étaient aidées par madame Roosendal, dont l'aiguille allait ordinairement deux fois aussi vite que celles de Marthe et de Périne, et qui, ce soir, s'arrêtait à chaque instant, au grand étonnement des deux servantes.

Pendant ce temps, Guillaume Roosendal lisait pour tout le monde le Nouveau-Testament.

De temps à autre, il s'arrêtait pour jeter un regard sur sa femme dont l'inquiétude était visible, car à chaque instant sa belle tête se penchait sur sa poitrine, et ses yeux noirs restaient fixes et sans regard.

— Mon Dieu ! ma bonne maîtresse, dit enfin Périne, qui comprenait aussi bien que Guillaume la cause de cette grande préoccupation ; il ne faut pas vous chagriner ainsi à l'avance, notre jeune maître se sera laissé entraîner par ses amis à quelque partie de plaisir, c'est de son âge ; ou bien encore peut-être est-il allé passer la soirée chez M. le comte de Nuyter où il s'oublie tout naturellement près de mademoiselle Sabine.

— Oui, cela est possible, ma bonne Périne, répondit Madeleine ; cependant Christian rentre toujours avant neuf heures, et il m'aime trop pour ne pas chercher à m'éviter la moindre inquiétude, surtout en ce moment, après la terrible condamnation de ces pauvres jeunes gens, de ces deux frères, dont le prochain supplice fait pâlir toutes les mères.

— Vous savez bien, ma chère Madeleine, dit à son tour Guillaume, que depuis quelque temps il est complétement absorbé dans son amour, et qu'il ne parle plus jamais des Espagnols.

— Oh ! je suis convaincue que Sabine l'occupe seule, dit vivement Madeleine, et qu'il n'y a pas d'autre cause à ce retard.

Mais il était facile de comprendre à l'accent fiévreux avec lequel elle prononça ces paroles qu'elle n'y croyait nullement, et qu'elle repoussait de tout son pouvoir une crainte, dont la seule pensée la faisait frissonner de temps à autre.

— Bonne maîtresse, dit une voix qui partait du fond de la salle, voulez-vous que j'aille à la recherche du jeune homme? je parcourrai toute la ville, j'irai interroger tous vos amis, dont vous me direz la demeure, et je jure que je vous le ramènerai.

Cette voix était celle du Bohême Pepito qui, occupé dans le coin le plus reculé et le plus obscur de la pièce, contemplait les traits de madame Roosendal avec une admiration naïve et exaltée.

— Merci, mon ami, répondit Madeleine; mais tu me proposes l'impossible, même pour un homme auquel toutes les rues de la ville seraient familières, et tu n'as fait que la traverser.

— Oh ! vous ne savez pas ce que je puis pour vous, maîtresse, pour vous qui avez eu pitié de ma pauvre Zora, qui l'avez prise sanglante, inanimée, jetée nue sur le pavé de cette ville, et lui avez donné chez vous une si bonne et si douce hospitalité ! Aussi Dieu m'est témoin que je n'ai plus désormais dans le cœur que deux pensées : me dévouer pour vous et me venger de Cornélia.

— Laisse la vengeance à Dieu, Pepito, et n'essaie pas de lutter avec cette femme, dont la puissance égale la méchanceté; elle n'a qu'à lever le doigt pour t'écraser, toi et ta pauvre Zora.

— Oui, je suis peu de chose, trop peu pour qu'elle daigne s'inquiéter de ma haine, et c'est ce qui fait ma force.

— Et Zora, comment se trouve-t-elle à cette heure? demanda Madeleine, autant par intérêt pour la jeune femme que pour se soustraire à la pensée qui l'obsédait et dont la torture s'accroissait de minute en minute.

— Elle dort, la povera, répondit le Bohême d'une voix émue, et elle paraît si heureuse de dormir dans ce beau lit, sur ces matelas si moelleux, on voit si bien, pendant ce sommeil, la souffrance qui s'en va et la vie qui revient, que j'ai craint de l'interrompre en respirant trop fort, et je suis venu me tapir dans ce petit coin, où vous avez bien voulu me laisser.

Madeleine se leva tout à coup et resta immobile, paraissant concentrer toutes ses facultés dans une seule sensation.

— Qu'avez-vous donc, Madeleine? lui demanda son mari.

Madame Roosendal releva la tête et une expression de joie vint épanouir son beau visage.

— Ce sont ses pas, dit-elle.

Guillaume prêta l'oreille.

— Je n'entends rien, dit-il, et toi, Périne?

— Moi, pas davantage, répondit la servante.

— Moi, j'entends des pas et je vous dis que ce sont les siens; va ouvrir, Périne.

La servante alluma une chandelle et descendit en hochant la tête, le lourd escalier à rampe massive qui aboutissait à la cour. Elle ouvrit la porte de la rue, en marmottant des paroles inintelligibles, mais elle resta stupéfaite en voyant son jeune maître entrer brusquement.

— C'est bien lui, dit-elle en refermant la porte à grand renfort de verrous et de barres de fer.

— Sans doute, c'est moi, répliqua gaiement le jeune homme; eh! qui diable veux-tu que ce soit, Périne?

Périne lui conta en quelques mots ce qui venait de se passer.

— Ma pauvre mère! mon absence l'a tourmentée à ce point, s'écria le jeune homme.

En trois bonds il fut au haut de l'escalier, puis dans les bras de sa mère.

— Pauvre enfant! dit celle-ci, quand Christain eut serré la main de son père et dit bonjour à Marthe; voyez comme il a chaud; il est venu toujours courant, bien sûr.

— Quand j'ai vu qu'il était si tard, je me suis bien douté que tu serais inquiète, et alors...

— Et alors, tu t'es mis en transpiration, au risque d'attraper une maladie. Voyons, mets-toi là, dit-elle en le faisant asseoir dans son fauteuil, et toi, Marthe, prépare-lui une tasse de lait.

Tout en parlant ainsi, elle essuyait avec son mouchoir les gouttes de sueur qui perlaient au front du jeune homme.

— Je parie, dit-elle, en écartant de la main les boucles de cheveux noirs qui retombaient sur ses tempes, je parie que tu étais encore dans la société de ce Français, de ce chevalier de Soulas.

— C'est vrai, ma mère, répondit Christian après un moment d'hésitation.

— Je n'aime pas cela, ces Français sont des insensés qui recherchent les aventures et se font un jeu de braver le péril; je te l'ai déjà dit, mais tu ne te plais qu'à m'affliger.

— Heureusement que tu ne penses pas un mot de ce que tu dis-là, répondit le jeune homme en souriant et en offrant son front à Madeleine, qui l'embrassa.

Marthe apporta la tasse de lait à madame Roosendal, qui la remit à Christian.

Le jeune homme était le portrait vivant de sa mère; de taille moyenne, fine et dégagée, il avait dans le port, dans le regard, dans l'expression du visage quelque chose d'ardent et d'impétueux qui annonçait une nature toute de cœur et d'élan. Aussi était-il adoré des ouvriers de son père, du vieux contre-maître et des deux servantes, qui tous l'avaient connu enfant et l'avaient vu grandir sous leurs yeux, et il leur rendait largement leur affection.

Dans le sentiment que lui inspirait son père, il y avait autant de respect que d'amour filial, mais sa mère était tout pour lui, et quand il parlait d'elle, c'était avec un mélange d'enthousiasme et d'attendrissement qui attestait la grandeur de son affection.

Du coin où il se tenait immobile et muet, le Bohême contemplait cette petite scène entre le fils et la mère avec la surprise et le ravissement qu'éprouverait un aveugle, voyant tout à coup se dérouler sous ses yeux, rendus à la lumière, un parterre de fleurs éblouissantes. Jamais il n'avait rien vu ni soupçonné de pareil, et il lui prit tout à coup au cœur une profonde horreur de sa vie errante et un immense désir de réaliser avec Zora la vie de bien-être, de calme et de bonheur intime, dont un pli se déroulait si séduisant devant ses yeux.

— J'ai une nouvelle à t'apprendre, dit Madeleine à Christian quand celui-ci eut bu son lait jusqu'à la dernière goutte.

— Bonne? demanda Christian en regardant dans les yeux de sa mère.

— Sans doute, répondit celle-ci.

Elle ajouta en étudiant les traits de son fils pour y découvrir l'effet de ses paroles :

— Il y a grande fête, dans trois jours, et nous sommes invités à y paraître.

— Une fête, dit vivement le jeune homme, et qui donc peut songer à donner une fête dans trois jours.

— Sabine y sera avec son père, reprit Madeleine, évitant de répondre à cette question.

— Je serai bien heureux de voir Sabine, ma mère ; mais dites-moi donc, je vous prie, où aura lieu cette fête.

— Eh bien, mais, répondit Madeleine affectant le ton le plus naturel, chez don Gonzalvo.

Christian se leva d'un bond.

— Infamie! s'écria-t-il, rouge d'indignation, une fête le lendemain d'une exécution capitale! Ah! c'est trop d'insolence, il est temps d'en finir.

— Tais-toi, oh! tais-toi! s'écria Madeleine en s'élançant sur son fils et l'enveloppant dans ses bras.

Et elle jetait autour d'elle des regards effrayés, comme si les agents du terrible Conseil eussent été là pour entendre son fils et s'emparer de lui.

— Ma mère! dit Christian avec des larmes de colère dans les yeux ; ah! c'est qu'ils en font trop aussi, car enfin, quand on frappe l'esclave, on ne le force pas à se parer de fleurs et à sourire.

Guillaume Roosendal s'approcha de son fils, et lui prenant gravement la main :

— Et pourtant, mon fils, lui dit-il, la prudence veut que nous nous rendions à cette fête.

— Jamais! s'écria Christian ; la honte m'y étoufferait.

— Si je t'en priais? lui dit Madeleine d'une voix si douce et si pénétrante, qu'il sentit se fondre son cœur.

Cependant il ne voulait pas se rendre.

— Tu n'aimes donc plus ta mère, Christian? ajouta-t-elle en l'attirant à elle.

Et le jeune homme sentit une larme couler sur son front.

— Ma mère! oh! ma mère! je t'ai fait pleurer! Pardon, pardon, murmura-t-il en se jetant dans ses bras.

— Tu viendras donc?

— Tu sais bien, ma mère, que je ne saurais te résister.

En ce moment un sanglot se fit entendre dans un coin.

C'était le Bohême qui pleurait et qui se demandait pourquoi ; car jamais il n'avait éprouvé une si délicieuse émotion.

Chacun se retira, et la pauvre mère fit des rêves d'or, tandis que son fils pensait au hardi coup de main organisé par le chevalier de Soulas, et dans lequel il allait jouer sa vie.

VIII

LES DEUX FRÈRES.

Le lendemain, jour désigné pour l'exécution des deux condamnés, la duchesse de Sterbeck et sa fille Noémie, qui avaient passé la nuit entière à pleurer dans la salle vaste et sombre où nous les avons déjà vues, reçurent au point du jour un messager du chevalier de Soulas, qui leur rapporta, dans le plus grand détail, tout ce qui était tenté pour le salut des deux frères, et les laissa pleines d'espoir dans le succès d'un complot si habilement et si hardiment conçu.

Une triste pensée venait assombrir pourtant ce rayon de bonheur, elles se demandaient et c'était avec un cruel serrement de cœur que Noémie s'adressait cette question, elles se demandaient comment il se faisait que le comte Popoli n'eût pas reparu, malgré la promesse qu'il leur avait faite la veille de revenir en toute hâte, et quoi qu'il ne pût ignorer avec quelle fiévreuse impatience son retour était attendu.

La duchesse, comprenant tout ce qu'un retard si étrange devait jeter de sombres et désolantes réflexions dans l'âme de sa fille, déjà ébranlée par une si violente douleur évitait de lui parler du comte, mais cette précaution même révélait clairement toute sa pensée à la jeune fille qui, pour la combattre, revenait sans cesse sur ce pénible sujet.

— Je suis sûre, ma mère, que vous condamnez le comte, disait-elle, je le vois par votre silence, mais vous le jugez mal; il est incapable d'une lâcheté et c'en serait une; nous allons le voir ce matin, et ce long retard va s'expliquer à son avantage, n'en doutez pas.

— Je l'espère comme toi, mon enfant, répondit la duchesse avec un accent qui n'était rien moins que convaincu.

— Il s'occupe de sauver mes frères, et qui sait si toutes ses heures ne sont pas prises jusqu'au moment où son œuvre sera accomplie.

— Cela est possible, ma chère fille, répondit sa mère sur le même ton.

Noémie se sentit glacée par cette inébranlable persistance, mais elle ne put se résoudre à ne voir qu'un misérable sans âme et sans honneur, dans l'homme qui s'était toujours présenté à elle sous un jour si grand et si chevaleresque, et elle attendit avec confiance.

Tout à coup un bruit de trompettes se fit entendre sur la grande place, sous les fenêtres mêmes de la maison des Sterbeck, et une voix retentissante annonça que les deux rebelles, Rodolphe et Henri de Sterbeck, allaient avoir la tête tranchée en face du lieu de leur naissance, après avoir subi d'abord le supplice des tenailles.

Quelques instants après, on entendait retentir les coups

de marteaux des charpentiers, qui se hâtaient de construire l'échafaud.

— Mon Dieu! mon Dieu! s'écria la duchesse en passant ses mains dans ses cheveux blancs, ces hommes sauveront-ils mes enfants de la torture et de la mort!

— Ma mère, dit Noémie, Dieu ne permettra pas qu'ils endurent un pareil supplice.

— Leur chair arrachée par les tenailles des bourreaux! non, c'est trop affreux, cela ne se peut pas, balbutia la malheureuse mère, les lèvres blêmes et frémissantes à cette horrible pensée.

— Ce crime odieux ne s'accomplira pas, ma mère, lui dit Noémie, et l'impatience sanguinaire de nos tyrans, qui commettent la faute de ne pas attendre l'arrivée de leurs troupes de Malines, va assurer le triomphe des six cents hommes commandés par le chevalier de Soulas et amener la délivrance de mes frères.

— Oui, oui, tu as raison, mon enfant, s'écria la duchesse, et cette fois je sens l'espoir pénétrer dans mon cœur.

— Ils se réunissent déjà, ils se concertent entre eux, reprit la jeune fille, et Paolo est dans leurs rangs, ma mère, il va nous ramener Rodolphe et Henri, et nous aider à chercher loin des Flandres une retraite sûre.

— Oui, cela doit être, mon enfant, dit la duchesse, se laissant aller enfin à toutes les espérances, je me reproche cruellement maintenant de l'avoir calomnié dans ma pensée.

En ce moment, les trois servantes de la duchesse, toutes trois vêtues de noir, vinrent humblement supplier leurs maîtresses de quitter leur demeure et d'aller chercher un asile loin de la place où allait se passer l'horrible drame.

— Non, mes filles, nous resterons jusqu'à la fin, leur répondit la duchesse; nous espérons encore dans la clémence du Tout-Puissant, mais notre espoir dût-il être déçu, mes enfants fussent-ils frappés sur cette place par la hache du bourreau, je ne consentirai jamais à faire un pas en arrière. Nous resterons donc et je vous prie de nous imiter.

Les trois servantes s'inclinèrent et prirent place en pleurant sur des siéges que la duchesse leur indiqua du doigt.

Voyons maintenant ce qui se passait sur la place, encombrée à cette heure par une foule compacte, que tenait à distance une ligne de soldats espagnols, placée entre le peuple et l'échafaud.

La maison de Sterbeck, devant laquelle avait été dressé l'instrument du supplice, était entièrement close du haut en bas, ce qui, joint à l'architecture toute particulière de sa façade, composée de bandes de granit brun et de marbre noir alternées, lui donnait l'aspect d'un vaste monument funéraire.

Cette sombre façade qui semblait à la fois une protestation et une menace, occupait vivement l'attention de la foule. C'etait là que s'étaient écoulées les jeunes années des deux innocentes victimes, dont l'une était un enfant et l'autre n'était pas encore un homme; c'était là qu'ils avaient grandi sous les larmes et sous les sourires de cette mère qui se mourait d'angoisses à cette heure. Cette pensée était dans toutes les âmes et imprimait à tous les visages une poignante émotion.

Le chevalier Armand de Soulas et ses six cents hommes étaient à leur poste, groupés entre l'échafaud et la maison des Sterbeck. Chaque homme portait sur lui, cachés sous ses vêtements, deux pistolets chargés et un poignard.

Christian Roosendal se tenait près du gentilhomme français, qui, l'ayant pris en amitié, voulait être à même de le surveiller pendant l'action, et de le garantir autant que possible des périls au-devant desquels il ne manquerait pas de se précipiter.

— Rien de changé? demanda Christian au chevalier.

— Rien, répondit celui-ci; j'ai pris de nouvelles informations; j'ai vu par mes propres yeux, et plus que jamais le succès me paraît infaillible. Il est impossible qu'on dispose de plus de deux mille hommes pour assister à l'exécution, et attaqués à l'improviste par six cents hommes résolus, ils seront vaincus et désarmés en moins de dix minutes. Nous pourrons, dès cet instant, considérer les deux frères comme sauvés.

— Le moment de l'attaque ?

— La minute où ils mettront le pied sur la première marche de l'échafaud.

— Et le signal ?

— Un de mes pistolets déchargé en l'air. Mais silence ; j'entends les tambours.

A ce bruit, il y eut un frémissement imperceptible dans la bande du chevalier de Soulas ; les visages devinrent graves, les mains se glissèrent sous les habits, et chacun se tint prêt à s'élancer au signal convenu.

Christian remarqua en ce moment que le chevalier paraissait soucieux ; son front s'était contracté et l'on eût dit qu'il discutait intérieurement quelque énergique résolution.

— Quelque chose vous préoccupe, chevalier ? dit le jeune homme.

— Oui, répondit le gentilhomme, je crains qu'il n'y ait un traître parmi nous, mais je ne le quitterai pas de l'œil, et si mes soupçons se justifient pendant le combat, malheur à lui, je lui loge une balle dans la tête.

Mais son attention se porta aussitôt sur les soldats espagnols, qui commençaient à déboucher sur la place.

Quand la moitié de la troupe eut défilé et se fut rangée autour de l'échafaud, les deux condamnés parurent, les mains liées derrière le dos, précédés du bourreau et de ses aides, le premier armé d'une hache qui étincelait sur son épaule, les seconds portant devant les deux frères un immense réchaud de charbon dans lequel étaient enfoncées de longues tenailles.

Ce dernier détail était un raffinement de barbarie imaginé pour abattre le courage des deux frères, mais, ceux-ci, pénétrant cette pensée, arrêtaient de temps à autre leurs regards sur les instruments de torture et les contemplaient avec un calme superbe.

Les deux frères avaient entre eux une ressemblance frappante, quoiqu'ils différassent essentiellement quant à l'expression de la physionomie.

Rodolphe, plus grand et plus vigoureux que son jeune frère, se faisait remarquer par un air d'intrépidité et d'audace qui imposait à ses bourreaux eux-mêmes ; tandis que les traits distinctifs de l'autre étaient un courage calme et résigné, un mélange de douceur et d'énergie concentrée qui tranchaient d'une façon remarquable avec la figure et l'attitude martiale de Rodolphe.

Après eux venait don Gonzalvo Rivarès, ayant à sa droite Cornélia, et à côté de celle-ci un personnage qui excita une vive surprise : c'était le comte Paolo Popoli, que toute la ville savait lié depuis longtemps avec les Sterbeck et à la veille d'épouser Noémie.

C'était là ce qu'avait imaginé Cornélia pour mettre d'un seul coup Paolo à sa hauteur dans la haine des Flamands ; elle comprit tout de suite qu'elle avait parfaitement réussi en entendant de toutes parts s'élever contre celui-ci des murmures d'horreur et d'exécration.

— Maintenant, pensa-t-elle, je le tiens dans ma main.

Les soldats achevèrent de défiler.

Quand la foule se fut refermée derrière eux, le chevalier de Soulas se pencha à l'oreille de Christian, et lui serrant la main avec énergie :

— Je les ai comptés, lui dit-il, ils sont quinze cents à peine, notre triomphe est certain ; dans un instant, nos deux amis seront libres.

Le regard fixé sur les condamnés, le chevalier calculait avec anxiété l'espace qui les séparait encore de l'échafaud ; quand ils n'en furent plus qu'à trois pas, il glissa la main sous son pourpoint et saisit la crosse de son pistolet.

IX

LE SUPPLICE.

Enfin, ils allaient gravir les fatals degrés, et le chevalier posait déjà le doigt sur la détente de son arme pour donner le signal de l'attaque, quand un bruit de trompettes, aussitôt suivi d'un fracas dans lequel il était facile de reconnaître le galop des chevaux et le retentissement de l'artillerie roulant sur le pavé, se fit entendre à quelque distance.

— Oh! malheur! murmura le chevalier de Soulas en pâlissant tout à coup, ce sont les Espagnols de Malines, tout est perdu.

Il ne s'était pas trompé, c'étaient les trois mille cavaliers cantonnés à Malines qui arrivaient et qui s'élancèrent au milieu de la place, précédés de huit pièces de canon.

Les cavaliers, le sabre en main, se rangèrent sur la place en quatre lignes, tandis que les artilleurs, la mèche allumée, acculaient leurs huit pièces, deux par deux aux quatre coins de l'échafaud.

Pendant que ce mouvement s'opérait, Cornélia, après avoir jeté dans la direction du chevalier et de sa troupe un regard de triomphe, poussa son cheval près de celui de Paolo.

— Comte Popoli, lui dit-elle, la comtesse de Ristaël a donc refusé de vous accompagner comme je l'y invitais?

— Ma sœur est excellente catholique, senora, répondit Paolo; les hérétiques n'ont pas d'ennemi plus mortel, mais elle a toutes les faiblesses de son sexe; elle ne possède pas ce courage viril qui vous rend capable d'envisager sans pâlir les plus terribles spectacles, et, tout en applaudissant du fond du cœur aux châtiments par lesquels on essaie de ramener ces misérables rebelles, il lui manque la force d'âme nécessaire pour assister à leur supplice.

— Dieu me garde de douter de votre parole, comte Popoli, reprit Cornélia; je veux donc croire de votre sœur tout le bien que vous m'en dites, mais elle s'est fait une réputation de frivolité qui ne s'accorde guère avec la foi ardente et l'horreur de l'hérésie, dont vous la dites si vivement pénétrée.

— Cette apparente contradiction n'est autre chose qu'une affaire de nationalité, belle senora; vous n'ignorez pas qu'en Italie la religion affecte un tout autre caractère qu'en Espagne, et que chez nous l'amour des plaisirs s'allie parfaitement avec la plus sincère dévotion.

— Je sais cela, mais beaucoup de gens l'ignorent, répondit froidement Cornélia, il est à regretter qu'une femme du nom et du rang de la comtesse de Ristaël donne aux hérétiques l'exemple d'une légèreté d'esprit et d'une indépendance de conduite qui ne peuvent que déconsidérer à leurs yeux le catholicisme et empêcher peut-être bien des conversions.

— Je ferai part de vos observations à ma sœur, senora, et soyez assurée qu'elle renoncera aux façons un peu étranges qu'elle a rapportées d'Italie, quand elle comprendra les fâcheuses conséquences qui peuvent en rejaillir sur elle et sur la religion.

— Tâchez de lui faire comprendre la nécessité d'une complète réforme, dit Cornélia en accentuant lentement ces paroles; il y va de votre intérêt, car il ne suffit pas, pour que mon choix obtienne l'approbation du roi, que votre conduite et vos principes religieux soient irréprochables, il faut encore que les vôtres soient à l'abri du plus léger reproche; une faute, moins que cela, une légèreté ou une inconséquence de votre sœur rendraient notre union impossible; la famille dans laquelle j'entrerai doit être pure et austère entre toutes.

Ces paroles glacèrent Paolo qui songea avec terreur au caractère de Régina et aux dangers sans nombre qui pouvaient en surgir.

— Comte Popoli, reprit Cornélia, surmontez votre émotion dans laquelle nos ennemis pourraient voir une preuve de sympathie pour les coupables, et assistons avec recueillement à l'exécution de ces réprouvés, car c'est la vengeance de Dieu même que nous accomplissons.

Paolo était vivement troublé en effet, car il venait de rencontrer le regard de Rodolphe de Sterbeck, qui lui était entré dans le cœur comme la pointe d'un stylet.

Il devint affreusement pâle, quand il vit le bourreau et ses aides arracher violemment les vêtements des deux frères, qui restèrent nus jusqu'à la ceinture, puis retirer de la fournaise les longues tenailles qu'ils trouvaient sans doute rougies à point.

— Pauvres enfants! murmura le chevalier de Soulas, il ne leur reste plus qu'à demander à Dieu la force de supporter leur martyre.

—Nous ne tenterons donc rien pour les sauver? demanda le jeune homme.

— Rien! répondit froidement le gentilhomme.

— Quoi! vous aurez le courage de les laisser aiusi torturer sous vos yeux?

— Du courage! oui, il m'en faut beaucoup pour rester impassible devant un tel spectacle; regardez-moi, Christian et vous comprendrez tout ce que je souffre.

Il était d'une pâleur livide, et de grosses gouttes de sueur coulaient sur son visage.

— Alors, dit Christian, donnez le signal, il en est temps encore : la colère et la haine triplent le courage de nos hommes et va rendre leur attaque irrésistible.

— Non, répliqua le chevalier, j'ai la responsabilité de six cents hommes, de six cents familles, mieux que cela, de la Flandre entière, dont une révolte manquée peut retarder l'affranchissement d'un demi-siècle peut-être; je me trouve en face d'une force dix fois supérieure à la nôtre; j'ai la presque certitude maintenant que nous avons été vendus et qu'on saisirait avec joie l'occasion de massacrer les plus braves et les plus énergiques enfants d'Anvers. Je dois à la confiance qu'ont mise en moi ceux qui m'ont pris pour chef d'imposer silence à mon cœur pour n'écouter que les conseils de mon esprit; je ne me rendrai pas coupable de ce que je considérerais à la fois comme une folie et comme un crime.

Rodolphe avait vu les bourreaux tirer du feu les tenailles.

— Henri, dit-il en se rapprochant vivement de son jeune frère, appuie ton bras sur le mien et appelle à toi tout ton courage.

— Non, mon frère, répondit le jeune homme en le repoussant doucement, les Espagnols m'accuseraient de lâcheté, et je veux soutenir jusqu'au bout l'honneur de la Flandre. Il nous reste une minute encore, employons-la à prier pour notre mère, qui connaît l'heure de notre supplice, et dont le cœur va endurer un martyre cent fois plus douloureux que le nôtre.

— Ah! ma mère! ma mère! murmura Rodolphe en portant la main à sa bouche pour comprimer un sanglot.

— Oui, Rodolphe, dit Henri, c'est elle qu'il faut plaindre ; mais ne nous laissons pas abattre par cette pensée au moment où nous avons besoin de rassembler toutes nos forces. Écoute-moi, mon frère...

Mais il n'acheva pas sa phrase, un cri aigu s'échappa de sa poitrine, ses traits, devenus subitement livides, se contractèrent d'une façon effrayante; ses lèvres, toutes blêmes, s'agitèrent convulsivement, et ses yeux roulèrent dans leur orbite avec une rapidité vertigineuse.

La tenaille rougie du bourreau l'avait mordu aux reins et lui avait arraché un lambeau de chair.

Rodolphe voulut s'élancer vers lui, mais deux mains vigoureuses le fixèrent à sa place.

Au même instant il pâlit lui-même sous l'étreinte de la même torture qui venait de briser son frère, mais ne laissa échapper ni un cri, ni un soupir. Les bras croisés sur sa poitrine, tous les muscles du corps violemment tendus, pressant énergiquement sous ses pieds les planches de l'échafaud, il avait l'immobilité du granit et on eût dit une statue de la Force.

Pendant ce temps, Henri était revenu à lui; la puissance de la volonté avait vaincu la douleur. Alors se tournant vers le bourreau :

— C'est sous la surprise et non sous la souffrance, lui dit-il, que j'ai succombé un instant; fais ton métier maintenant, tu n'entendras plus une plainte sortir de ma bouche.

Mais à peine venait-il de prononcer ces paroles, qu'il s'élança en pleurant dans les bras de son frère.

— Henri! mon frère! s'écria celui-ci, tu te déshonores aux yeux de nos ennemis.

— Rodolphe, balbutia le jeune homme avec des sanglots, ma mère! ma mère et ma sœur!

Et il étendit la main dans la direction de leur maison, dont ils étaient éloignés de trente pas à peine.

Rodolphe porta ses regards de ce côté, et alors lui aussi sentit les larmes monter à ses yeux et inonder son visage; et des dix mille personnes qui étaient là et qui virent ce spectacle inouï, il n'en était pas une, hors Cornélia peut-être, qui ne sentît son cœur se fondre dans sa poitrine.

La maison des Sterbeck étant close du haut en bas, comme nous l'avons dit, tout le monde la croyait inhabitée ce jour là, la surprise fut donc extrême quand, presque aussitôt après ce cri perçant poussé par Henri de Sterbeck, on vit s'ouvrir à deux battants la grande porte qui fermait le centre du bâtiment et se trouvait de plain-pied avec un perron élevé de sept à huit pieds au-dessus du sol.

Mais nulle expression ne saurait donner une idée de l'émotion qui s'empara de la foule, quand elle vit paraître à cette porte et s'avancer lentement sur ce perron, d'où elle dominait la place, la mère des deux condamnés, la duchesse de Sterberck, couverte de longs vêtements de deuil, les cheveux tout blancs (ils avaient blanchi en huit jours) les yeux rouges et fixes, les traits d'une pâleur de marbre, et tenant à la main un mouchoir tout imprégné de ses larmes.

Elle était accompagnée de sa fille et suivie de ses trois servantes, toutes trois également vêtues de noir, soutenant la marche de leur maîtresse.

Par une étrange fatalité, le regard de Noémie ne rencontra qu'une seule des dix mille têtes entassées sur la place, et cette tête était celle de Paolo Popoli, Paolo à cheval aux côtés de Cornélia et assistant au supplice de ses frères ! elle devina tout, la vérité traversa son âme comme un éclair. Alors, comme fascinée, son regard resta fixé sur lui, ses traits prirent une expression effrayante, elle leva lentement la main, étendit le doigt vers lui, et après un long silence, pendant lequel elle resta la bouche béante et le corps aussi immobile que s'il eût été pétrifié, elle lança un éclat de rire si formidable qu'il retentit sur toute la place et fit frissonner toutes les âmes. Puis elle s'élança dans la maison, où l'on entendit se prolonger un effrayant éclat de rire longtemps après qu'elle eût disparu.

La jeune fille venait d'être frappée de folie.

La duchesse parut presque insensible à ce nouveau malheur; la mesure était comblée, rien ne pouvait plus ajouter à son désespoir.

Au moment où les regards ardemment fixés sur l'échafaud, elle posait la main sur la balustrade du perron, les tenailles rouges des bourreaux faisaient, pour la deuxième fois leur terrible office, laissant sur le corps des deux martyrs, une nouvelle plaie dont le sang s'échappait à flots.

En face de leur mère qui les couvait du regard, ils restèrent tous deux impassibles.

Quant à celle-ci, sa main rebondit sur l'appui de pierre où elle venait de se poser, on vit son corps frissonner convulsivement sous ses longs voiles de deuil, et des gouttes de sueur, ruisselant de son front, se mêlèrent aux larmes qui sillonnaient son visage. Mais elle resta à la même place, la tête haute, le regard obstinément tourné vers le point fatal.

Tous les yeux étaient mouillés de larmes, toutes les femmes éclataient en sanglots.

Les bourreaux eux-mêmes se sentaient troublés.

Sur un signe de Cornélia, ils revinrent une troisième fois à la charge.

— Pauvre mère! murmura Rodolphe.

— Mon Dieu! doublez ma souffrance et prenez pitié d'elle, soupira Henri, qui se sentait étouffé par les sanglots.

Au moment où les tenailles ardentes mordaient pour la troisième fois la chair de ses enfants, la duchesse de Sterbeck avait fléchi légèrement sur ses jambes; sa pâleur était devenue cadavéreuse et ses yeux s'étaient fermés.

— Elle perd connaissance, dit une des trois servantes, arrachons-la à cet affreux spectacle.

Et toutes trois, tremblantes, effarées, aussi pâles, aussi défaites que leur maîtresse elle-même, car elles avaient vu grandir les deux frères, car elles les avaient bercés enfants sur leurs genoux, toutes trois se mirent en devoir d'emporter la malheureuse mère dans sa maison.

Mais celle-ci était revenue du vertige sous lequel son âme s'était affaissée un instant, et repoussant de la main les trois femmes :

— Non, dit-elle, je resterai jusqu'au bout, tant que la vie ne les aura pas abandonnés, tant qu'il restera un souffle dans ma poitrine. Laissez-moi, mes filles, je ne veux pas être soutenue, je veux demeurer seule, avec mes propres forces, face à face avec l'échafaud ; éloignez-vous.

A cet ordre, intimé avec un mélange de douceur et de dignité qui la grandissait encore dans son héroïsme, les servantes s'éloignèrent de leur maîtresse et se retirèrent au seuil de la maison, le dos tourné à l'échafaud, la tête plongée dans leurs tabliers noirs et pleurant tout bas.

Alors la duchesse, se tenant d'une main à la balustrade de pierre, pressant de l'autre son mouchoir avec lequel elle essuyait de temps en temps la sueur qui roulait sur ses traits livides et décomposés, assista trois fois encore à l'effroyable supplice des tenailles, vit le sang ruisseler du corps de ses enfants jusqu'à couvrir leurs pieds, et l'immense, l'incommensurable douleur qui tordait chaque fibre de son cœur de mère, ne se trahissait que de loin en loin par un léger soubresaut du corps, ou par une tension si violente des muscles de la main, que ses ongles semblaient s'enfoncer dans le granit de la balustrade.

Vingt minutes s'étaient écoulés depuis le commencement du supplice, un siècle de douleur! Les bourreaux allaient se remettre à l'œuvre, quand tout à coup la duchesse de Sterbeck s'affaissa sur elle-même et resta étendue immobile sur le pavé blanc du perron.

Ses servantes s'élancèrent vers elle, la croyant évanouie.

Il y eut un moment de silence, puis on entendit une de ces femmes jeter ce mot, dans un cri d'angoisse : morte!

Tout le monde, tant le silence et l'anxiété étaient profonds, entendit le cri et la parole; l'un et l'autre parvinrent aux oreilles des deux frères.

Le plus jeune pleura abondamment.

L'aîné s'agenouilla dans son sang et levant les yeux au ciel :

— Mon Dieu, s'écria-t-il d'une voix forte et vibrante! soyez béni : elle ne souffre plus !

Puis, se relevant et s'adressant à son frère :

— Maintenant, Henri, lui dit-il, la mort est une fête pour nous puisqu'elle va nous réunir à notre mère, qui nous attend là-haut.

Irritée d'un héroïsme dont l'effet ne pouvait qu'exalter le courage des Flamands sur l'esprit desquels elle avait compté produire une impression toute contraire, Cornélia jeta un coup d'œil à son père, et, sur un mot de celui-ci, aussitôt transmis aux bourreaux, la hache mit bientôt fin à cette sanglante tragédie.

— Oh! ma pauvre mère! murmura Christian en quittant la place, s'il fallait qu'un jour, comme la duchesse de Sterbeck.... Oh! c'est affreux à penser.

Et il se hâta de rentrer chez lui.

X

DEUX CŒURS DÉVOUÉS.

Le supplice des deux frères de Sterbeck avait frappé de terreur tous les esprits; la consternation était peinte sur tous les visages et les Flamands qui se rencontraient dans les rues ou sur les places publiques osaient à peine échanger entre eux quelques paroles.

Les mères tremblaient pour leurs fils, les femmes pour leurs époux, et leurs craintes n'étaient pas sans fondement, car chez la partie jeune et énergique de la population, ce n'était pas l'épouvante, mais la colère et l'indignation qui bouillonnaient dans tous les cœurs.

On s'attendait ce jour-là à une révolte, et dans cette prévision, Cornélia avait retenu à Anvers les trois mille soldats qu'elle avait fait venir de Malines et dont l'arrivée avait sauvé sa fortune, et peut-être sa vie.

Mais aucune mère peut-être n'éprouvait une angoisse pareille à celle qui dévorait l'âme de Madeleine Roosendal. La nuit qui suivit cette terrible exécution, dont tous les détails lui avaient été rapportés, elle la passa tout entière sans sommeil, tremblant que son fils ne prît part à la révolte si elle venait à éclater, et se mettant l'esprit à la torture pour trouver quelque moyen de le retenir toute la journée à la maison.

Le matin, après le déjeuner, elle s'habilla, se couvrit de sa plus belle mante, pria Christian d'aller l'attendre dans le jardin et sortit.

Christian qui trouvait un grand bonheur, une espèce de ravissement à suivre à la lettre, comme un enfant, les moindres ordres de sa mère, se rendit aussitôt au jardin et le parcourut lentement, rêvant aux deux êtres qui occupaient la plus belle partie de son cœur, à sa mère et à Sabine.

Ce jardin était encore une des créations de madame Roosendal.

Antérieurement à son mariage, c'était un vaste enclos inculte, planté d'arbres séculaires, mais parmi lesquels il était impossible de circuler, tant l'incurie du propriétaire, complétement absorbé par le commerce, laissait aux ronces, aux orties et à toutes sortes de plantes parasites, liberté entière de pousser, de s'étendre et d'envahir le sol. Toujours tourmentée du désir de donner à sa demeure une grande et noble physionomie; profondément pénétrée de cette idée, que l'élégance et la beauté du cadre concourent puissamment au relief des caractères et exercent sur les esprits, même les plus sérieux, une action considérable, Madeleine avait fait émonder le sol, enlever quelques arbres, ménager çà et là une clairière, dessiner un jardin, et, d'un terrain inabordable, elle avait fait ainsi quelque chose de charmant.

Vers l'extrémité la plus reculée du bois, auquel, sous sa direction, on avait conservé un caractère agreste et sauvage, s'élevait une roche toute tapissée de plantes grimpantes, d'où jaillissait une source naturelle et sur laquelle de grands hêtres répandaient une ombre épaisse et une délicieuse fraîcheur.

C'était là que, pour la première fois, Christian avait osé presser la main de Sabine dans sa main tremblante; c'était là qu'il avait vu les traits de la jeune fille se couvrir subitement de cette belle rougeur qui est le plus délicat, le plus naïf et le plus involontaire des aveux; aussi cet endroit l'attirait-il comme un irrésistible aimant, et dans ses promenades au jardin, il y revenait dix fois en un heure.

Il y était encore, assis sur un fragment de la roche et rêvant à Sabine qu'il n'avait pas vue depuis plusieurs jours, quand tout à coup, d'une petite allée sombre, il vit déboucher deux femmes, l'une calme, imposante et radieuse dans sa beauté : c'était sa mère; l'autre légère, fraîche, délicate et pure de formes comme un rêve : c'était Sabine.

La surprise et la joie avaient pétrifié le jeune homme ; il resta immobile à sa place, les regardant venir et ne trouvant pas même un mot pour exprimer son bonheur.

— Eh bien, monsieur, lui dit la jeune fille avec une petite moue grondeuse, on s'inquiète, on se dérange tout exprès pour venir vous voir, quand on devrait vous en vouloir et vous punir de votre peu d'empressement, et c'est ainsi que vous vous montrez reconnaissant!

Christian ne répondait pas, mais Madeleine, qui vivait dans son âme, lisait ses impressions comme dans un livre et comprenait parfaitement la cause de son silence.

— Allez, reprit Sabine, en s'éloignant de quelques pas, je regrette d'avoir cédé si vivement à l'invitation de madame Roosendal, et vous mériteriez bien que je reprisse tout de suite le chemin de la maison.

Madeleine les regardait tous deux en souriant, et ses beaux yeux noirs exprimaient avec éloquence le ravissement auquel elle était en proie.

— Ah! s'écria Christian en s'élançant vers elle, tu comprends, toi, chère mère, pourquoi je ne puis rien dire.

— Ne voyez-vous pas que le bonheur l'étouffe? dit Madeleine à Sabine.

La jeune fille jeta sur Christian un regard furtif, et un sourire, à la fois plein de malice et de naïveté, apprit à madame Roosendal qu'elle avait tout compris aussi bien qu'elle.

— Allons, dit-elle, promenez-vous pendant que je vais

faire servir le goûter, et je suis sûre que vous ne tarderez pas à faire la paix.

Et elle s'éloigna en les embrassant tous deux au front.

En arrivant au jardin qui s'étendait entre le bois et le corps de logis, madame Roosendal aperçut Zora qui se promenait lentement au soleil en s'appuyant sur le bras de Pepito : ils causaient tous deux, et on pouvait juger, à la vivacité de leur pantomime, que l'entretien roulait sur un sujet qui les intéressait vivement.

Au bruit du sable criant sous les pas de Madeleine, ils se retournèrent tous deux, puis avant que celle-ci eût eu le temps de s'y opposer, la jeune femme tomba à genoux devant elle, s'empara de sa main et l'inonda de larmes.

— Pauvre enfant, qu'a-t-elle donc? demanda Madeleine à Pepito.

— Elle voudrait vous remercier de l'avoir recueillie et soignée comme une sœur, madame, répondit celui-ci vivement ému lui même, et elle ne trouve que des larmes.

— Relevez-vous, Zora, dit Madeleine, à la jeune femme, vous êtes bien faible encore, car les barbares vous ont mise dans un cruel état.

— Ah! si ce n'était que la souffrance, madame, répondit Zora, mais ils m'ont dépouillée, ils m'ont exposée nue aux yeux de ces grossiers soldats, voilà ma vraie torture; les plaies de mon corps se cicatriseront, mais celle-là, jamais,

— Et c'est une femme, c'est une jeune fille qui a imaginé cet odieux supplice, murmura Pepito d'une voix sifflante.

Puis, avec une rapidité qui attestait la puissante organisation de cette étrange nature, il reprit en passant de la colère la plus ardente au calme le plus parfait :

— La patience est une grande force et un beau trésor.

— Avez-vous quelque chose à me demander, Zora. dit Madeleine à la jeune Bohême, qui la regardait d'un air suppliant avec ses grands yeux de gazelle.

— Oui, madame, mais je n'ose, répondit Zora.

— Vous avez donc peur de moi?

— Peur! oh! non, je vous aime trop pour cela, mais je serais si malheureuse si vous me refusiez.

— Voyons, dites, que voulez-vous?

— Eh bien! nous disions tout à l'heure, Pepito et moi, que ce serait un grand bonheur pour nous, oh! un bien grand bonheur, si vous vouliez nous garder tous deux, moi pour vous servir, Pepito pour apprendre à travailler dans la fabrique de M. Roosendal.

En voyant l'expression d'angoisse avec laquelle les deux Bohêmes attendaient le résultat de cette humble requête, Madeleine ne put s'empêcher de sourire.

— Je parlerai de cela à M. Roosendal, dit-elle à Zora, et si, comme je le pense, il me demande mon avis, je puis vous affirmer d'avance que vous ne nous quitterez plus.

Et elle s'éloigna, laissant les deux Bohêmes comme étourdis par l'excès du bonheur.

— Vois-tu, Zora, dit Pepito en jetant vers elle un regard où éclatait l'ardeur d'un dévouement sans bornes, madame Roosendal est trop belle et trop bonne pour une femme, c'est un ange.

Il ajouta après un moment de rêverie :

— Elle a bien fait de nous garder, Zora, car si jamais un péril venait à la menacer, elle ou les siens, j'aurai, pour la défendre, la fidélité du chien, le courage du lion, et s'il le faut, la férocité du tigre.

Pendant ce temps, Madeleine Roosendal traversait les vastes salles, les larges et hauts vestibules où s'épanouissaient majestueusement les tableaux de maîtres, les beaux meubles de chêne, les hauts dressoirs avec leurs vases d'or et leurs plats d'argent finement ciselés, puis elle arrivait à une pièce tendue de gracieuses tapisseries qui devait être un jour la chambre des deux jeunes époux, et dans laquelle elle avait coutume de leur faire servir un goûter composé de fruits, de confitures et de pâtisseries, chaque fois qu'elle recevait la visite de Sabine.

Une heure après, car elle savait les deux jeunes gens heureux et ne s'était pas hâtée, Madeleine avait dressé elle-même le couvert et servi la table autour de laquelle quatre personnes se trouvèrent bientôt réunies, elle, son mari et les deux jeunes gens.

Au moment de prendre place près de Sabine, Christian, en se penchant machinalement à la fenêtre de la rue, avait rencontré le regard d'un homme qui passait à cette heure et qui lui fit de la main un signe d'intelligence.

La vue de cet homme venait réveiller tout à coup dans l'âme de Christian un cortége de sombres pensées, et ce fut le front tout soucieux qu'il vint prendre place entre sa mère et sa fiancée. Mais Madeleine l'ayant doucement plaisanté sur l'étrange façon dont il témoignait sa joie de passer toute une journée avec Sabine, il comprit la nécessité de changer de visage et parvint bientôt à s'absorber tout entier dans son bonheur.

Le passant dont la vue venait de faire une si fâcheuse impression sur l'esprit de Christian était l'Espagnol connu sous le nom de Mastrillo l'Andaloux.

Mais si le lecteur veut nous suivre chez le chef du conseil des Troubles, nous lui apprendrons bientôt où allait à cette heure le complice du chevalier de Soulas.

XI

LE MENDIANT GOMEZ.

Avertie des symptômes inquiétants qui se manifestaient par la ville, Cornélia avait appelé son père et avait fait prier le comte Popoli de se rendre près d'elle.

Quand ils furent tous trois réunis, elle leur fit part de ce qui se passait et les engagea à examiner avec elle le parti qu'il y avait à prendre.

Don Gonzalvo pensa qu'il était sage de calmer au plus vite l'exaltation des esprits par une tentative dans la voie de la clémence, et il conseilla en conséquence de relâcher quelques-uns des prisonniers les moins compromis, puis de renoncer à la fête du lendemain, dans laquelle les Flamands voyaient une cynique et sanglante raillerie.

— Et vous, comte Popoli, dit Cornélia en fixant sur Paolo son regard clair et pénétrant, quel est votre avis?

Avant d'exprimer son opinion, Paolo chercha à lire sur les traits de Cornélia ce qu'elle pensait de celle de son père, Mais le visage de l'Espagnole était un livre indéchiffrable; elle tenait de Philippe II, son maître, l'art de donner à l'épiderme l'inflexibilité du bronze.

Dans le doute, le comte se décida pour le parti de la rigueur, bien certain de se concilier ainsi la sympathie de Cornélia, même dans le cas où elle croirait devoir se ranger à l'avis de son père.

Cornélia garda un instant le silence; puis, s'adressant à don Gonzalvo :

— Mon pere, lui dit-elle, en adoucissant légèrement le ton tranchant que lui donnait l'habitude d'une autorité presque illimitée, voulez-vous que je vous dise ce qui arrivera si nous nous relâchons un seul jour de la sévérité que nous avons déployée jusque-là contre ces rebelles incorrigibles? Eh bien, il arrivera que nos soldats, ne voyant plus en nous la même fermeté, n'auront plus ni la même confiance, ni le même courage, tandis que les Flamands, puisant dans notre faiblesse l'audace qui leur a manqué jusqu'à présent, se lèveront en masse et nous écraseront.

— Et pourtant, dit don Gonzalvo, l'exemple du duc d'Albe est là pour nous apprendre à quoi aboutit le système dans lequel vous persistez à l'imiter. Que lui a rapporté tant de sang répandu, à cet illustre capitaine, à ce profond diplomate? En Flandre, des révoltes sans nombre, et à Madrid, une disgrâce, car tout le monde la pressent depuis quelque temps, et le duc d'Albe lui-même, dit-on, attend d'heure en heure son rappel en Espagne.

— Et je crois, répliqua Cornélia avec un accent de triomphe, qu'il ne l'attendra pas longtemps. Mais sachez-le bien, mon père, ce n'est pas sa sévérité qui détermine son rappel, c'est parce que cette sévérité, en amenant un résultat contraire à celui qu'on en attendait et qu'elle eût dû produire, a compromis les intérêts du roi d'Espagne dans les Pays-Bas. Le duc sera rappelé, mais non disgracié, ce qui arriverait à coup sûr à celui qui userait d'indulgence envers les hérétiques.

Il faut donc montrer la même énergie pour frapper, mais plus d'adresse pour déjouer, plus de perspicacité pour prévoir et comprimer.

Le duc d'Albe étouffait la révolte dans le sang, au lieu de la couper dans le germe. Voilà son grand tort et la cause de son insuccès, voilà la faute que je veux éviter. Je veux châtier les rebelles sans pitié, mais je ne veux pas attendre pour les combattre que la conspiration, mûre et puissante, s'élance en armes dans la rue, non, je veux la saisir et l'enlever dans son nid avant qu'elle soit éclose.

En procédant ainsi, on arrête tout avec cinq ou six têtes tranchées, les têtes qui pensent, les seules dont il faille s'inquiéter, et on glace l'énergie des conspirateurs en les convainquant que nous avons partout un œil pour les voir et pour les compter.

— Voilà en effet des maximes dignes d'un homme d'État consommé, dit Gonzalvo avec une pointe d'ironie; mais permettez-moi de vous faire observer, ma chère fille, qu'il est plus facile de les exprimer que de les mettre en action.

— C'est pourtant ce que je vais faire, mon père, dit froidement Cornélia; avant huit jours, j'aurai fait trancher sept têtes et étouffé pour toujours l'association la plus formidable qui nous ait jamais menacés.

— Vous êtes sûre de l'existence de cette association, Cornélia?

— Si sûre, répondit Cornélia avec une nuance de dédain dans le regard, que je vais vous la prouver immédiatement, en vous dénonçant un de ses actes dont vous serez à même de vérifier à l'instant l'exactitude. Savez-vous pourquoi les soldats et l'artillerie que nous avions mandés de Malines ont été en retard de plusieurs heures?

— Non, je m'en suis rapporté à vous du soin d'éclaircir ce mystère.

— Eh bien! c'est que le chef des troupes de Malines avait reçu, la veille même de l'exécution, un contre-ordre portant la signature de don Gonzalvo Rivarès et revêtu du cachet du conseil des Troubles.

— Que dites-vous là! s'écria don Gonzalvo, je n'ai jamais envoyé un pareil écrit.

— Je le sais fort bien, ce qui n'empêche pas qu'il ait été reçu.

— Je vous déclare que cela est impossible.

— Pourriez-vous m'affirmer, senor, que le cachet du Conseil soit toujours à sa place?

— Sans aucun doute.

— Et moi, je vous atteste qu'il n'y est pas.

— C'est trop fort, je vais vous le rapporter à l'instant même.

Et don Gonzalvo sortit précipitamment.

— Comte Popoli, dit alors Cornélia à Paolo, quoique ce ne soit guère l'usage, j'ai annoncé moi-même à mon père que vous aspiriez à ma main et lui ai déclaré que j'étais disposée à accueillir votre demande, s'il le trouvait bon. Vous savez que dans toutes les choses graves, mon père a pour coutume de toujours se conformer à mon opinion; c'est ce qu'il a fait encore en cette circonstance; et la demande que vous avez à lui adresser n'est plus qu'une simple formalité; elle est accordée d'avance.

Paolo voulut remercier Cornélia; elle lui imposa silence d'un signe.

— Mon père va rentrer, laissez-moi finir, dit-elle. Nous avons donc son consentement, mais il nous reste à obtenir celui de Philippe, qui est d'un naturel moins débonnaire. Pour le décider, il faut frapper un grand coup, il faut rendre à son trône et à la religion un service éclatant, et cette grande occasion de vous signaler et de faire parvenir votre nom jusqu'à lui, je vous l'ai trouvée.

— Ah! fit le comte avec quelque appréhension, et quelle est la mission dont vous voulez bien me charger?

— Je viens de parler des sept chefs d'une grande et dangereuse association, c'est vous qui commanderez les hommes chargés de les arrêter.

L'entretien fut brusquement interrompu par l'arrivée de don Gonzalvo, qui entra la figure toute consternée.

— Eh bien, mon père? lui demanda Cornélia.

—Vous aviez raison, le cachet n'y est pas.

— Il était entre les mains du chef de cette bande de rebelles qui, après avoir fait imiter votre signature au bas du contre-ordre qui a failli décider notre perte, lui a donné un dernier caractère d'authenticité en la revêtant de ce cachet.

— Mais en quelles mains se trouve-t-il maintenant, et comment pourrons-nous le ravoir?

Cornélia regarda l'heure.

— Il nous sera rendu dans cinq minutes, au premier coup de deux heures, dit-elle, mais j'ignore par qui.

— Voilà qui est singulièrement mystérieux. Vous êtes sûre que cet homme se présentera?

— Je l'espère.

— Et moi j'en doute, car voici deux heures, et...

— Et me voilà, senor, dit une voix grave au seuil de la porte.

— Trois exclamations de surprise partirent à la fois à l'aspect du mendiant Gomez que Cornélia connaissait si bien, et que le comte et don Gonzalvo reconnurent tout de suite eux-mêmes sur le portrait qu'elle leur en avait fait, car il avait toujours le même manteau à larges bandes transversales, son air taciturne et son œil fier et intelligent. Quelques tons blancs dans la barbe et dans les cheveux étaient le seul changement qui se fût opéré en lui.

— Gomez! s'écria Cornélia en courant à lui avec une explosion de joie dont Paolo l'eût crue incapable.

— Oui, c'est moi, répondit le mendiant dont la voix largement timbrée, prit une expression de douceur extrême en lui parlant, moi qui suis arrivé à temps pour vous sauver.

— Et ce cachet, lui demanda don Gonzalvo, vous prétendez que c'est vous.

— Le voilà, dit Gomez.

Et tirant le cachet de son pourpoint, il le remit à don Gonzalvo.

Celui-ci le regarda avec une minutieuse attention et le reconnut parfaitement.

— Êtes-vous content de moi, senor, lui dit alors Gomez, et croyez-vous que je vous aie rendu un service de quelque valeur ?

— Je ne l'oublierai de ma vie, je vous le jure, dit don Gonzalvo, et je ne désire qu'une occasion de vous prouver ma reconnaissance.

— Vous ne l'attendrez pas longtemps, senor, vous pouvez me la prouver à l'instant même.

— Comment ?

— En me laissant dix minutes seul avec la senora Cornélia.

Don Gonzalvo consulta sa fille du regard.

— Ce pauvre Gomez, vous savez combien je l'aime, mon père, répondit Cornélia ; soyez assez bons pour nous laisser ensemble.

— Volontiers.

Don Gonzalvo, et le comte Popoli se retirèrent, et Cornelia se trouva seule avec Gomez.

— Ah ça ! mon brave Gomez, lui dit celle-ci, apprends-moi donc avant toute chose, comment tu as su que ce cachet se trouvait entre les mains des chefs d'une conspiration, et comment tu as pu t'en emparer.

— Vous allez le comprendre tout de suite, senora, vous verrez qu'il n'y a dans tout ce mystère rien que de très-simple et de très-naturel. Cette fameuse association des tisserands et des foulons a huit chefs, l'un d'eux est espagnol et on l'appelle Mastrillo l'Andaloux.

— Eh bien ?

— Eh bien ! Mastrillo, c'est moi.

— Ah ! je comprends !

— Vous comprendrez tout à fait quand je me serai expliqué. Écoutez-moi donc.

— Asseyons-nous et parle, Gomez.

Quand ils eurent pris place en face l'un de l'autre, le mendiant reprit :

— Quoique séparé de vous par une distance considérable, je ne vous perdais pas de vue du coin que j'habitais là-bas, à Madrid, et quand j'appris, par le bruit que faisait déjà votre nom, votre implacable rigueur vis-à-vis des hérétiques, je vis par là que vous vous conformiez beaucoup plus strictement que je ne l'eusse voulu au conseil que je vous avais donné de tout mettre en œuvre pour gagner l'esprit de Philippe II. Je devinai sans peine les innombrables dangers auxquels vous exposait cet intraitable fanatisme, et je résolus de me rendre à Anvers pour y chercher et y combattre les complots qui, à coup sûr, devaient être dirigés contre vous.

— Excellent Gomez, murmura l'Espagnole.

— Je ne m'étais pas trompé ; à force de me plaindre, dans tous les endroits publics, de Philippe II et du duc d'Albe, accusant celui-ci des malheurs imaginaires, mais effroyables, que je prétendais avoir subis, je finis par rencontrer des gens qui firent écho avec moi et auxquels j'inspirai enfin assez de confiance pour me faire admettre dans la fameuse association des foulons. J'en suis devenu bientôt un des chefs, tous les secrets de la conspiration m'ont été livrés ; j'ai connu, depuis le plus puissant jusqu'au plus infime, tous les hommes qui la composent, j'ai pris leurs noms à tous, et je puis répondre que tous les membres de l'association une fois écrasés ou dispersés, vous êtes aussi puissante et aussi tranquille dans Anvers que le roi d'Espagne à Madrid.

— Tu as fait tout cela, mon bon Gomez! s'écria Cornélia en lui saisissant vivement la main dans un transport de reconnaissance : que ne te dois-je pas, mon Dieu !

— Vous me devez au moins de n'être pas chassée d'Anvers depuis vingt-quatre heures, et mieux encore peut-être, car je doute que le peuple vous eût laissé la vie.

— Mais que puis-je faire pour toi, Gomez?

Le mendiant regarda Cornélia avec une émotion indéfinissable.

— J'étais venu dans l'intention de vous le dire, répondit-il, mais j'ai réfléchi ; je ne veux parler que le jour où j'aurai éloigné de votre tête jusqu'à l'ombre du péril, c'est-à-dire le jour où il n'y aura plus trace de l'association qui a juré solennellement votre mort.

— Ah! ils ont juré cela! murmura l'Espagnole avec un sifflement de haine.

— Ils ont juré aussi, reprit le mendiant, et plus solennellement encore, la mort du traître qui livrerait ses frères.

— Alors, ta vie est en danger, dit Cornélia avec plus de sensibilité qu'on n'eût cru pouvoir en attendre d'une telle nature.

— Le premier venu de ces six cents hommes qui saurait dans quel but j'ai pénétré parmi eux et ce que je viens d'accomplir à cette heure, me tuerait sans hésiter.

— Ah! mais nous allons les écraser tout de suite, aujourd'hui même, et alors, ici, près de moi, tu n'auras plus rien à redouter.

— Oui, il ne s'agit plus maintenant, dit Gomez, que de savoir qui d'eux ou de moi, portera le premier coup ; toute la question est là. Quant à en finir aujourd'hui, c'est impossible.

— Pourquoi? ne m'as-tu pas dit que tu avais pris en note le nom des chefs et même celui de tous les membres de l'association?

— Oui, mais cette affaire devant avoir dans toute la Flandre un grand retentissement, il ne suffit pas d'avoir ces noms, ce qu'il faut absolument pour donner à cette grande exécution le caractère de justice qui fera de vous un juge sévère, inflexible, mais non un bourreau, c'est le pacte solennel qui lie tous ces hommes entre eux, et qui porte les signatures des huit chefs, car le mien s'y trouve aussi.

— Tu as raison, Gomez, je ne puis rien faire sans cela.

— L'homme qui garde cette pièce précieuse, notre chef suprême est aussi brave qu'habile : je demande donc trois jours pour vous la livrer.

— Et le lendemain, je te le jure, les chefs seront décapités.

— Il y en a un, je vous en préviens, qui soulèvera encore plus de sympathies que les deux frères de Sterbeck; c'est le fils d'un des plus riches marchands de la ville, et, les Anversois adorent sa mère comme une madone.

— Tant mieux, s'écria Cornélia avec une énergie sauvage, c'est à celui-là que je m'attache, l'exemple en sera plus terrible et plus salutaire; les autres pourraient trouver grâce, peut-être, mais pour celui-là, je serai inflexible.

Gomez se leva.

— Adieu, senora, dit-il, je retourne parmi vos ennemis.

— Et une fois mon triomphe assuré, tu te reposeras près de moi de cette longue vie de lutte et de misère.

— Oui, quand vous serez gouvernante des Pays-Bas.

Il salua Cornélia de la main et sortit.

XII

LAZZARO.

Dix minutes après que le mendiant Gomez eut quitté l'hôtel du conseil des Troubles, en prenant la précaution de sortir comme il était entré, par une petite porte basse, presque invisible, donnant sur une ruelle étroite et toujours déserte, le Bohême Pepito en sortait à son tour par le même chemin, et, faisant un rapide détour, se trouvait bientôt en face du comte Popoli, qui venait de quitter Cornélia.

Celui-ci tressaillit en l'apercevant, mais il feignit de ne pas le voir, et passa tout droit.

Ce n'était pas pour le laisser passer ainsi que Pepito avait voulu se trouver sur son chemin.

— Bonjour, Lazzaro, lui cria-t-il à haute voix.

Paolo se retourna et prenant un air plein de hauteur :

— Est-ce à moi que vous en avez, dit-il?

— A toi-même, mon cher Lazzaro, répliqua le Bohême avec un ton de familiarité tout à fait intime.

— Vous vous méprenez, dit Paolo, toujours froid et dédaigneux, je ne me rappelle pas avoir jamais été de vos amis.

— Cela prouve qu'en cinq ans, on peut oublier bien des choses.

— Allons, laissez-moi, dit le comte, et cherchez ailleurs votre Lazzaro.

Et il fit mine de s'éloigner.

— Un dernier mot, dit Pepito, puisque vous n'êtes pas ce Lazzaro qu'il m'avait semblé reconnaître, il vous est tout-à-fait indifférent, n'est-ce pas, que j'aille raconter à la senora Cornélia certaine histoire concernant cet ancien ami de ma jeunesse.

Et à son tour, il fit un mouvement pour se retirer.

Alors Paolo courut à lui, et le saisissant par le bras :

— Allons, lui dit-il en changeant brusquement de ton, que me veux-tu?

— Ah ! on se décide à reconnaître son ami Pepito. C'est d'un grand cœur quand on s'appelle le comte Popoli et qu'on est à la veille de devenir gouverneur des Pays-Bas.

— Silence, malheureux ! s'écria Paolo en jetant autour de lui des regards effrayés.

Mais personne ne pouvait entendre cet entretien, qui avait lieu dans une rue bordée d'un côté par une église et de l'autre par un couvent de femmes.

— Voyons, reprit alors Paolo, entendons-nous; la fortune m'a favorisé, et tu peux compter sur moi. Quelles sont tes prétentions?

— On ne peut plus modestes; je ne demande rien.

— Absolument rien?

— Pas un maravédis, et je dirai plus, tu vas bien rire, Lazzaro, je ne changerais mon avenir ni contre le tien, ni contre celui de la senora Cornélia?

— A la bonne heure, dit Paolo en souriant, le ciel t'a doué d'une grande dose d'humilité.

— Pas tant que tu penses, Lazzaro.

— Tu n'as pourtant pas la prétention, j'imagine, de t'élever jamais au-dessus de la senora Cornélia.

— Non, mais pourquoi ne descendrait-elle pas au-dessous de moi?

— Cela me paraît fort probable en effet, surtout si tu peux la remplacer dans la faveur du roi d'Espagne.

— C'est à quoi j'ai songé et j'y vais faire tous mes efforts.

— Mon pauvre Pepito, je ne te crois pas la tête bien saine; mais finissons. Si tu n'as rien à me demander, pourquoi m'as-tu adressé la parole?

— Pour te donner un conseil, Lazzaro.

— Voyons ton conseil?

— Je n'ai nulle raison, quant à présent, pour vouloir te nuire, et tu n'as à redouter de ma part aucune indiscrétion; mais si, n'ayant pas foi dans ma parole, tu t'avisais de déchaîner contre moi ta tigresse espagnole, et de me faire quelque mauvais parti dans l'intérêt de ta sécurité, alors je ferais parvenir au comte d'Aguila, gouverneur d'Anvers, puis au duc d'Albe, gouverneur des Pays-Bas, le récit détaillé de la petite expédition dans laquelle, de concert avec moi, presque enfant alors, et d'ailleurs païen, tu as enlevé les vases sacrés de la cathédrale de Cadix. Tu sais qu'en apprenant ce crime odieux, le roi Philippe jura de ne jamais faire grâce au coupable Lazzaro, eût-il été chercher un refuge au sein même de l'inquisition, en prenant place parmi ses familiers.

— Je sais cela, balbutia Paolo d'une voix tremblante, mais bientôt je l'espère...

— Oui, bientôt tu seras l'époux de Cornélia? Cornélia sera gouvernante des Pays-Bas, n'est-ce pas? mais *bientôt*, c'est souvent bien loin et quelquefois jamais.

— Mais d'où sais-tu donc l'espoir qu'a conçu Cornélia d'obtenir le gouvernement des Pays-Bas? car elle n'a confié ce secret qu'à trois personnes, son père, moi et Gomez.

— Si je te disais que ce secret je l'ai appris de sa propre bouche.

— Je te répondrais que c'est impossible.

— Alors pourquoi m'interroger? Mais je ne veux pas compromettre plus longtemps la dignité de ta seigneurie; adieu, souviens-toi de mon conseil.

— Un mot avant de nous séparer, dit Paolo, as-tu réfléchi que le crime pour lequel tu peux me faire trancher la tête, t'expose exactement au même sort, puisque tu as été mon complice.

— Oui, j'y ai songé; mais d'abord, puisque ma dénonciation n'aurait lieu qu'autant que tu m'aurais jeté dans les griffes de Cornélia, cette considération ne saurait me toucher, attendu que je n'ai qu'une vie à perdre; puis j'ai un moyen infaillible de toucher le cœur de Philippe II et d'en obtenir ma grâce.

— Tu ne connais pas Philippe II, mon pauvre Pepito, et je puis t'affirmer que ton moyen infaillible échouera complétement.

— C'est ce que nous verrons; au reste, il s'agit de mettre à exécution un dessein que j'ai conçu depuis quelque temps déjà, sans calcul, sans arrière-pensée, sans nullement songer à m'en faire un titre près du roi d'Espagne. Allons, adieu, Lazzaro, ou plutôt au revoir.

Le comte Popoli, auquel nous continuerons de donner le nom sous lequel nous l'avons présenté au lecteur, trouva, en rentrant chez lui, un domestique qui le prévint que la comtesse Régina le priait de passer chez elle.

La comtesse achevait en ce moment sa toilette, aidée par une jeune femme de chambre fort jolie, aux traits spirituels et à l'air dégagé. Elle se nommait Mariette; c'était une Française, et il régnait entre elle et sa maîtresse un ton de familiarité très-étrange, même à une époque où les domestiques faisant un peu partie de la famille, il s'établissait entre eux et leurs maîtres, une certaine intimité.

— Ah! ma pauvre Mariette, disait Régina en comprimant un bâillement, ne te marie jamais, et surtout, si tu commets cette imprudence, ne prends ni duc ni comte, mais un simple et naïf bourgeois, qui te laisse aller et venir, et t'amuser à ta guise, et qui ne fasse pas de sa maison le temple de l'étiquette.

— Madame la comtesse me permettra-t-elle de lui faire observer, répondit Mariette, en appuyant sur le titre avec une intention finement et doucement railleuse, qu'elle ne se contraint guère dans ce temple-là et que l'étiquette est un jouet pour elle plutôt qu'un joug.

— C'est un peu vrai, et cependant malgré toutes les licences que je me permets, que de contraintes quand je songe au passé!

— Ah! Régina, soupira la caméristе, c'est le rêve de la vie que nous avons traversé alors, le rêve avec sa brume d'or et son atmosphère embaumée; c'était le temps des excursions capricieuses par les grands chemins poudreux, avec le ciel bleu sur nos têtes et les fleurs rouges à nos pieds; le temps enchanté où, jetant nos mandolines sur l'herbe, à l'heure où les peupliers allongent dans la plaine leurs ombres gigantesques, nous faisions le repas du soir au pied de quelque fontaine, dont l'eau, après nous avoir désaltérées, rafraîchissait nos mains et notre visage.

— En ce temps-là, dit Régina en soupirant à son tour, nous vivions libres comme l'alouette, nous en avions l'insouciance et la gaieté; et puis les petites aventures de la route, les gracieux propos que nous jetaient en passant les jeunes cavaliers; te rappelles-tu cela, Mariette?

— Comment oublier ces jolies choses!

— Il est surtout un souvenir, dit Régina... Je ne t'avais pas encore rencontrée, Mariette; j'étais avec la vieille Balbina. Nous étions malades toutes deux; nous avions pris la malaria en traversant un coin des marais Pontins, et, comme la fièvre nous faisait frissonner sans cesse, nous nous reposions en ce moment en plein soleil et à l'heure la plus ardente du jour. Nous jouissions voluptueusement de la chaleur qui nous pénétrait, chaleur délicieuse pour nous, intolérable pour tout autre, quand un galop rapide résonna bruyamment sur les pierres du chemin, et aussitôt un cavalier parut et s'arrêta en face de nous.

Son costume était brun, et sa toque de velours d'un rouge sombre, était ornée d'une longue plume blanche dont l'extrémité retombait en s'enroulant derrière sa tête. Echauffé par la course et par l'ardeur du soleil, son teint enflammé avait un éclat de vie et de jeunesse qui le rendait lumineux, et sa chevelure blonde fouettée par un coup de vent qui mettait ses tempes à découvert, ressemblait à celle des archanges dans les fresques du Vatican. Légèrement penché sur le cou de son cheval noir, dont les nerfs d'acier frémissaient d'impatience, le regard fixé sur nous avec un mélange de surprise et d'intérêt, il formait avec sa monture, le groupe le plus gracieux que jamais les ciseaux d'un artiste ait tiré d'un bloc de marbre.

Au bout de quelques instants, il s'approcha de nous, et nous interrogea sur la maladie qui paraissait nous consumer, et quand Balbina lui eût appris que nous étions minées par la malaria.

— Pauvres femmes! dit-il tout haut.

Puis il ajouta plus bas et d'une voix plus émue :

— Pauvre jeune fille!

Après quoi il prétendit tenir de sa mère un secret pour cette fièvre pernicieuse, et il appela à l'écart la vieille Balbina pour le lui apprendre. Ils causèrent quelque temps à voix basse, puis il me pria d'approcher de son cheval, me pressa la main en me souhaitant une prompte guérison, et lâchant la bride au superbe animal, qui piaffait et hennissait, il partit comme un trait et s'évanouit comme un rêve.

Je sus alors que ce prétendu secret confié à Balbina, c'était une bourse pleine d'or qu'il n'avait osé donner devant moi, délicatesse qui me toucha vivement et ajouta encore au charme qu'il avait laissé en moi.

— Et ce beau cavalier, vous ne l'avez jamais revu, comtesse?

— Jamais, et c'est pour cela peut-être que son image est restée dans mon âme, étincelante et radieuse comme ces fantastiques silhouettes qui, au déclin du jour, planent, ardentes et immobiles sur un horizon de flamme.

On frappa à la porte, Mariette courut ouvrir et Paolo entra.

— Vous m'avez fait demander, dit-il à Régina?

— Oui, pour deux choses fort graves; or, vous savez qu'il n'y a de grave et d'intéressant que le plaisir; c'est tout le reste qui est frivole et absurde.

— Cela est trop évident pour que je n'en convienne pas, répondit Paolo.

— Je veux vous prier d'abord de nous accompagner dans une promenade sur l'Escaut.

— Je suis à vos ordres.

— J'ai à vous demander ensuite si la senora Cornélia tient

toujours à cette fête dont l'à-propos ne sera pas à coup sûr le moindre mérite?

— Plus que jamais.

— Et c'est toujours pour demain ?

— Toujours.

— A merveille.

— Vous y viendrez?

— Pourquoi y manquerais-je? Je ne suis ni Espagnole ni Flamande; ni bourreau ni victime.

— Cornélia sera heureuse de vous y voir.

— Et moi, ravie d'être agréable à cette douce créature.

— Régina! fit le comte avec humeur.

— Ah! à propos, noble comte Popoli, vous souvient-il que l'autre jour je vous ai dit, en parlant des ambitieux, qu'il suffirait de leur indiquer une lâcheté à commettre, pour qu'ils y courussent comme sur une proie.

— Il m'en souvient, mais que m'importe...

— Sans doute, mais dites-moi, vous sentez-vous la conscience bien nette en pensant à mademoiselle Noémie de Sterbeck?

— Est-ce ma faute, à moi, si j'ai cessé de l'aimer? règle-t-on son cœur à sa fantaisie?

— Ah! c'est-à-dire que votre action se réduit à une simple infidélité de cœur! C'est fort bien, et je ne puis que vous féliciter de savoir donner aux choses une si heureuse tournure.

— Régina, changeons d'entretien, je vous prie.

— Alors, parlons du costume que j'aurai demain, car c'est toujours une fête masquée, n'est-ce pas?

— Sans doute.

— Je vous préviens d'abord que je veux être éblouissante, du moins, quant à l'habit. Il s'agit donc de choisir ce qu'il y a à la fois de plus riche et de plus élégant.

Paolo allait donner son opinion, quand un domestique vint annoncer la visite du comte de Ristaël.

— Mon mari! s'écria Régina avec l'accent d'une vive surprise, que vient-il donc faire ici? que peut-il me vouloir?

Le comte entra.

Sur un signe de Régina, Mariette sortit.

XIII

UN AMOUR DE VIEILLARD.

Le comte de Ristaël était un homme de cinquante ans, mais il en paraissait bien soixante-dix, tant ses épaules étaient voûtées, tant son teint était pâle et maladif, tant le feu de la fièvre brillait dans ses yeux noirs, plongés sous l'arcade sourcilière, qui surplombait étrangement, garnis d'épais sourcils blancs.

Il paraissait épuisé pour avoir traversé les trois pièces qui séparaient sa chambre de celle de Régina, et il resta quelque temps silencieux et immobile dans le fauteuil que lui avait avancé Paolo.

— Vous étes toujours bien faible, monsieur le comte, lui dit Régina.

— Faible et épuisé de corps, oui, répondit le comte ; toute la force est là.

Et il posa le doigt sur son front.

Il reprit au bout d'un instant, d'une voix plus ferme :

— Vous êtes surprise de me voir, Régina, et vous vous demandez quel motif si grave a pu me faire quitter ma chambre et mon laboratoire pour venir dans cette chambre qui est la vôtre et où seul je n'ai jamais mis les pieds.

— J'attends que vous veuillez bien m'expliquer le motif d'une visite inattendue, je l'avoue, mais que je reçois avec plaisir, répondit Regina du ton le plus indifférent.

— C'est ce que je vais faire, dit le comte.

— Je me retire, dit Paolo en faisant un mouvement pour se lever.

— Non, restez, comte Popoli, vous n'êtes pas étranger à l'entretien que je vais avoir avec la comtesse.

Paolo resta à sa place et attendit, fort intrigué de savoir

quel pouvait être le sujet d'un entretien qui s'annonçait si solennellement et comment il pouvait s'y trouver mêlé.

— Régina, reprit le comte, le chef du conseil des Troubles et sa fille Cornélia donnent une fête masquée demain soir.

— Je sais cela, répondit Régina.

— Je suis Flamand, mais bon catholique et sujet soumis du roi d'Espagne, reprit le comte, je puis donc m'abstenir, sans danger, de me rendre à cette fête, et ma dignité m'ordonne de ne point aller me confondre, pour danser et pour boire, avec les ennemis de mon pays.

— Je ne puis qu'approuver une si noble résolution, répondit Régina.

— Et comme tout est commun entre mari et femme, reprit le comte, les sentiments surtout, comme il est peu convenable qu'on vous voie dans une fête où je ne suis pas, une fête masquée, j'ai la conviction que vous n'avez pu songer à y prendre part.

— Et je parierais, moi, répliqua Régina, que vous avez la conviction toute contraire.

— Ainsi, vous voulez vous rendre à cette fête?

— C'est mon intention positive et très-arrêtée.

— Si pourtant je vous priais de n'en rien faire?

— Permettez-moi de répliquer à cette question par une autre, et votre réponse dictera la mienne.

— Je vous écoute, Régina.

— Monsieur le comte, vous aimez l'étude de l'alchimie; vous éprouvez une véritable passion pour vos alambics et vos creusets; vous passez parmi eux vos journées entières et une partie de vos nuits, et c'est tout au plus si vous pouvez vous arracher un quart d'heure à votre mystérieux laboratoire pour venir prendre vos repas avec nous; eh bien! si je vous priais de renoncer à cette étude dans laquelle vous vous absorbez avec tant de délices, que vous aimez, pour le moins, autant que j'aime les fêtes et les plaisirs, dites, vous rendriez-vous à ma prière?

Le comte regarda Régina avec un sourire qui avait quelque chose de douloureux, et répondit:

— Oui, je renoncerais à ces travaux, non-seulement sans hésitation, mais sans le moindre effort.

— J'avoue, dit Régina stupéfaite, que je ne l'aurais pas cru.

— C'est que vous ignorez la véritable cause de cette ardeur pour l'étude d'une science qui ne m'inspire aucune sympathie et dans laquelle j'ai cherché vainement l'oubli de la seule passion de ma vie, dit le comte d'une voix brisée.

— Et cette passion, quelle est-elle? demanda Régina.

— Je vais vous le dire, quoique vous m'ayez parfaitement compris.

Le comte reprit après un moment de rêverie :

— Le jour où je vous rencontrai à Florence, Régina, je me sentis pris de ce vertige de la passion qui vous met du feu dans les veines, un voile sur les yeux et la folie dans l'âme. Toutes les grâces et tous les éblouissements de la jeunesse étaient en vous ; je touchais aux premières limites de la vieillesse : cet amour était un abîme dans lequel j'allais jeter mon bonheur, ma raison, toute ma vie ; je le voyais clairement, et je n'eus pas même un seul instant la pensée de le combattre. Vous vous appeliez alors la baronne de Tibaldi et vous habitiez un palais avec le comte, Popoli, votre frère ; j'appris, sans le vouloir, car je soupçonnais la vérité et ne voulais pas la connaître, j'appris qu'il y avait eu, en effet, un baron Tibaldi ; que ce baron, en mourant, vous avait laissé son palais et sa fortune, mais qu'il n'avait jamais été votre époux.

A ces mots, Paolo tressaillit, et Régina se leva d'un bond ; mais se dominant aussitôt, elle se rassit, et s'adressant au comte avec l'apparence du plus grand calme :

— Ah! vous saviez cela? dit-elle.

— Et non-seulement mon amour n'en fut pas altéré, mais je vous justifiai complétement dans mon esprit, car je sus que jamais l'œil d'une mère n'avait veillé sur vous, que, jetée tout enfant dans une vie de hasards et d'aventures, vous n'aviez jamais eu d'autre guide que le caprice et l'inexpérience, et que toute votre famille, enfin, se composait d'un frère, espèce d'aventurier qui, après avoir échappé à la corde en Espagne, sous son vrai nom de Lazzaro, s'était rappelé sa sœur le jour où il l'avait vue riche, et avait pris le nom de comte Popoli pour venir partager sa fortune.

— Monsieur le comte, s'écria Paolo feignant une profonde indignation pour dissimuler le trouble violent auquel il était en proie, je voudrais savoir qui a pu imaginer...

— Je savais tout cela, reprit le comte de Ristaël sans daigner répondre à Paolo, et rien n'a pu m'empêcher de vous donner mon nom, Régina. Je ne vous demandais en échange ni un sentiment semblable à celui que vous m'aviez inspiré, ni une reconnaissance à laquelle je n'avais aucun droit, puisque je n'avais écouté que ma passion en vous épousant; mais je croyais pouvoir compter sur un peu d'affection, sur quelques égards, sur la pitié enfin dont ma misérable passion se fût contentée à défaut du reste, et je n'ai rien trouvé en vous, rien, rien! murmura le vieillard d'une voix sourde et en laissant retomber sa tête sur sa poitrine avec l'expression d'un immense découragement.

— Monsieur le comte... dit la jeune femme.

Mais le comte l'interrompit.

— Laissez-moi achever, Régina; je vous écouterai ensuite. Quand je me fus bien convaincu que je n'avais pas une heure de joie, pas une minute de consolation à espérer près de vous; quand je m'aperçus que rien au monde ne saurait vous résoudre à mettre un frein à ces inconséquences sans nombre, à cette coquetterie sans égale qui me jetaient dix fois par jour dans un accès de jalousie furieuse; quand je compris enfin que ma raison commençait à s'ébranler, et allait bientôt disparaître sous l'excès d'une torture incessante, c'est alors que je conçus le dessein de tuer une passion par une autre, et d'absorber toutes mes pensées dans l'étude d'une science qui, dit-on, s'empare si violemment et si complétement de toutes les facultés.

Voilà près de deux années que j'essaie de me passionner pour ces mystères étranges à la recherche desquels se sont usées tant et de si hautes intelligences; mais tous mes efforts sont vains, je reste de glace pour ces études si intéressantes, et la flamme funeste me brûle toujours et se fait un aliment de ce qui devait l'éteindre.

Le comte de Ristaël s'interrompit un instant, épuisé par l'émotion à laquelle il venait de se laisser entraîner, il reprit bientôt.

— Je suis fâché, Régina, de m'être laissé aller à rappeler des souvenirs et des souffrances dont j'avais résolu de ne plus vous parler; ce n'est pas là ce qui m'amenait près de vous, aujourd'hui; voilà, en deux mots, le motif de ma visite :

Laissons là mon amour et ma jalousie, deux choses dont un vieillard peut mourir sans exciter autre chose que la risée, et parlons de ce dont on a le droit de s'inquiéter en tout temps et à tout âge, de mon nom et de mon honneur. C'est dans l'intérêt de l'un et de l'autre, Régina, que je viens vous supplier aujourd'hui de ne pas vous rendre à cette fête, où l'extrême liberté de vos manières et votre irrésistible penchant à la coquetterie, ne peuvent que nous exposer, moi au ridicule, vous à d'insolents hommages.

— Monsieur le comte, répondit Régina avec un sérieux et une fermeté qui tranchaient avec ses façons habituelles, puisque nous sommes sur ce terrain, il faut le déblayer une bonne fois pour n'y plus revenir. Dans les souvenirs que vous venez de rappeler, vous avez oublié le langage que je vous ai tenu le jour où vous m'avez fait l'honneur de m'offrir votre main; laissez-moi donc combler cette lacune. Voici à peu près le résumé de ce que je vous dis alors : je me trouve heureuse ainsi, je ne tiens nullement à changer de position, et si j'y consens, ce sera à la condition expresse de conserver entière toute la liberté dont je jouis aujourd'hui, de ne m'imposer aucune contrainte, pas même celle de feindre pour vous un amour que je ne ressens pas encore, et de ne suivre en toutes choses que mon caprice enfin, comme si nul lien n'existait entre nous; vous rappelez-vous cela, monsieur le comte?

— Parfaitement, et je crois m'être rigoureusement conformé, jusqu'à ce jour, aux clauses de l'étrange pacte si follement accepté par moi ; mais cette liberté que vous réclamez si haut a une limite, et cette limite est le point au delà duquel elle blesserait mon honneur. Ecoutez bien ce que je vais vous dire à cet égard, Régina, et soyez assurée que je tiendrai fidèlement ma parole. Allez à cette fête, puisque vous le voulez absolument, mais allez-y avec cette pensée, qui vous sera peut-être un frein salutaire, c'est que si vous vous y rendiez coupable d'une inconséquence assez grave pour jeter le ridicule ou la honte sur mon nom, je m'occupe dès le lendemain de faire casser notre mariage, et grâce au faux nom de baronne Tibaldi, que vous portiez en m'épousant, grâce au passé de M. le comte Popoli, votre frère, je suis certain du succès. Réfléchissez maintenant, je n'ai plus rien à vous dire, et je vous laisse.

Il se leva ; mais avant de sortir il dit à Paolo :

— Noble comte Popoli, prenez garde ! la senora Cornélia n'épousera pas un Lazzaro, qui, d'ailleurs, appartient au bourreau depuis longtemps ; votre fortune pourrait bien crouler à cette fête.

Et il se retira, laissant Paolo tout étourdi de ces dernières paroles.

Régina paraissait toute songeuse.

— Vous n'irez pas à cette fête, n'est-ce pas ? lui demanda Paolo.

Regina ne répondit pas.

— A quoi songez-vous donc ? reprit Paolo.

— Au costume que je mettrai demain, répondit Régina.

— Miséricorde ! murmura Paolo, Dieu sait les folies qui peuvent lui traverser l'esprit ! Pourquoi faut-il que ma fortune dépende des inspirations d'une pareille tête !

XIV

PENDANT LA FÊTE.

Cornélia, voulant lutter de magnificence avec ces marchands flamands, dont quelques-uns, disent les historiens de l'époque, étaient assez riches pour prêter à des rois, avait veillé elle-même aux préparatifs de sa fête, qui surpassait, par l'éclat et le bon goût, tout ce qu'on avait vu jusque-là à Anvers.

Comme elle l'avait prévu, toutes les grandes familles, encore sous le coup de l'épouvante qui glaçait les cœurs depuis l'exécution des frères de Sterbeck, s'étaient rendues à son invitation, et remplissaient les vastes salons de l'hôtel, splendidement éclairés par des milliers de bougies.

Elle et son père, entrant complétement dans leur rôle de maîtres de maison, accueillaient les grandes familles aristocratiques et bourgeoises d'Anvers avec autant de grâce et d'abandon que s'il n'y avait pas entre eux des échafauds et des flots de sang.

Paolo, accepté par don Gonzalvo et hautement déclaré comme futur époux de Cornélia, s'était joint au père et à la fille pour faire les honneurs de cette fête, ce qui, publiquement, aux yeux de tout Anvers, le constituait membre de la famille.

— Comte Popoli, lui dit Cornélia, saisissant le moment où ils se trouvaient seuls dans une salle de passage, ne quittez pas la fête un seul instant de toute la nuit; je viens de voir Gomez, et, dans quelques heures peut-être, nous aurons entre les mains le pacte de la grande association des foulons, avec la signature des sept chefs de la société.

— Ce serait une véritable victoire, dit Paolo, et peut-être Philippe II saisirait-il cette occasion de vous nommer enfin gouvernante des Pays-Bas.

— J'en ai l'espoir, répliqua Cornélia avec feu, et, pour que votre nom soit tout de suite en faveur auprès du roi, je vais songer aux moyens de le mêler glorieusement à cette affaire.

Elle reprit sur un autre ton :

— Où est la comtesse de Ristaël, en ce moment?

— Je ne sais. Nous sommes venus ensemble, mais je l'ai quittée en entrant pour vous aborder, et je ne l'ai plus revue.

— Tâchez de la résoudre, ne fût-ce que pour cette nuit,

à imiter la gravité de nos Espagnoles et le calme de nos Flamandes.

— Je l'ai déjà fait, et Dieu veuille qu'elle m'écoute!

— Faites-lui comprendre que si la frivolité de son caractère et les étranges licences qu'elle se permet venaient à donner prise à la calomnie, notre union deviendrait impossible.

— Je le lui ai dit... je le lui ai dit de la part de son mari, dont toutes ces façons italiennes exaltent la jalousie, et elle devrait veiller cette nuit sur elle-même avec d'autant plus de soin, que nous avons ici un neveu du comte, Louis de Ristaël, qui, furieux de se voir enlever par ce mariage une fortune dont il devait hériter, prendra note de ses moindres légèretés, et les rapportera en les aggravant.

Leur attention fut attirée en ce moment par un jeune homme, d'une taille élevée, d'une tournure dont la grâce et l'aisance pleine de distinction, fixaient les regards de toute l'assemblée. Par la richesse et l'élégance de ses vêtements, il éclipsait, comme par ses façons, tous les autres cavaliers, et toutes les femmes avaient déjà remarqué la blancheur de son cou, sur lequel retombait une épaisse chevelure blonde, et la jeunesse des contours de son visage, que toutes déclaraient charmant, malgré le masque de velours qui en couvrait la plus grande partie.

Il était seul, traversant les salons et les galeries avec une nonchalance et un abandon qui lui donnaient l'air d'un roi au milieu de ses sujets.

— Savez-vous quel est ce jeune homme? demanda Cornélia à un groupe d'Espagnols qui passaient près d'elle en ce moment.

— Tout le monde croit le reconnaître, répondit une jeune femme, mais attendu le nombre considérable de maris malheureux qu'il a faits dans cette ville, on a peine à croire, malgré sa bravoure bien connue, qu'il ose y reparaître.

— Enfin quel est-il?

— On dit que c'est le prince Farnèse.

— En effet, dit sévèrement Cornélia, il s'est fait ici, par ses bonnes fortunes, une honteuse célébrité, et je lui trouve bien de l'audace de venir braver ainsi les gens qu'il a si mortellement offensés.

— On assure, reprit l'Espagnole, qu'il n'a respecté qu'une seule femme quoiqu'il l'aimât, dit-on, d'un amour sans égal, c'est la belle Madame Roosendal.

— Tous les triomphes et toutes les auréoles qui puissent rayonner sur le front d'une vertu parfaite, cette femme les a obtenus, répondit Cornélia. Mais, dites-moi, d'où vient l'espèce de sérénité que je remarque chez tous ces Flamands, que je craignais de voir arriver avec l'abattement et la consternation sur le visage?

— Ne savez-vous pas que l'évêque de Liége est attendu ces jours-ci à Anvers.

— Je le sais, mais que leur importe!

— Cela les intéresse beaucoup, au contraire, car on prétend que le but du prélat, en venant ici, est d'implorer votre clémence en faveur des hérétiques et de demander qu'on lui confie la tâche de les arracher à l'erreur par la persuasion.

— Ah! dit Cornélia avec un sourire ironique, c'est là ce qui nous amène le saint évêque?

— Aussi se prépare-t-on à l'accueillir avec une pompe merveilleuse. Tous les notables, tous les corps de métiers doivent aller le recevoir aux portes de la ville, précédés d'une députation de femmes, dont l'une d'elles lui remettra une palme d'or, symbole de la mission qu'il vient accomplir.

— C'est bien, dit Cornélia de sa voix tranchante, nous lui répondrons, à cet évêque.

Un mouvement se manifesta tout à coup vers l'une des portes.

— Qu'est-ce? demanda Cornélia à Paolo.

— Madame Roosendal qui entre avec son fils.

— La plus considérée des bourgeoises d'Anvers! dit Cornélia; allons au-devant d'elle, comte Popoli.

L'entrée de Madame Roosendal produisait en effet une vive sensation; hommes et femmes, Espagnols et Flamands, tout le monde s'était porté en avant pour la voir.

La beauté de Madeleine reflétait admirablement son caractère, et, pour ainsi dire, toute sa vie; les lignes pures et harmonieuses de son visage trahissaient une âme qui ne s'était ouverte qu'aux joies calmes et chastes de la famille, aux saintes émotions du foyer domestique; les orages de la passion n'avaient jamais assombri ce front de madone où la tendresse et l'orgueil maternels éclataient dans toute leur sérénité; jamais une pensée coupable n'avait dû briller au fond de ces yeux noirs, dont le regard avait à la fois la candeur de la vierge et l'éloquence de la femme.

Quelque chose de tendre et de mélancolique, de doux et de compatissant enveloppait cette belle tête comme un voile invisible et ajoutait à tant de perfections un vague et irrésistible attrait.

Bien des gens avaient cherché la signification de cette légère teinte de mélancolie. Une image, un rêve, avaient-ils traversé cette vie toute radieuse de vertu, cet oasis de calme et d'innocence? Madeleine n'avait montré qu'indifférence et mépris pour l'amour du prince Farnèse, mais avait-elle pu rester insensible au désespoir immense sous lequel celui-ci était resté accablé jusqu'au jour où il avait quitté Anvers? Malgré son invariable et sincère affectioon pour son mari, ses admirateurs eux-mêmes admettaient cette supposition, et lui en faisaient un mérite de plus.

Guillaume Roosendal étant arrivé depuis longtemps déjà avec quelques notables de la ville, Madeleine entra appuyée sur le bras de son fils.

Quand Christian vit la foule se presser ainsi au-devant de sa mère, quand il entendit les murmures d'admiration qui s'élevaient sur son passage, une vive expression d'orgueil et de bonheur illumina ses traits et il savoura ce triomphe avec un indicible ravissement.

Madeleine, elle, tout occupée de son fils, promenait ses regards de tous côtés et semblait chercher quelqu'un. Au bout de quelques instants, le reflet d'une joie intérieure passa dans ses yeux, et elle entraîna doucement le jeune homme dans une direction opposée à celle qu'ils suivaient.

— Vous cherchez quelqu'un de ce côté, ma mère? lui demanda Christian.

— Tiens, voilà ce que je cherchais, dit Madeleine en s'arrêtant tout à coup.

Ils venaient de rencontrer Sabine avec son père.

— Vous arrivez à propos, dit Sabine à Christian; voici la musique, les danses vont commencer.

Et les deux jeunes gens, accompagnés du comte, se dirigèrent vers la salle où se faisait entendre la musique.

Madeleine resta sur le siége où elle s'était assise.

Au bout de quelques minutes, l'air devenant épais et lourd par l'affluence de monde qui encombrait la salle, elle chercha du regard quelque fenêtre où elle pût aller respirer. Elle s'aperçut alors qu'elle était à deux pas d'un immense balcon de pierre, séparé de la salle par une ample et lourde draperie de velours.

Madeleine souleva la draperie et pénétra sur le balcon.

Un homme, qui la suivait du regard depuis son entrée, se dirigea lentement de ce côté.

XV

LE PRINCE FARNÈSE.

Appuyée sur la balustrade de pierre du balcon, immobile et rêveuse, Madeleine aspirait avec bonheur les mystérieuses beautés qui jaillissent la nuit du sein de la nature. Les regards fixés sur une planète qui brillait entre toutes les autres, lui confiant peut-être quelqu'une de ces pensées que la femme la plus pure cache dans un repli de son cœur, et qu'elle contemple parfois d'un œil furtif et ravi dans la solitude profonde où elle l'a ensevelie.

Elle était absorbée, perdue au plus fort de son rêve lorsqu'un léger bruit vint l'en tirer; il lui sembla entendre un soupir. Elle tourna la tête, convaincue cependant que c'était une illusion de son esprit, et resta stupéfaite en voyant un homme agenouillé à ses pieds et baisant en silence le bas de sa robe.

Mais sa surprise redoubla tout à coup et devint presque de l'effroi, quand elle reconnut que cet homme était le prince Farnèse.

Elle se sentit pâlir et recula involontairement.

— Par pitié! murmura le prince d'une voix suppliante et profondément émue, par pitié, écoutez-moi.

Madeleine avait repris tout son empire sur elle-même, et, sans répondre, sans même jeter un regard sur le prince, elle se dirigea vers la draperie qui fermait le balcon.

— Madame, dit le prince en se relevant brusquement, et en la regardant avec une fixité fiévreuse, je vous jure par le nom que je porte, que si vous sortez sans m'entendre, je m'élance par-dessus ce balcon.

Le désespoir, l'exaltation, l'égarement se peignaient sur son visage et annonçaient cet état de l'âme où les résolutions les plus insensées apparaissent comme des actions toutes simples.

Madeleine le comprit, et revenant s'asseoir près de la balustrade :

— Ainsi, dit-elle d'un ton glacial, il faut que j'entende des paroles qui m'outragent, ou que je vous laisse accomplir une folie qui tournera contre mon honneur.

Elle ajouta avec un calme dédaigneux :

— Parlez, prince, puisque je suis à votre discrétion.

— Pardon, oh! mille fois pardon, murmura Farnèse en joignant les mains comme devant une sainte ; ce sont quelques minutes que je vous demande, rien de plus. Par pitié, écoutez-moi sans haine, sans colère, puis je partirai aussitôt, je quitterai Anvers, et vous n'entendrez plus parler de moi.

Madeleine ne répondit pas.

— J'ai cruellement souffert depuis le jour où je vous ai rencontrée, madame, reprit le prince, et pourtant croyez-moi, toutes les tortures que j'ai endurées pour vous me sont cent fois plus chères que le bonheur que j'ai trouvé ailleurs, car vous avez animé toute une moitié de mon âme, la plus belle et la plus pure, qui, sans cet amour, fût restée dans une éternelle léthargie, car vous m'avez fait jaillir du cœur une source de vie et d'émotions que je n'eusse jamais connues sans vous, c'est pourquoi je vous bénirai jusqu'à ma dernière heure, dussé-je mourir de cette passion.

Un sourire ironique effleura les lèvres de Madeleine.

— Je devine votre pensée, dit Farnèse, vous vous dites que l'existence que je mène depuis ces deux années n'est pas celle d'un homme dont le cœur s'est épuré aux flammes d'une grande passion. Ecoutez-moi et vous comprendrez. La première fois que je vous vis, c'était un jour de fête; vous descendiez les degrés de la petite église gothique qui s'élève à quelques pas de votre demeure. Vous dire ce qui se passa dans mon âme à votre aspect me serait impossible, et pourtant toutes les émotions qui vinrent m'assaillir en ce moment, je les sens encore palpiter en moi dans toute leur fraîcheur, dans toute leur ivresse.

Ce fut quelque chose d'inouï, d'inexprimable, qui inonda tout mon être et dilata délicieusement tous mes sens, quelque chose de divin qui tenait à la fois, de la lumière, de l'harmonie et du parfum, mais une lumière si splendide, une harmonie si pure, un parfum si suave et si pénétrant que je compris bien que c'était une émanation du ciel qui passait dans mon âme.

Je suivis minutieusement la trace de vos pas et il me semblait que vous laissiez derrière vous comme un sillage lumineux, comme une traînée de ces brouillards empourprés que le soleil jette le soir au fond des bois. J'étais ébloui, j'étais fou, fou de ravissement, fou d'amour et d'extase. Enfin la vision disparut, vous étiez chez vous. Je demeurai immobile, accablé, éperdu comme si je fusse passé subitement du jour le plus éclatant aux plus profondes ténèbres.

Revenu à moi, je rentrai à mon hôtel, et je me mis à penser à vous, rappelant à ma mémoire les lignes de votre visage, l'expression de vos regards, votre démarche si harmonieusement cadencée, la façon dont vous teniez à la main votre livre de prières la couleur même de ce livre, puis le chemin que vous aviez suivi, jusqu'aux pavés que vos pieds avaient foulés, et enfin le dernier regard que vous avez jeté dans la rue avant de disparaître, et que le hasard avait fait tomber sur moi. Oh! ce regard, ce regard si doux, où éclatait tant de noblesse et de pureté, il ne sortait plus de ma pensée, je le voyais sans cesse fixé sur moi, tout empreint d'un charme si profond et si pénétrant qu'il m'arrachait des larmes.

Dès ce jour, vous devîntes le but unique de toute ma ma vie : je passai vingt fois devant votre demeure, mais sans jamais vous apercevoir : je me consolais en pensant que je vous verrais le dimanche suivant. Ce dimanche arriva enfin, et je vous vis à l'église ; je m'agenouillai à quelques pas de vous, et je pus vous contempler une heure entière, une heure pendant laquelle je goûtai un bonheur que je n'avais jamais soupçonné, m'identifiant tellement avec votre essence, que vos aspirations si saintes, vos instincts si nobles, votre foi si sincère, non-seulement je les compris par une intuition subite, mais je les sentis se développer en moi et chasser devant eux tous mes mauvais penchants.

J'eus honte de mon passé, je rougis des plaisirs où s'était perdue ma jeunesse, et j'eusse donné dix années de ma vie pour passer cette heure près de vous, pour lire dans le même livre et confondre mes prières avec les vôtres.

Le prince Farnèse plongea son front dans ses deux mains et garda le silence.

— Daignez-vous enfin me rendre la liberté ? lui demanda Madeleine d'une voix qui s'étudiait à affecter le plus grand calme.

— Encore un peu de patience, madame, reprit Farnèse d'un ton plein de tristesse et de résignation.

Puis il poursuivit :

— Tout en vous regardant, je me disais que j'aurais payé bien cher le moindre objet qui vous eût appartenu, le ruban bleu qui vous servait de signet, par exemple, quand je vis quelque chose tomber de votre livre au moment où vous le fermiez, car l'office était fini. C'était une petite image de sainteté, une vierge ; je la ramassai après votre départ et l'emportai chez moi, plus heureux que si j'eusse trouvé le plus riche trésor.

Cette image, elle ne m'a jamais quitté, madame, je l'ai toujours sur moi, et sachant que vos mains l'avaient touchée, que vos regards s'étaient arrêtés sur elle, je lui ai confié bien souvent mon désespoir et mes douleurs, comme si je vous eusse parlé à vous-même.

Après un long silence, le prince reprit :

— A un mois de là vous savez ce qui arriva; vous m'aviez vu sans cesse sur votre passage, vous connaissiez mon amour, je vous fis parvenir par votre femme de chambre, qui le cacha dans votre livre de messe, un billet par lequel je vous disais : « Madame, je ne vous demande qu'un regard, rien de plus, un regard qui me prouve que vous me plaignez, et je deviendrai un tout autre homme ; un regard de vous et je me sens capable de m'élever aux plus hautes vertus, et vous chrétienne, vous pourrez vous glorifier d'avoir rendu à Dieu une âme qui se perdait, à l'humanité, un cœur qui se flétrissait dans le vice ; faites cela, madame, c'est bien peu, mais c'est toute une vie nouvelle que vous ferez couler dans mes veines, et après cette marque de sympathie, je vous jure non-seulement de ne rien vous demander au delà, mais de quitter Anvers le jour même, et de n'y plus reparaître. Mon âme et ma vie sont entre vos mains, décidez ! »

Le lendemain, ce billet m'était rapporté par la femme de chambre, que vous aviez chassée.

Alors, je fus pris d'un désespoir sans bornes, je restai plusieurs jours dans un sombre abattement, puis je me dis qu'il fallait absolument guérir de cet amour, et je me jetai avec rage dans la vie désordonnée à laquelle j'avais renoncé depuis un mois, vie d'intrigue et de scandale où je me fis de nombreux ennemis, et au sein de laquelle je sentais augmenter ma tristesse et mon désespoir, à mesure que je m'y enfonçais, car plus je glissais dans cet abîme, plus je voyais resplendir votre image si belle et si pure; plus le vice épaississait autour de moi ses ténèbres, plus votre vertu rayonnait dans mon souvenir comme une étoile qu'on voit scintiller à travers les noires vapeurs de l'atmosphère.

Je partis enfin, dégoûté de la vie, rongé de remords, rougissant d'avoir souillé par des amours éphémères le cœur que vous occupiez, et je fis le serment de ne plus reparaître à Anvers. Ce serment, j'y ai manqué, et vous savez le motif qui me l'a fait oublier, madame; je voulais vous voir encore une fois, vous dire que votre pensée ne m'a pas quitté un instant depuis le jour où j'ai fui cette ville, et vous supplier de me dire seulement ces mots : Faites-vous un nom illustre, et je serai heureuse de vos succès; dites-moi cela, madame; avec cette parole, je me sens capable d'arriver à tout, et c'est la seule faveur que je vous demanderai jamais.

Madeleine garda le silence; mais une larme perla lentement à ses yeux et roula sur sa joue.

Farnèse ne pouvait la voir, il resta donc accablé dans sa douleur.

— C'en est fait, dit Farnèse, je renonce à un bonheur qui eût fait de ma vie un enchantement perpétuel, un rêve sans fin et sans limites. J'aurais le droit d'être impitoyable comme vous, mais je veux que mon souvenir se mêle dans votre cœur à un sentiment qui y vibrera sans cesse, et je viens vous donner un avis qui me garantira de votre haine. Je viens vous prévenir, désespéré de la douleur que va vous causer cette nouvelle, que votre fils fait partie d'une association redoutable qui a pour chef le chevalier de Soulas, dont la maison touche à la mienne.

— Grand Dieu! que m'apprenez-vous là, s'écria madame Roosendal, dont le front se couvrit tout à coup d'une pâleur mortelle.

— L'exacte vérité, madame, et si vous voulez me permettre un conseil...

— Oh! parlez, parlez.

— Eh bien! usez de toute votre influence sur l'esprit de votre fils pour l'engager, non-seulement à se retirer de cette société, mais encore à enlever et à anéantir toutes les pièces qui peuvent porter sa signature; qu'il se hâte, car les Espagnols ont de nombreux espions, et qui sait si demain il serait encore temps.

— Mon Dieu, mon Dieu! murmura Madeleine pâle comme un suaire; quel parti prendre, comment conjurer ce péril?

Puis, serrant fortement son front entre ses deux mains :

— Je ne trouve pas une idée, dit-elle ; ma tête se perd ; il me semble que ma raison s'en va.

— Remettez-vous, madame, gardez tout votre calme et toute votre raison : c'est le seul moyen de sauver votre fils, dit le prince.

Cette réflexion frappa vivement l'esprit de Madeleine, qui, par un puissant effort, elle retrouva presque aussitôt tout son sang-froid.

— En effet, dit-elle, rien n'a transpiré encore de cette association.

— Rien ; je l'ai devinée parce que, je vous l'ai dit, ma maison touche à celle qu'habite le chevalier de Soulas, chez lequel j'ai vu entrer furtivement tous les chefs de l'association, et parmi eux votre fils.

— Oh ! ce Français ! murmura Madeleine, mon pressentiment ne me trompait pas quand je redoutais sa société pour mon enfant. Il faut que je parle à Christian à l'instant même.

— Un dernier mot et je vous quitte, madame, dit le prince : en se retirant demain de cette société, votre fils échappe au péril qui le menaçait, mais s'il en était autrement, s'il tombait entre les mains de cette tigresse au cœur de bronze, qu'on nomme la senora Cornélia, je prends l'engagement solennel de le sauver.

— Ah ! soyez béni, prince ! soyez béni ! soupira Madeleine d'une voix tremblante d'émotion et en joignant les mains avec une ferveur extatique.

— Vous le savez, madame, reprit Farnèse, très-ému lui-même, neveu de la duchesse de Parme, sœur du roi d'Espagne, je suis allié à Philippe II qui, en outre, m'affectionne particulièrement et m'a donné un jour sa parole royale, à la suite d'un combat où je m'étais distingué, de m'accorder, quelle qu'elle fût, la première faveur que je lui demanderais ; cette faveur, ce sera la grâce de votre fils, s'il était compromis dans cette affaire.

— Merci, merci, balbutia Madeleine en posant une main sur ses yeux.

Le prince Farnèse s'empara de l'autre main, y colla ses lèvres et disparut.

XVI

ANXIÉTÉ.

Madame Roosendal resta quelques minutes comme étourdie de tout ce qui venait de se passer; puis la pensée de son fils surgissant tout à coup à son esprit :

— Il faut que je lui parle à l'instant même, dit-elle.

Elle rentra au milieu de la fête et se mit à chercher Christian, qu'elle trouva bientôt, toujours en compagnie de Sabine et de son père.

— Ma chère Sabine, dit-elle à la jeune fille, je réclame Christian à mon tour; vous voulez bien me le céder pour quelques instants, n'est-ce pas?

— Qu'avez-vous donc, ma mère? vous êtes bien pâle, lui dit vivement Christian.

— J'ai été un peu indisposée par la chaleur, répondit Madeleine, mais le grand air m'a remise tout de suite; seulement, comme je m'ennuie un peu, seule là-bas, sur ce grand balcon, je viens te demander quelques minutes de conversation pour me distraire.

Christian offrit son bras à sa mère, et s'éloigna avec elle.

Le comte de Nuyter et Sabine, qui savaient à quel point madame Roosendal aimait son fils, trouvèrent ce caprice tout naturel et n'en conçurent aucune inquiétude.

Quand ils furent sur le balcon, Madeleine dit à Christian.

— Tu t'es aperçu de ma pâleur et tu m'en as demandé la cause, je vais te la dire.

— Mon Dieu! ma mère, il vous est donc arrivé quelque chose de grave?

— Oui, ce qui peut arriver de plus grave à une mère; mais assieds-toi, car nous avons à parler sérieusement.

Elle prit place elle-même sur un des siéges épars sur le balcon.

— Mon enfant, reprit-elle, une conspiration a été tramée dernièrement contre les Espagnols, et tu en as vu les horribles résultats.

— Oui, ma mère, répondit Christian, qui se troubla tout à coup en entendant madame Roosendal aborder ce sujet.

— Tu as vu deux frères, deux enfants, dont l'un avait ton âge, jetés dans les cachots, puis exécutés en place publique, après avoir enduré les plus affreuses tortures.

— J'ai vu cela, ma mère, mais à quoi bon, ici, au milieu d'une fête...

— Tu as plaint ces jeunes gens, et, en effet, leur sort était digne de pitié; mais as-tu songé à leur mère? As-tu réfléchi un instant à tout ce que devait souffrir la pauvre femme, qui voyait briser les membres et déchirer la chair de ses enfants! de ses enfants adorés qu'elle avait toujours entourés de soins et de caresses, qui lui avaient coûté tant de larmes et qui étaient devenus toute sa joie, toute sa vie en ce monde? As-tu pensé à cela, Christian?

— Oh! oui, s'écria le jeune homme en baisant avec effusion la main de sa mère, j'y ai pensé toutes les fois que vous m'embrassiez, ma mère.

— Ah! dit Madeleine, d'une voix brisée, et cette pensée n'a pu t'empêcher de te mêler à un complot où tu cours les mêmes dangers, où tu me prépares les mêmes tortures! Ah! Christian! Christian!

Elle porta la main à ses yeux, et ne put contenir ses sanglots.

— Ma mère! oh! pardon, pardon ma mère, s'écria le jeune homme en se jetant à son cou.

Ils restèrent quelques instants dans les bras l'un de l'autre, puis Madeleine le repoussa doucement, essuya ses larmes, et le regardant avec tendresse :

— Coupable enfant! lui dit-elle, tu n'as donc pas songé que ta vie m'était aussi nécessaire que l'air que je respire? Crois-tu donc que je pourrais survivre un instant à la pensée de te savoir aux mains des bourreaux, au milieu des supplices dont la seule idée me fait pâlir en ce moment?

— Vous avez raison, ma mère, j'ai été bien coupable,

mais que voulez-vous? j'étais révolté, l'insolence de ces Espagnols est si grande...

— Hélas! si ta tendresse eût égalé la mienne, tu ne te serais pas même inquiété de ces misères, Christian. Que m'importent à moi l'orgueil et l'insolence des hommes, tant que j'ai mon fils près de moi, sous mes yeux! Cet orgueil, je ne le sens pas; je ne vois que l'enfant de mon cœur qui me tient lieu de tout au monde, me rend indifférente à tout ce qui n'intéresse pas son bonheur.

— Oh! ma mère, ma mère adorée!

— Ecoute, mon enfant : on m'a parlé d'un papier compromettant, d'une liste qui contiendrait la signature des conjurés, la tienne. Est-ce vrai?

— C'est vrai, ma mère; mais soyez sans inquiétude: cette pièce est entre les mains...

— Du chevalier de Soulas, je le sais; mais cette liste, si elle tombait aux mains de nos ennemis, ce serait ta perte.

— Ne craignez rien : le chevalier est un homme prudent, déterminé, qui mourrait plutôt que de compromettre un seul de nous.

— Christian, je n'aurai retrouvé la tranquilité, le bonheur, que le jour où ton nom sera rayé de cette liste.

Christian parut hésiter un instant, puis il dit en rougissant un peu :

— Je verrai demain le chevalier, et j'obtiendrai ce que vous désirez, ma mère.

— C'est bien, et maintenant va, mon enfant, va retrouver Sabine.

Christian baisa affectueusement la main de sa mère et partit.

— Non, dit Madeleine, en hochant doucement la tête, il ne fera pas cela, il en sera empêché par cet odieux point d'honneur qui l'emporte chez les hommes sur tout autre sentiment; mais je le verrai, moi, ce chevalier de Soulas, je le verrai cette nuit même, et je ne veux rentrer chez moi qu'après lui avoir fait détruire sous mes yeux tout ce qui pourrait compromettre la vie de mon enfant.

Puis elle alla se mêler à la fête, résolue à attendre qu'elle fût assez animée pour que personne ne remarquât son absence.

Pendant ce temps, Cornélia faisait appeler Paolo, et lui montrant un billet qui venait de lui être remis :

— L'occasion que je cherchais pour vous se présente, lui dit-elle; vous allez prendre dix soldats et vous rendre avec eux à la demeure du chef de l'association des foulons, le chevalier de Soulas, chez lequel Gomez se trouve à cette heure. Il va faciliter l'arrestation du chevalier en même temps que la saisie des papiers qui contiennent, avec la liste des chefs, toutes les preuves du complot. Les instants sont précieux, allez.

Dix minutes après, Paolo traversait en silence les rues sombres et désertes de la ville, à la tête de ses dix soldats, auxquels il avait recommandé de ne pas même prononcer une parole et de tenir leurs armes cachées pour éviter que leur cliquetis n'éveillât l'attention.

Un homme venait de quitter l'hôtel du Conseil quelques instants avant Paolo.

Cet homme qui, par son costume, paraissait faire partie des domestiques de don Gonzalvo, avait vu le messager de Gomez aborder Cornélia dans une galerie écartée, et avait pu saisir quelques-unes des paroles échangées entre eux. C'est alors qu'il avait quitté l'hôtel et s'était élancé, toujours courant, à travers les rues d'Anvers.

L'homme qui se cachait sous cette livrée était le bohême Pepito.

XVII

LE TRAÎTRE.

Le chevalier de Soulas était en ce moment avec deux des chefs de l'association, bien convaincu que, durant tout le cours de cette nuit, don Gonzalvo et la senora Cornélia, tout entiers à leur fête, ne songeraient guère à les inquiéter.

Ces deux chefs étaient le Flamand Moërdeck et Mastrillo l'Andaloux, ou plutôt le mendiant Gomez.

Le chevalier était assis devant une table sur laquelle brillaient deux pistolets toujours chargés et armés en prévision d'une attaque.

— Mes amis, disait le chevalier à ses deux complices, je commence par vous déclarer que nous avons manqué, cette nuit, la plus belle occasion qui se soit jamais offerte à nous de nous emparer, presque sans combattre, de tous les points importants de la ville; nous pouvions également emporter d'un seul coup la citadelle, dont les soldats, voyant leurs chefs à la fête de don Gonzalvo, se livrent de leur côté à l'orgie, à laquelle prennent part les sentinelles elles-mêmes ; je viens d'apprendre tout cela par un de nos espions, plus habiles, plus ardents et plus actifs que ceux de don Gonzalvo. Enfin, mon avis n'ayant pas été adopté, il fallait guetter une autre circonstance et je crois qu'elle se présente très-favorable dans la réception solennelle que va faire la ville à l'évêque de Malines, et à laquelle doivent assister tous les corps de métiers. Vous comprenez tout de suite les immenses facilités que nous trouvons dans cette réunion de toutes les classes de la société, et surtout des corporations, et cette fois, je l'espère, nous ne laisserons pas échapper une occasion qui pourrait bien ne plus jamais se représenter. Voyons, Moërdeck, que pensez-vous de mon projet?

— Je pense, répondit le Flamand avec un calme sous lequel se cachaient une énergie et une tenacité remarquables, que nous serions très-coupables de ne pas mettre cette circonstance à profit, et plus je songe à votre idée, plus je demeure convaincu que le jour de l'entrée du prélat dans Anvers sera celui de notre délivrance, si nous voulons nous mettre à l'œuvre.

— Et vous, Mastrillo?

— Ainsi que vous, chevalier de Soulas, répondit l'Espagnol de sa voix grave et gutturale, je regrette vivement que nous n'ayons pas saisi, pour écraser les tyrans de la Flandre, la précieuse occasion que nous offraient l'incurie, l'absence de toute surveillance, et les nombreuses libations qui vont signaler cette fête, et qui nous livraient nos ennemis pieds et poings liés; et c'est parce que je déplore l'excès de prudence qui a fait repousser ce projet, aussi facile que hardi, que j'adopte, sans hésiter, celui que vou nous proposez à cette heure, et dont le succès me paraît aussi infaillible qu'à notre brave ami Moërdeck. Et maintenant, chevalier, une question : Etes-vous complétement revenu des préventions que vous aviez conçues contre moi dans le principe?

Pour toute réponse, le gentilhomme présenta sa main ouverte à Mastrillo.

— Bien, dit celui-ci, après avoir serré la main du chevalier, qui répondit à cette étreinte par une pression énergique; j'avais besoin de cette assurance pour l'observation que je veux vous adresser.

— Parlez Mastrillo.

— Il est une chose dont nous sommes tous bien convaincus, n'est-ce pas ? C'est que la vie de chacun de nous est menacée à toute heure; or, supposons que la mort vienne à vous frapper subitement, et il faut convenir que c'est vous surtout que doivent menacer la hache ou le poignard de nos ennemis, ne vous paraît-il pas prudent que dans cette prévision, nous sachions où trouver immédiatement, pour les soustraire aux recherches de nos bourreaux, la liste qui porte le nom des chefs et l'acte où sont inscrits les statuts de notre société ?

— Votre observation est parfaitement juste, Mastrillo, répondit le chevalier, et quoique j'aie choisi une cachette qui défie tous les regards, je vais vous montrer, à vous et à Moërdeck, l'endroit où vous trouveriez ces pièces, au cas où je viendrais à être emprisonné ou assassisné. Mais vous comprenez qu'alors l'éveil étant donné sur notre association, il faudrait brûler aussitôt tous ces papiers et renoncer pour longtemps à toute pensée de révolte.

— Ce serait vouloir tout perdre par un excès d'ardeur, répondit Mastrillo, dont les yeux ardemment fixés sur le chevalier, brillaient d'impatience et d'anxiété.

Le chevalier se leva et s'approcha d'une grosse colonne de pierre qui s'arrondissait dans un coin de sa chambre.

En ce moment une vitre de cette chambre fut brisée et un objet, dont il était impossible de distinguer la forme, rebondit sur le carreau.

— Qu'est-ce que c'est que cela? dit le gentilhomme.

Il ramassa l'objet et reconnut que c'était une pierre à laquelle était attaché un papier.

Il déroula ce papier avec précaution et lut lentement les caractères dont il était couvert. Soit que ces caractères qui paraissaient être tracés à la hâte, fussent illisibles, soit que le contenu de ce billet fût de nature à le faire sérieusement réfléchir, le chevalier de Soulas le lut deux fois, puis il le plia, le déchira en plus de vingt morceaux, après quoi s'approchant de nouveau de la colonne de pierre, sans que la moindre altération du visage eût trahi ce qui se passait en lui, il appuya sur un petit point bleuâtre qui se fondait si parfaitement dans le ton général de la pierre qu'il fallait bien connaître la place qu'il occupait pour le trouver.

Une ouverture, large de six pouces environ, se fit aussitôt, et montra une cachette dans laquelle étaient déposés deux papiers.

— Vous voyez, dit le chevalier, qu'il est difficile de les découvrir là; cependant, l'observation de Mastrillo m'a frappé. Il est évident que c'est après moi surtout que doivent s'acharner les espions de la senora Cornelia, le jour où ils auront le moindre soupçon de notre société; c'est donc partout ailleurs que chez moi que doivent être déposés ces papiers, seulement comme ils attirent de graves dangers sur celui qui s'en charge, je ne sais trop à qui les proposer.

— Je consens à les prendre, moi, dit Mastrillo.

— Ils seront très-bien entre vos mains, répondit le chevalier.

Il revint s'asseoir à la table et se mit à les envelopper.

Mastrillo tendait la main pour s'en emparer, quand un léger bruit se fit entendre dans l'escalier.

Dans ce bruit presque imperceptible, le Français avait reconnu un cliquetis d'armes.

— Qu'est-ce que c'est que cela? dit Moërdeck, en portant la main sous ses habits d'où il tira deux pistolets qu'il portait toujours sur lui.

— Je n'ai rien entendu, répoudit Mastrillo.

— J'ai entendu, moi, dit le chevalier, et non-seulement j'ai parfaitement distingué la nature du bruit qui vient de frapper l'oreille de Moërdeck, mais je l'attends depuis une minute.

— Depuis une minute! dit Mastrillo avec une curiosité inquiète, que voulez-vous dire?

— Moërdeck, et vous, Mastrillo, reprit le chevalier avec un calme solennel, êtes-vous prêts à mourir?

— N'y sommes-nous pas préparés du jour où nous avons engagé la lutte inégale dans laquelle sont morts tant de Flamands? répondit Moërdeck.

— Oui, mais nous avions toujours l'espoir du triomphe, ou du moins nous étions incertains sur l'époque du sacrifice; eh bien! l'heure fatale a sonné, et dans cinq minutes, peut-être, nous serons morts tous les trois.

A cette déclaration, accentuée avec une lenteur imposante Moërdeck et Mastrillo armèrent froidement leurs pistolets.

Le chevalier de Soulas en fit autant.

Puis il reprit, en fixant sur les deux complices ce regard direct et hardi qui trahissait si hautement sa franchise et son courage :

— Savez-vous ce que contenait le papier attaché à la pierre que je viens de ramasser?

— Quoi donc? demanda Moërdeck.

— Il m'annonçait que nous étions trahis, que des soldats espagnols allaient penétrer dans cette chambre, et qu'au moment où je lirais cet avis, il serait déjà trop tard pour fuir. Vous voyez que le renseignement est exact, car ce que nous venons d'entendre, c'est un cliquetis d'armes, et il y a dix Espagnols armés et prêts à se ruer sur nous.

— Malédiction! murmura Mastrillo.

Puis s'adressant au chevalier :

— Et le nom du misérable qui nous a trahis, ce papier vous l'a-t-il fait connaître?

Il attendit la réponse, le regard ardemment fixé sur le chevalier, et le doigt posé sur la détente du pistolet.

— Ecoutez, dit vivement le français.

Mastrillo tourna la tête du côté de la porte.

— Le traître se nomme Gomez, dit alors le chevalier en ajustant froidement Mastrillo et en lui envoyant une balle dans la poitrine.

Celui-ci roula sur le carreau en rugissant de colère et de douleur.

— Cet homme vient de nous trahir, dit le chevalier au Flamand stupéfait, sauvez-vous par le jardin, si vous pouvez.

Mais la porte fut aussitôt enfoncée par les soldats qui s'élancèrent sur le chevalier et sur Moërdeck.

Une lutte terrible s'engagea alors entre ces hommes.

Paolo voulut s'emparer des papiers que le gentilhomme tenait convulsivement serrés dans sa main ; mais cette main semblait être d'acier.

Sentant qu'il allait enfin succomber, le chevalier, par un effort surhumain, entraîna jusqu'à une fenêtre les six hommes qui s'étaient suspendus après lui, parvint à briser une vitre et lança au loin la liasse de papiers.

Puis il se livra sans résistance.

XVIII

LA RÉVÉLATION.

Depuis le moment où Paolo avait quitté la fête, Cornelia trop vivement agitée pour dompter son émotion, se promenait sombre et soucieuse dans les salons les moins encombrés.

Deux pensées la tourmentaient, deux craintes dévoraient son cœur : celle de voir échouer l'expédition qu'elle avait confiée à Paolo, et dont la réussite ou l'insuccès entraînaient de si hautes conséquences, et celle beaucoup plus grave encore du danger auquel elle avait exposé l'homme qu'elle aimait de toute l'énergie de sa violente et sauvage nature, en le mettant en lutte avec un ennemi dont tout le monde vantait le courage et la résolution.

Une autre femme aussi était dévorée par l'inquiétude au milieu de cette fête, qu'elle traversait sans la voir : c'était Madeleine Roosendal, dont l'esprit était si complétement, si exclusivement absorbé par le danger qui menaçait Christian, qu'elle se promenait au bras de son mari sans remarquer le léger nuage qui couvrait son front.

C'est que Guillaume Roosendal avait vu le prince Farnèse sortir tout troublé du balcon où se tenait Madeleine, et quoique rien au monde ne pût ébranler la confiance qu'il avait dans la vertu de sa femme, quoiqu'il lui connût des principes trop solides, trop rigoureux pour faire avec ses devoirs de ces innocentes transactions que se permettent parfois des femmes irréprochables d'ailleurs, cet incident lui avait causé une vive contrariété.

Il ne doutait pas que l'amour du prince n'eût été dédaigneusement repoussé, s'il avait osé l'exprimer; mais il éprouvait un profond sentiment d'indignation; il se sentait blessé dans les plus délicates fibres de son cœur, à la pensée qu'une parole d'amour avait pu outrager celle que tous les hommes devaient adorer, mais en s'inclinant comme on adore les anges.

Nous avons dit que Madeleine avait jugé qu'il n'était prudent de quitter l'hôtel du Conseil que vers deux heures. Il n'était guère que minuit; elle avait donc encore deux heures d'attente, et elle tâchait de tromper son impatience en regardant l'un après l'autre les groupes qui passaient devant elle, et en jetant çà et là à son mari quelque phrase banale dont elle n'écoutait pas la réponse.

Cette préoccupation, cette distraction sans cesse répétées n'échappaient pas à Guillaume Roosendal, qui n'y voyait qu'une explication possible: la douleur et le ressentiment de l'offense qu'elle venait de subir.

A côté de ces deux femmes, promenant leur angoisse à travers les magnificences de la fête, la comtesse Régina formait le plus parfait contraste.

Vêtue d'un costume où, suivant son goût habituel, elle avait fondu, dans un harmonieux ensemble, les couleurs les plus éclatantes; portant, selon la mode italienne, des sequins dans les cheveux, à ses poignets et à son cou, la taille gracieusement cambrée, le port de tête libre, dégagé, la bouche souriante, les yeux étincelants comme des diamans noirs à travers les trous de son masque, on l'eût prise volontiers pour une fée, et la légèreté de sa démarche ne pouvait qu'ajouter à l'illusion.

Belle, brillante et folle comme la souveraine de quelque royaume fantastique, elle marchait entourée d'adorateurs qui lui prodiguaient les flatteries et se disputaient un mot ou un regard. Elle recevait ces hommages comme si sa vie entière se fût passée à cela, et trouvait toujours quelque saillie pour riposter aux éloges ou aux attaques.

— Belle signora, lui disait le plus hardi et le plus présomptueux de ses courtisans, un jeune homme dont la figure annonçait une intelligence assez médiocre, et qui, ce soir-là, paraissait avoir bu un peu plus que de raison, belle signora, permettez-moi de vous appeler ainsi, puisque pour cette nuit, vous vous êtes faite Italienne; je vous jure sur mon âme que vos charmes m'ont rendu fou d'amour, et que je crains bien ne pouvoir résister au désir de vous enlever.

— Sans mon consentement?

— Je vous laisse le choix : l'enlèvement ou le mariage.

— Ah! vous voulez m'épouser?

Regina se mit à rire.

Ses adorateurs, qui presque tous l'avaient reconnue, éclatèrent à l'unisson.

— Je comprends, reprit le jeune homme sans se déconcerter, vous ne me connaissez pas.

— En effet, et voilà ce qui m'empêche de me prononcer.

— La délicatesse me fait donc un devoir de vous dévoiler mes qualités et mes défauts. Et d'abord, je ne vous cacherai pas que les femmes m'ont considérablement gâté, et que c'est un peu leur faute si je ne puis compter la fidélité au nombre de mes vertus. Il est vrai que ce défaut est fort à la mode en France, car je suis Flamand, mais j'arrive de France, où j'ai eu mainte aventure ; mais chose remarquable, j'avais toujours affaire à des femmes mariées, et pourtant je trouvais des rivaux.

— Malheureux ?

— Sans doute, aussi était-ce sur moi que tombaient les soupçons du mari, qui ne s'inquiétait même pas de l'autre soupirant ; circonstance flatteuse pour mon amour-propre, mais fort gênante pour mes projets. Autre fatalité, les inconséquences de ces femmes charmantes brouillaient tout quand nous n'en étions encore qu'aux préliminaires de l'amour, de sorte qu'elles avaient à la fois la douleur de me voir chassé de leur maison par la jalousie du mari et l'ennui de conserver près d'elles le soupirant qu'elles ne pouvaient souffrir.

Regina partit d'un éclat de rire,

— Je comprends, dit-elle, je comprends tout ; décidément les Françaises sont des femmes d'esprit. Mais continuez, de grâce.

— Vous m'écoutez donc avec quelque plaisir.

— Mieux que cela, avec ravissement.

— Alors vous consentez à m'accorder cette main...

— Je ne connais encore qu'une partie de vos défauts.

— J'achève de me révéler ; on s'accorde à me reconnaître une qualité que je crois incontestable, un oncle fort riche, lequel possède une vertu inappréciable, et est affligé d'un défaut capital ; sa vertu, c'est sa santé, qui est aussi chancelante que possible, son défaut, c'est sa femme, car il est marié.

— Ce qui vous délivre de tout souci d'héritage.

— Pas entièrement, car, je puis vous l'avouer, il compte sur quelque folie de cette femme, qui est aussi inconséquente que jolie, dit-on, car depuis mon retour à Anvers, je n'ai pas voulu remettre les pieds dans la maison de mon oncle, et si cette nuit elle donne la moindre prise aux propos, il est décidé à une séparation. Et je ne suis ici que pour la surprendre en faute.

Regina devenue tout à coup sérieuse, se mit à examiner son adorateur avec un air de profonde surprise.

— Permettez-moi une question, lui dit-elle, comment vous appelle-t-on?

— Louis de Ristaël, répondit le jeune homme.

— Ainsi, reprit-elle, vous êtes le neveu du comte de Ristaël?

— Justement.

D'un coup d'œil Regina le toisa des pieds à la tête, puis elle se mit à rire aux larmes.

— Ah çà, s'écria le jeune homme, qu'y a-t-il donc de risible à ce que je sois le neveu de mon oncle.

— Je vous le dirai à la fin de la fête.

Paolo arrivait en ce moment et rendait compte de sa mission à Cornélia, qui éprouva un violent chagrin en apprenant qu'on n'avait pu s'emparer des papiers qui contenaient la preuve du complot et la liste des conjurés, et dont la douleur fut réelle et profonde quand on lui dit que Gomez avait été ramené mourant, porté par quatre soldats et déposé dans une salle où le médecin de Bon Gonzalvo était en train de visiter sa blessure.

— Le pauvre homme oublie sa souffrance pour ne s'occuper que de vous, dit Paolo en finissant; il a prononcé cinq ou six fois votre nom, malgré la difficulté qu'il éprouve à parler, et il vous supplie de vous rendre immédiatement près de lui, ayant, dit-il, un secret de la plus haute importance à vous communiquer.

— J'y vais, répondit Cornélia, mais vous, pendant ce temps, comte Popoli, parlez à votre sœur dont l'esprit, la beauté, mais plus encore la bizarrerie et l'extrême indépendance obtiennent ici un succès beaucoup trop éclatant pour ne pas la compromettre. C'est un véritable triomphe, presque un scandale, et vous savez ce qu'il peut en résulter pour nous, tâchez donc de la résoudre à rester dans les limites qui conviennent à notre sexe.

Et elle quitta Paolo pour se rendre près de Gomez.

L'Espagnol était étendu sur un lit, tout couvert de son sang. Il était d'une pâleur livide et sa respiration devenait sifflante et embarrassée.

Le médecin était occupé à panser sa blessure.

— Dites-moi, demanda vivement Cornélia à celui-ci, cette blessure n'est pas dangereuse, n'est-ce pas?

Le médecin regarda le blessé et garda le silence.

— Oh! dit Gomez d'une voix faible et avec un vague sourire, vous pouvez me dire la vérité, je la sais mieux que vous, car je la vois, je la sens là dans ma poitrine.

Puis s'adressant à Cornélia :

— Ma blessure est mortelle, lui dit-il.

Cornelia regarda le médecin, qui fit un signe de tête affirmatif.

— Je vous en supplie, dit Gomez, veuillez rester seule avec moi; il me reste à peine une heure à vivre, et j'ai à vous faire une révélation qui vous intéresse au plus haut point.

Cornelia pria le médecin de se retirer et elle se trouva seule avec Gomez, assise au chevet de son lit.

— Cornelia, lui dit alors Gomez, est-ce que vous ne vous êtes jamais demandé pourquoi je vous avais consacré toute ma vie, pourquoi j'avais pris les habits de mendiant qui me permettaient de me transporter partout et de me trouver sans cesse sur votre passage sans qu'on pût s'en étonner; pourquoi enfin, après avoir fait votre éducation politique, je m'étais résigné, sans hésiter, au rôle d'espion pour détruire tout ce qui pourrait vous faire obstacle et entraver votre fortune? Est-ce que cette réflexion ne s'est jamais présentée à votre esprit?

— Oui, cette pensée m'est venue quelquefois, répondit Cornelia en regardant le blessé avec une curiosité qui n'était pas exempte d'inquiétude.

— Et vous n'avez pas deviné la raison cachée de la constante et perpétuelle sollicitude dont je vous enveloppais?

— Je n'ai pas deviné cela, dit Cornélia dont l'inquiétude croissait de minute en minute.

— Et qui donc pourrait ainsi s'oublier, prendre tous les rôles, se résigner à toutes les privations, élever son intelligence à toutes les hauteurs, marcher à travers tous les sentiers, cesser de vivre enfin de sa propre vie pour transporter dans une autre son souffle, son cœur et son esprit, qui trouverait en soi la force d'accomplir tous ces miracles, si ce n'est un père !

— Mon père, vous! s'écria la jeune fille.

Et son premier mouvement, mouvement instinctif dans lequel se révélait toute son âme, fut de reculer.

Gomez ne proféra pas un mot, ne fit pas un geste, mais deux grosses larmes jaillirent de ses yeux.

— Pardon, s'écria Cornélia en se rapprochant, pardon, mon père, mais j'ignore encore comment il se peut faire que je sois votre enfant, et puis je suis habituée depuis mon enfance à donner ce titre à un autre, voilà pourquoi vous m'avez vu hésiter, mais...

— Assez, Cornélia, toute ma vie vous a été consacrée et c'est encore pour vous que mon sang coule et que mon âme s'en va par cette blessure, mais vous ne voyez en moi que le mendiant Gomez et l'orgueil parle haut dans votre cœur. Au reste, je n'ai le droit ni de m'en étonner, ni de vous accuser, puisque c'est moi qui, en développant chez vous la sécheresse et l'égoïsme de l'ambitieux, vous ai appris à tout apprécier au point de vue de votre intérêt et à repousser impitoyablement tout sentiment et toute aspiration qui pourraient gêner votre fortune. Vous ne pouvez m'aimer, je ne saurais jamais être qu'une gêne pour votre orgueil et pour votre ambition, et je meurs avec cette désolante pensée que, dans quelques jours, vous considérerez ma mort comme un bienfait de la Providence.

Cornelia voulut se disculper, mais Gomez lui imposa silence d'un signe.

— La mort vient vite, dit-il, écoutez-moi, car il me reste à peine le temps de vous apprendre en quelques mots le secret de votre naissance. Votre mère appartenait à l'une des plus grandes familles d'Espagne, moi, j'étais pauvre et employé chez son père, en qualité de secrétaire. Nous ne tardâmes pas à éprouver l'un pour l'autre une ardente sympathie, et notre amour ne faisant que croître en raison des difficultés même dont il était entouré ; nous prîmes le parti de fuir et d'aller chercher ailleurs ce que nous appelions le bonheur, ce qui fut en réalité le malheur le plus complet.

Huit jours après nous étions mariés, et un an plus tard votre mère, après vous avoir donné le jour, mourait dans la plus affreuse détresse.

Effrayée de l'avenir qui se préparait pour vous, elle me fit jurer de tout mettre en œuvre pour vous faire reconquérir un jour la place que vous eussiez dû occuper dans la société, et quand Dieu l'eut ravie à ma tendresse, je ne songeai plus qu'à accomplir son dernier vœu. J'habitais alors un village dans lequel une jeune femme élevait un enfant nouveau-né, une petite fille dont le père s'appelait don Gonzalvo Rivarès, possédait une immense fortune et occupait un grand emploi à la cour. Cette fille étant venue à mourir, je proposai à la jeune paysanne de prendre la mienne et de la présenter à don Gonzalvo comme son enfant. Elle y consentit, poussée par la cupidité, et c'est ainsi que vous avez été élevée à la cour, c'est ainsi que vous êtes arrivée, suivant le désir de votre mère, à la plus brillante position que puisse rêver une femme, car je considère comme accomplie votre élévation au gouvernement des Pays-Bas.

Gomez se tut un instant; il paraissait épuisé.

— C'est fini, dit-il; je vois trembler devant mes yeux les dernières lueurs; mais que m'importe? et que pourrais-je regretter sur terre? Je meurs, et je n'y laisse pas une affection, pas même un souvenir! Allons, la mort est bonne quelquefois.

Il renversa sa tête en arrière, poussa un faible soupir et ne bougea plus.

L'âme était partie.

Cornélia se leva, jeta sur le corps un regard dans lequel brilla une fugitive émotion, et sortit de cette chambre pour reparaître à la fête.

XIX

DANGEREUX SOUVENIRS.

Pendant ce temps, Paolo s'étant approché de Régina, lui avait offert son bras, et l'entraînant à l'écart :

— Régina, lui dit-il, vous oubliez complétement les conseils que je vous ai donnés en partant tous deux pour cette fête, et dont vous aviez paru comprendre l'importance.

— Vous aviez donc espéré que j'en tiendrais compte? dit Regina avec une expression de surprise naïve.

— Je l'avoue, j'avais eu cette simplicité; heureusement je veille à vos intérêts, tandis que vous les oubliez, et je suis toujours là pour vous sauver quand vous vous perdez par vos folies.

— Ah çà! à vous entendre, noble comte, répliqua Régina, nous passerions tous deux notre existence, moi à me jeter dans des abîmes, et vous à m'en retirer, ce qui me donnerait tout naturellement le rôle d'une folle, et à vous la mission d'un ange gardien.

— Quant au rôle de folle, dit le comte avec humeur, vous ne pouvez nier que vous ne le remplissiez à merveille.

— Soit, mais avouez que pour celui d'ange gardien, vous laissez beaucoup à désirer.

— Voyons, Régina, trève de plaisanterie : ce que j'ai à vous dire est grave.

— Si c'est si grave que cela, dispensez-vous de m'en faire la confidence.

— Il faut que vous m'écoutiez, car il y va de votre avenir.

— Et quand mon avenir est en danger, le vôtre est bien compromis.

— Regina, rappelez-vous ce que je vous ai dit vingt fois, ce que vous devriez toujours avoir présent à l'esprit, si vous aviez seulement un grain de bon sens dans la tête, rappelez-vous que votre mari est atteint d'une maladie mortelle, que ses jours sont comptés, son médecin me l'a dit, et que bientôt vous allez vous trouver une des plus riches veuves de la Flandre; pensez à cela et ne compromettez pas follement une si brillante destinée.

— Hélas! soupira Régina, faites des vœux pour que j'acquière ce grain de bon sens dont je suis si complétement dépourvue, car il ne m'est pas même venu à l'esprit cette idée si simple de compter ce qu'il restait de jours à vivre à mon mari, et de m'enquérir de son médecin, s'il ne lui en restait pas trop; et à vous dire vrai, je crains fort que mon bon sens n'atteigne jamais à cette hauteur.

— Vous ne m'avez pas compris, dit Paolo avec embarras, je suis loin de désirer...

— Ce que vous désirez, je vais vous le dire; vous désirez de me voir empesée d'étiquette comme une duchesse espagnole, ou chargée de calme et d'apathie comme une bourgeoise flamande, le tout dans l'intérêt de votre avenir, eh bien, que votre avenir se rassure, noble comte, ma légèreté va vous ôter toute inquiétude de l'esprit, car j'ai passé en revue toutes ces figures, et toutes sont ennuyeuses.

— Ah! vous voulez rentrer, dit Paolo avec une joie mal contenue.

— Je traverse une fois encore les galeries et je pars. Allons, laissez-moi, et allez retrouver Sa Douceur, la belle senora Cornélia.

Elle lui tourna le dos et s'éloigna.

Deux jeunes gens la suivirent, l'un de loin et prenant des précautions pour n'être pas vu d'elle, l'autre de près, la regardant avec curiosité et cherchant à deviner ses traits sous son masque.

Le premier était Louis de Ristaël, il venait d'apprendre la vérité, dont l'effet avait été de le dégriser immédiatement.

L'autre était le prince Farnèse.

A l'extrémité d'une galerie, une porte s'ouvrit sur un magnifique jardin tout planté de beaux arbres et éclairé par une grande quantité de lanternes suspendues.

Régina pénétra dans le jardin et s'en fut s'asseoir sur un

banc de gazon, au milieu d'un massif écarté, plongé dans une obscurité presque complète.

Se savait-elle suivie? avait-elle vu le prince Farnèse derrière elle? Elle n'avait pas tourné une seule fois la tête, elle avait la démarche libre, insoucieuse et nonchalante de la femme qui se croit bien seule et ne s'étudie plus à plaire; mais comme elle avait infiniment plus de grâce encore dans cette négligence, il est permis de supposer qu'elle avait vu au moins l'ombre qui la suivait, sinon toute la figure.

Cependant, quand le prince vint s'asseoir sur le même banc de gazon et à deux pas d'elle, elle eut un tressaillement et un petit cri de surprise d'un naturel d'autant plus charmant, que l'effet en était déjà médité, peut-être depuis quelques instants.

— Remettez-vous, senora, lui dit Farnèse de sa voix la plus pénétrante, et veuillez m'écouter cinq minutes seulement. Votre vue m'a rappelé un des plus délicieux souvenirs de ma vie, le plus fugitif et le plus éblouissant de mes rêves, et je voudrais m'assurer, pour n'y plus songer, que je suis en ce moment le jouet d'une illusion.

La voix du prince parut frapper Régina qui se tourna vers lui et l'examina attentivement.

— Dans ma vie, reprit le prince, dans la vie que j'ai vécu par le cœur et par l'imagination, il y a une grande passion et un ravissant caprice, passion qui, comme la lampe du sanctuaire, brûle dans le coin le plus pur et le plus mystérieux de mon cœur, caprice qui plane dans les hauteurs de l'imagination comme un oiseau merveilleux, étrange, fantastique, dont les ailes de flamme secouent en frémissant, une poussière d'or et un flot de parfums. C'est de ce beau caprice que je veux vous parler.

Cela s'est passé en Italie; un jour, lancé au galop, de toute la vitesse de mon cheval, je me trouve tout à coup, à un détour que faisait la route, en face d'un tableau que je vais essayer de vous dépeindre, mais dont je ne pourrai vous donner qu'une idée pâle et bien incomplète.

Deux femmes, l'une vieille et étrangement ridée, l'autre

âgée de seize ans à peine, étaient debout et adossées à un immense quartier de roche jaune et polie comme le marbre. Ces deux femmes, atteintes de la malaria, toutes deux brunes et pâles, étaient couvertes de haillons, dont les teintes décolorées se mariaient avec une harmonie merveilleuse aux couleurs effacées de leur visage. Les tons ardents de la roche, dans laquelle elles semblaient incrustées, recevaient en plein les rayons d'un soleil de feu sous lequel jaillissaient çà et là des étincelles dont l'éclat et la multiplicité éblouissaient l'œil. Jamais, dans les plus belles galeries, je n'ai vu un tableau plus saisissant, composé avec plus d'art, plus parfait de tons et de lumières. Ces deux femmes, pâlies, immobiles et effacées contre la roche flamboyante, la tête légèrement inclinée, me rappelaient ces belles fresques dont les personnages se détachent en teintes grisâtres sur un fond d'or.

Voilà le rêve, voilà le caprice qui sont restés toujours vivants dans mon âme, dit le prince en finissant, et quoique la jeune fille fût pâle et frissonnante alors, quoique vous soyez éclatante de santé et d'une grâce tout opposée, je ne sais pourquoi, signora, mais vous me la rappelez complétement; je viens vous supplier de mettre fin à mon erreur, si, comme je le crains, c'en est une.

— Reconnaîtriez-vous les traits de cette jeune fille si vous pouviez la voir? répondit Régina.

— J'en suis convaincu.

Régina ôta son masque.

Lorsqu'il vit à découvert les traits de Regina, le prince Farnèse resta frappé de surprise.

— Elle! c'est bien elle, je ne me trompe pas, murmura-t-il.

— Non, vous ne vous trompez pas, car moi aussi, je vous reconnais, répondit Régina.

Le prince avait ôté son masque en pénétrant dans le jardin, et les deux visages étaient éclairés par la blanche clarté de la lune, dont les rayons glissaient à travers le feuillage du massif.

— Me retrouvez-vous aussi belle que vous m'aviez laissée

dans le ciel de votre imagination? demanda Régina après un moment de silence.

— Je vous retrouve *autrement* belle, répondit Farnèse; là-bas, c'était la fleur frappée dans sa racine, qui penche et se décolore tristement avant de s'être entièrement ouverte à la lumière; ici, c'est la fleur parfaite qui s'épanouit dans tout l'orgueil de sa beauté, étalant fièrement au soleil la pourpre éblouissante de ses pétales, et jetant ses parfums à plein calice dans l'atmosphère embrasée.

— Je comprends, la première vous avait ému.

— La seconde m'enivre. Oh! tenez, voulez-vous que je vous dise le rêve que cette seconde beauté vient de faire jaillir en moi?

— Dites.

— Vous avez laissé dans mon âme une trace qui ne se confondra jamais avec celles qui l'ont traversée; c'est un sentiment à part, délicieux et indéfinissable, qui n'a d'analogie avec aucun de ceux qui ont effleuré ou bouleversé mon cœur jusqu'à ce jour. Eh bien, pour conserver à ce sentiment son parfum et son impression tout exceptionnels, je voudrais passer avec vous une heure qui, par son charme et son étrangeté, restât unique dans ma vie, heure lumineuse, détachée, dans le passé et dans l'avenir, de toutes celles que j'aurais vécu.

— L'idée est au moins originale, il faut en convenir.

— Originale et charmante, votre sourire le dit.

— Achevez votre pensée et dites-moi l'emploi de cette heure.

— Eh bien, durant cette heure, j'ai pour vous la plus pure, la plus délicate des adorations, je vous parle de mon amour avec une entière liberté et vous m'avouez le vôtre avec le plus complet abandon. La main dans la main, les regards plongés dans les yeux l'un de l'autre, nous nous livrons sans contrainte à toutes les ivresses, à toutes les extases d'un amour soudainement éclos et monté jusqu'au délire. Puis, l'heure écoulée, nous nous quittons éperdus, le cœur plein l'un de l'autre et tout imprégnés d'un souvenir dont le charme inneffable rayonnera éternellement dans notre âme, car, pour toute faveur, j'aurai emporté la tendresse de votre regard, la mélodie de votre voix, le parfum de votre haleine et la pression de votre main sur mes lèvres. Oh! si vous m'aimiez! murmura le prince avec un accent inexprimable.

Regina le regarda fixement; sa figure, souriante et insoucieuse tout à l'heure, avait pris subitement une expression grave et douce qui émut vivement le prince.

Elle mit sa main dans la sienne, et, d'une voix basse et pénétrante :

— Je vous aime, lui dit-elle, et je vous accorde cette heure.

— Regina! murmura tendrement le prince en portant cette main à ses lèvres.

— Sylvio! soupira à son tour Régina.

— Vous savez mon nom! s'écria le prince surpris et ravi.

— Ne vous ai-je pas dit que je vous aimais?

— C'est donc vrai?

— Vous le voyez bien!

— Mais, cet amour, quand a-t-il pris naissance?

— Le même jour et à la même minute que le vôtre.

— Quoi! depuis cette rencontre en Italie?...

— Je n'ai cessé de penser à vous.

— C'est un rêve, s'écria Sylvio hors de lui.

Il ajouta aussitôt :

— Oh! mais cette heure, je veux en savourer la volupté dans le silence et dans l'isolement; je veux que pas un bruit, pas une distraction, pas une inquiétude ne vienne traverser mon extase. Nous sommes mal ici, venez.

— Soit, mais rappelez-vous notre convention, et sachez bien d'avance que j'y resterai fidèle; ma main pressée sur vos lèvres au moment de la séparation...

— Rien de plus, et jamais faveur ne m'aura procuré un bonheur aussi complet.

— Et je resterai, sinon la passion la plus profonde, au moins la plus étincelante vision de votre âme?

— Je le jure.

— Et je vous crois, car vous avez fait preuve avec moi d'une franchise qui me donne la plus haute idée de votre caractère et me garantit votre bonne foi. Je savais que votre amour était ailleurs, je connais celle qui vous l'a inspiré, le langage que vous lui teniez tout à l'heure, je l'ai entendu, cachée dans un pli de la draperie du balcon, car moi aussi j'avais cru vous reconnaître, et je vous sais gré de n'avoir pas exagéré dans vos paroles le sentiment que vous éprouvez pour moi. Au reste, je dois faire un aveu, chacune de nous tient dans votre cœur la place qu'elle doit y occuper suivant sa nature, son caractère et son passé.

— Venez, murmura le prince Sylvio.

— Je connais une issue à l'extrémité du jardin, dit Régina, sortons de ce côté; mais où allons-nous?

— Dans un autre jardin, le mien.

Ils s'éloignèrent, et à la clarté de la lune qui filtrait à travers le feuillage, on pouvait voir la plume rouge du prince pencher du côté de Régina. Il parlait tout bas à la jeune femme, dont les cheveux effleuraient sa joue.

XX

ÉMOTIONS DIVERSES.

Dès que le prince Farnèse et Régina eurent disparu, un homme sortit d'une touffe d'arbustes, d'où il avait suivi, sans en perdre un geste ni une parole, tous les incidents de cette scène, s'élança dans l'intérieur de la maison et pria un domestique de lui procurer à la hâte de quoi écrire, puis il traça quelques lignes sur un papier et chargea le même individu de le porter à l'instant même chez le comte de Ristaël, avec recommandation de le lui faire lire aussitôt.

Cela fait, ce personnage, dans lequel le lecteur a reconnu Louis de Ristaël, neveu du comte, se rendit dans un immense vestibule où étaient réunis un grand nombre de domestiques, et demanda quel était celui du prince Farnèse.

Un grand gaillard se présenta.

— Le prince vient de partir, en me donnant rendez-vous chez lui, dit le jeune homme ; mais il a oublié de me dire dans quel quartier se trouvait sa demeure, veuillez me l'indiquer.

— Je vais vous y conduire, répondit le domestique ; puisque le prince est parti, je n'ai rien à faire ici.

— Restez, au contraire, le prince n'est parti que pour une heure et va revenir ; s'il ne vous a rien dit, c'est que votre présence au logis est inutile.

Après deux secondes de réflexion, le domestique, qui connaissait les habitudes de son maître, pensa qu'il y avait là-dessous quelque aventure galante, et trouva tout naturel qu'il fût parti sans lui. Il indiqua donc la demeure de son maître à Louis de Ristaël, qui connaissait parfaitement les rues d'Anvers.

Au moment où celui-ci allait sortir de l'hôtel, il se rencontrait sur le seuil avec deux personnes :

La première était le comte Popoli.

La seconde était madame Roosendal.

Le comte portait de tous côtés des regards inquiets et semblait chercher quelqu'un.

Madeleine Roosendal, dominée par une idée fixe, dévorée par une ardente angoisse, embrassait d'un regard brûlant la rue qui se déroulait devant elle, sombre et silencieuse et s'enveloppant dans sa mante, semblait hésiter à sortir seule, à pareille heure devant ces deux hommes, Louis de Ristaël et le comte Popoli, qui, elle n'en pouvait douter, la reconnaissaient parfaitement malgré son masque.

Entraînée enfin par un sentiment trop puissant pour se laisser entraver par aucune considération personnelle, elle partit et disparut bientôt dans l'obscurité.

— Madame Roosendal, seule à travers les rues d'Anvers, au milieu de la nuit! Voilà qui est bien étrange, dit Paolo à haute voix.

— Etrange, oui, mais c'est tout, lui répliqua Louis de Ristaël, car aucune démarche, si inexplicable qu'elle soit ne saurait altérer la réputation de madame de Roosendal ; mais je viens d'être témoin d'une scène plus étrange, et surtout plus grave.

— Ah! dit Paolo.

— Oh ! une aventure délicieuse et qui, si je ne me trompe, amènera des résultats tout à fait inattendus.

Paolo crut remarquer que ces paroles lui étaient lancées comme une vengeance et comme un défi et son anxiété s'en accrut tout à coup.

— Vous paraissez troublé, comte Popoli? lui dit le jeune homme. Peut-être cherchez-vous la senora Cornelia?

— Non, je viens de la quitter à l'instant.

—Alors, ne serait-ce point, par hasard, ma jeune et belle tante, la comtesse Regina?

— Je ne l'ai pas trouvée dans la fête, en effet, répondit Paolo, mais je suppose qu'elle est rentrée chez elle.

— Votre supposition est une erreur, comte, je puis vous l'affirmer.

— Ah! et vous savez où elle est?

— Moi et une autre personne qui l'apprend à l'instant même.

Paolo sentit un frisson glacial.

— Et cette autre personne ?... demanda-t-il après un moment d'hésitation.

— C'est le comte de Ristaël, à qui vous pouvez aller en demander des nouvelles.

Et sans attendre l'effet de cette foudroyante parole, Louis de Ristaël s'élança dans la rue où venait de disparaître madame Roosendal.

Paolo resta quelques instants paralysé; il entrevoyait une catastrophe, quelque déplorable coup de tête de Régina; mais plus il tremblait, plus il appréhendait d'apprendre la vérité.

Ce fut Cornélia qui la lui fit connaître.

En rentrant dans les salons, il la vit venir à lui, l'œil sombre et le front orageux,

— Savez-vous ce qui se passe? lui dit-elle en l'abordant brusquement.

— Je ne sais rien, que se passe-t-il donc? répondit-il en feignant le plus grand calme.

— Nous sommes menacés de deux côtés à la fois.

Elle l'entraîna à l'écart.

— Je commence par ce qui me concerne : tout à l'heure après avoir recueilli de la bouche de Gomez mourant une révélation à laquelle j'étais loin de m'attendre, et dont je croyais le secret mort entre lui et moi, j'ai entendu cette parole retentir à mon oreille, au moment où je traversais un corridor sombre : « Fille du mendiant Gomez, je tiens ton secret. » Je m'élance rapidement dans la direction de la voix, mais une ombre s'enfuit, disparaît dans les ténèbres et m'échappe.

— Fille du mendiant Gomez! dit Paolo en regardant Cornelia.

— C'est la vérité, que j'ignorais, il y a une heure : Gomez mort, je croyais la posséder seule, mais son récit avait été entendu, et maintenant je suis à la discrétion de ce misérable, auquel je ne puis imposer silence ni par l'or, ni par la torture, puisque je ne le connais pas.

— Voilà une fâcheuse aventure, dit Paolo.

— Oui, mais celle de la comtesse Régina ne l'est pas moins. Savez-vous ce qu'on dit de tous côtés?

— Quoi donc, mon Dieu?

— Eh bien, on l'a vue quitter la salle du bal et se rendre au jardin accompagnée du prince Sylvio Farnèse, dont vous connaissez la réputation, et on prétend qu'ils ont quitté l'hôtel ensemble il y a dix minutes.

— C'est une infâme calomnie. Qui donc a osé répandre un pareil bruit?

— Un jeune homme : Louis de Ristaël, dit-on.

— C'est une invention de sa part, et il n'est pas difficile d'en pénétrer le but; mais je lui ferai avouer qu'il a menti, je vous le jure.

— Et si c'est la vérité, contraindrez-vous le comte de Ristaël et avec lui toute la ville d'Anvers, à fermer les yeux et à proclamer la vertu de la comtesse Regina?

Paolo ne trouva pas un mot à répondre.

— Dieu veuille, reprit Cornélia, qu'il y ait mensonge ou exagération, car jamais Philippe II ne consentirait à m'allier à une famille dans laquelle aurait éclaté un tel scandale;

jamais moi-même je ne pourrais m'y résoudre, car je ne puis être impitoyable envers les hérétiques qu'à une condition : c'est qu'ils me trouveront également impitoyable envers moi-même ; c'est qu'ils ne trouveront une tache ou une faiblesse, ni chez moi, ni chez les miens. Et maintenant, Paolo, cherchez vous-même si vous trouverez votre sœur, et tâchez de découvrir la vérité.

Elle le quitta à ces mots pour aller recevoir les adieux des invités qui se retiraient.

Elle rencontra sur son passage Guillaume Roosendal avec son fils et Sabine, qui lui demandèrent, avec l'expression d'une vive inquiétude, si elle avait vu Madeleine Roosendal, qu'ils cherchaient partout en vain depuis quelques instants.

Cornelia répondit négativement et les quitta.

Quelques instants après, don Gonzalvo venait à elle :

— Cornelia, lui dit-il, il faut prendre immédiatement un parti au sujet de ces dangereux papiers qui n'ont pu être retrouvés, quoique tombés au milieu de la nuit dans une rue sombre et entièrement déserte.

Vous comprenez, n'est-ce pas? tout ce qu'un pareil fait a de significatif et de menaçant pour nous? Ces papiers ont été trouvés, cela est incontestable; un homme les tient à cette heure entre ses mains, mais cet homme, quel est-il? Un ami ou un ennemi? Là est toute la gravité de la question qu'il faut résoudre dès demain sans tarder d'une heure. Quant au moyen, il est aussi simple qu'infaillible, il consiste à faire proclamer à tous les carrefours qu'une forte récompense sera accordée à l'homme qui a trouvé ces pièces et qui les rapportera dans la journée même, et déclarer que s'il les garde en son pouvoir, il sera convaincu, par ce seul fait, de complicité avec les consparateurs et condamné au même supplice.

— Je vois dans ce moyen deux inconvénients, répondit Cornélia après un moment de silence : celui de révéler à tous les habitants d'Anvers l'existence d'une nouvelle conspiration, et celui, plus dangereux encore, de rassurer tous les membres de l'association, en leur faisant savoir que l'arrestation de leur chef ne les compromet en rien, puisque les pièces qui contiennent seules la preuve de leur crime, nous ont été soustraites. Sûrs alors de n'avoir rien à craindre, ils se réunissent de nouveau sous la direction de leurs six chefs, et qui sait si l'arrestation du chevalier de Soulas, auquel ses hommes sont tous dévoués, n'aura pas pour résultat de faire éclater la révolte un peu plus tôt.

— Que faire alors? demanda don Gonzalvo d'un air très-embarrassé.

— Supposons les papiers définitivement perdus pour nous, et je suis portée à le croire, dit Cornelia, nous n'avons qu'une seule chance de salut, du moins quant à présent, car le danger ne serait conjuré que pour un temps, mais alors nous serions en mesure d'y faire face ; cette chance de salut, c'est l'arrestation immédiate et le prompt supplice des six chefs, supplice aussi terrible que rapide, la torture et la peine capitale en place publique, car nous sommes perdus si nous fléchissons un seul jour, il faut glacer tous les courages par une inébranlable ténacité dans la rigueur.

— Fort bien! Mais qui nous les nommera, ces six chefs?

— Le chevalier de Soulas

— Il n'y consentira jamais!

— Il fera quelques difficultés, mais notre ami Jean Christophe lui fera entendre raison.

— Encore la question! dit don Gonzalvo.

— Croyez-vous que nous lui arracherons la vérité en le mettant sur un lit de roses, répliqua ironiquement Cornélia.

Elle ajouta au bout d'un instant :

— Il est ici, n'est-ce pas?

— Il est enchaîné dans la salle basse.

— Rendons-nous près de lui à l'instant même, il est indispensable que les six-chefs de l'association soient arrêtés au point du jour, et, pour cela, il faut qu'avant une heure il les ait nommés.

— Mais nous ne pouvons ainsi quitter cette fête...

— Et qu'importe la fête! il s'agit de savoir à cette heure

si nous serons les maîtres d'Anvers, mieux que cela si nous serons encore de ce monde.

Au moment où ils sortaient, madame Roosendal rentrait enfin.

Elle trouva son mari, son fils et Sabine en proie à la plus affreuse inquiétude. Christian se jeta dans les bras de sa mère, mais celle-ci ne répondit pas à ses caresses avec son effusion accoutumée. Elle était d'une pâleur effrayante, et ses yeux, ordinairement si doux et si calmes avaient un éclat fiévreux.

— Mon Dieu! ma mère, où étiez-vous donc? lui dit Christian, voilà une heure que nous sommes à votre recherche, et si vous saviez combien vous nous avez fait souffrir!

— J'en suis désolée, mon enfant, mais voilà ce qui est arrivé, répondit Madeleine avec une contrainte, et une préoccupation visibles: j'étais allée respirer l'air du jardin; je m'étais assise sous un acacia, et là la douceur de l'atmosphère, le parfum des fleurs, un peu de fatigue, toutes ces causes réunies m'ont bientôt fait tomber dans un sommeil profond, et dont je viens de me réveiller à l'instant.

— Mais dans quel coin du jardin vous étiez-vous donc endormie, chère mère, nous l'avons parcouru dans tous les sens.

— Alors, dit Madeleine, en essayant un sourire, qui contrastait tristement avec sa paleur, il paraît qne j'avais bien choisi la place pour n'être pas dérangée.

— L'air de la nuit vous a refroidie, Madeleine, lui dit M. Roosendal, vous frissonnez et vous êtes d'une pâleur mortelle; rentrons vite, vous avez besoin de repos.

Le comte de Nuyter et Sabine prirent congé de la famille Roosendal, qui se hâta de quitter la fête.

XXI

LA TORTURE.

Pendant ce temps, don Gonzalvo et Cornelia pénétraient dans la salle basse qui servait de prison au chevalier de Soulas.

Ils étaient seuls ; mais Cornélia avait envoyé prévenir Jean-Christophe, le bourreau qui habitait au coin de l'hôtel de se rendre immédiatement à la salle basse avec un de ses aides et les instruments de sa profession.

A la clarté de la bougie qu'elle tenait à la main, Cornelia chercha des yeux le prisonnier et ne l'apercevant pas :

— Il n'est donc pas ici, demanda-t-elle à don Gonzalvo.

— Voyons dit celui-ci.

Ils avancèrent lentement, très-surpris de ne rien voir.

Comme ils approchaient d'une lourde colonne au chapiteau écrasé, un bruit de chaînes se fit entendre, puis il se trouvèrent tout à coup face à face avec le chevalier, qui, tapi derrière la colonne, avait attendu qu'ils fussent à sa portée pour s'élancer d'un bond jusqu'à eux.

A cette subite apparition, Cornélia laissa échapper un cri et fit un pas en arrière, mais elle ne put aller plus loin, retenue par le chevalier, qui s'était emparé de sa main.

— Je crois que vous avez peur, lui dit le prisonnier en la regardant fixement.

Cornélia tremblait en effet, et don Gonzalvo, qui ne comptait pas la bravoure parmi ses vertus, étudiait d'un regard peu rassuré la carrure herculéenne du gentilhomme.

— D'un coup de cette chaîne dont vous avez fait charger mes mains, dit le chevalier à Cornélia, je pourrais vous étendre morte à mes pieds, et si je pouvais surmonter la répugnance que m'inspire le meurtre, si je n'écoutais que les intérêts de l'humanité, vous n'auriez pas deux minutes à vivre.

Mais je n'ai pas l'atroce courage du bourreau ; si je vous ai saisie dans mes mains, c'est pour me donner la joie de vous voir trembler sous mon regard et de vous dire qu'on vous a mal nommée en vous appelant tigresse ; vous êtes une hyène, plus lâche encore que cruelle. Allez, je vous fais grâce de la vie. Vous êtes de ces insectes hideux qu'on n'ose écraser sous son talon, de peur d'être sali par les éclaboussures.

Il la repoussa de la main et s'assit au pied de la colonne à laquelle il était enchaîné.

Cornélia fut sur le point de céder à la colère, qui venait de succéder en elle à la peur ; mais elle se rappela tout à coup dans quel but elle était venue trouver le prisonnier, et voulant le succès avant tout, elle se montra la digne élève de Philippe II, en montrant un grand calme et une extrême douceur.

— Chevalier de Soulas, dit-elle, vous vous êtes mépris sur mon caractère, vous appelez cruauté les rigueurs qui ont pour mobile les nécessités de la politique et la sincérité de ma foi religieuse. Mais par cela même que je suis inébranlable dans mes convictions, j'admire ceux qui, comme vous, sacrifient tout, jusqu'à leur existence, pour le triomphe de leurs principes. Votre sort est entre mes mains, vous le savez; eh bien! moi aussi, à mon tour, je vous accorde la vie et je vous rends la liberté.

— Ainsi, je suis libre? dit le chevalier en jetant sur Cornelia un regard défiant.

— Vous le serez dans un instant ; ce n'est pas tout ; je veux enfin essayer de la clémence vis-à-vis de ces Flamands, et la même grâce va s'étendre aux six chefs de l'association des foulons.

— Allons, décidément, le ciel vous a touchée, senora, dit le chevalier stupéfait.

— Je ne mets à mon pardon qu'une seule condition.

— Voyons.

— Vous allez écrire six lettres, une pour chacun de vos six complices, par lesquelles vous les engagerez à renoncer désormais à toute tentative de révolte.

— Nous sommes vaincus, cette condition est parfaitement juste; je m'y soumets donc et je ne doute pas que mes amis n'en fassent autant.

— Ces lettres, reprit Cornélia, leur seront envoyées à la première heure du jour, et, dès que nous aurons leur parole, la liberté vous sera rendue.

Le chevalier ne répondit pas ; il paraissait réfléchir profondément.

— J'y suis, s'écria-t-il en se levant tout à coup et en se frappant le front ; j'y suis : c'est un moyen, fort habilement trouvé, j'en conviens, de vous faire livrer les six chefs dont les noms vous sont inconnus.

Cornélia tressaillit, mais elle ne laissa rien voir de son désappointement.

— Etrange idée, dit-elle en levant dédaigneusement les épaules, vous croyez donc qu'on ne s'est pas empressé de ramasser cette liasse de papiers jetée par vous dans la rue, et où se trouvait cette fameuse liste.

— Vrai! vous la possédez, cette liste?

— Je vous l'affirme.

— Eh bien, soit. J'écris ces lettres.

— A la bonne heure.

— Mais, à mon tour, je pose une condition.

— Dites.

— Vous allez commencer par écrire vous-même les noms et les adresses de mes six compagnons.

Cornélia devint rouge de colère, car elle se vit jouée, et comprit que la partie était perdue.

— Et à moins de cela, vous n'écrirez pas?

— Pas une ligne.

— Alors, trouvez bon que je cède à un autre le soin de vous décider.

Elle courut à la porte, l'ouvrit et cria :

— Entrez.

Jean Christophe entra avec un aide et des instruments de tortures dont le seul aspect donnait le frisson.

— Et c'est avec cela que vous comptez me faire commettre une lâcheté, à moi, chevalier de Soulas, à moi, gentilhomme français! s'écria le chevalier en jetant sur les instruments un regard profondément dédaigneux.

— Jean Christophe, dit Cornélia au bourreau, tu vas mettre à côté de cet homme ce qu'il faut pour écrire, puis tu vas employer pour lui tes plus ingénieux engins, ceux qui font couler une sueur de sang et qui font parler les muets. Quand il aura écrit six noms! tu t'arrêteras et tu me les apporteras.

— Il ne t'apportera rien! lui cria le chevalier au moment où elle passait le seuil de la prison.

Cornélia se rendit avec son père dans le vaste salon où nous l'avons déjà vue, et attendit le résultat de l'horrible scène qui se passait à cette heure dans la salle basse.

Au bout d'une demi-heure, elle vit entrer Jean-Christophe.

— Apportes-tu le papier ? lui cria-t-elle.

— Le voilà, répondit Christophe.

Cornélia eut un geste de triomphe.

— Y a-t-il six noms? demanda-t-elle.

— Je ne sais pas lire, répondit Jean-Christophe, mais il y en a beaucoup.

Cornélia prit le papier ; ses traits étaient rayonnants.

Mais à peine y eut-elle jeté les yeux qu'un changement subit s'opéra sur son visage, qui exprima aussitôt la plus violente colère.

— Qu'a-t-il donc écrit? demanda don Gonzalvo.

— Voyez.

— Le chevalier avait écrit ces mots :

« Je vous méprise et je défie vos bourreaux. »

Le papier était tout taché de son sang.

— Que faut-il faire? demanda Jean-Christophe.

— Ecoute-moi, lui dit Cornélia, et surtout exécute mon ordre à la lettre, si tu tiens à ta tête.

— Dites, senora.

— Tu vas broyer, tu m'entends bien, tu vas broyer la main qui a écrit cela.

— Il suffit, dit Jean-Christophe en se retirant, et avec la plus parfaite indifférence : On broiera.

XXII

LA LISTE DES CONJURÉS.

Peut-être le lecteur s'est-il demandé ce que pouvaient être devenus les papiers que le chevalier de Soulas avait lancés par la fenêtre ; peut-être, comme Cornélia, s'est-il étonné qu'un objet tombé dans la rue au milieu de la nuit n'eût pu y être retrouvé par les soldats qui, sous la conduite du comte Popoli, avaient exploré toute la partie de la chaussée qui s'étendait en face de la maison du chevalier.

Nous allons lui donner l'explication de ce mystère.

Comme alors il arrivait aux Flamands, même les plus notables de se voir insultés et maltraités en pleine rue par les soldats espagnols, surtout lorsqu'ils sortaient la nuit, le bohême Pepito avait supplié madame Roosendal de lui permettre de se joindre aux deux domestiques qui devaient l'accompagner chez don Gonzalvo.

Après avoir refusé d'abord ce surcroît d'escorte, qu'elle jugeait inutile, Madeleine, voyant que Pepito en éprouvait un véritable chagrin, finit par consentir, et celui-ci partit avec la famille, la précédant de quelques pas, et caressant de temps à autre sous ses habits le manche d'un stylet dont il s'était bien gardé de parler à madame Roosendal.

On arriva à l'hôtel du conseil des Troubles, sans avoir fait aucune rencontre qui fournît à Pepito l'occasion d'essayer la pointe de son stylet.

Une fois là, les deux domestiques de Guillaume Roosendal se mirent à boire et à jouer aux dés avec les autres valets, en attendant l'heure où il plairait à leurs maîtres de rentrer au logis.

Pepito, lui, ne songea ni à jouer ni à boire.

Se défiant fortement des Espagnols, et surtout de Cornelia, il redoutait dans cette fête quelque noire et infâme trahison, et n'ayant osé donner à madame Roosendal le conseil de ne pas s'y rendre, il résolut au moins de veiller toute la nuit pour être à même de s'élancer à son secours à la moindre alerte.

Dans cette intention, il se glissa dans les cuisines, dans les pièces où se tenaient les domestiques de don Gonzalvo; là, il offrit ses services avec un tel accent de bonhomie et en montrant pour les habits galonnés des valets une si naïve admiration, que l'un d'eux, enchanté de s'aller reposer, lui céda sa livrée pour la nuit et se déchargea sur lui de la besogne qu'il avait à faire.

Grâce à ce costume, Pepito put circuler partout librement sans exciter le moindre soupçon : c'était ce qu'il demandait.

Il put dès lors tout voir, tout écouter, et nous saurons plus tard comment, tout en veillant à la sûreté de madame Roosendal, il tira parti de cette circonstance au profit de sa haine contre Cornelia.

Quand, par cet habile espionnage, il se fut assuré que don Gonzalvo et sa fille n'avaient rien comploté contre leurs invités, Pepito jeta dans un coin la défroque qui lui était devenu inutile et vint se mettre en faction dans le large vestibule que devaient traverser forcément tous ceux qui entraient ou sortaient.

Il y était depuis une heure environ, lorsque madame Roosendal quitta la fête pour se rendre chez le chevalier de Soulas. Frappé de sa pâleur et du trouble extraordinaire auquel elle paraissait en proie, surpris et inquiet de la voir s'engager seule, au milieu de la nuit, à travers les rues de la ville, où elle pouvait être exposée aux insultes de quelque soldat ivre, Pepito n'hésita pas à la suivre, ayant soin de se tenir à certaine distance et de raser les maisons pour n'être pas aperçu.

Comme ils entraient dans la rue habitée par le gentilhomme français, ils purent voir de loin les soldats qui pénétraient chez lui, puis presque aussitôt un homme et une femme qui entraient dans une maison voisine de celle du chevalier.

C'étaient le prince Farnèse et la comtesse Régina.

Pepito, qui avait vu plusieurs fois celle-ci à son balcon, situé, on le sait, en face de la maison de Guillaume Roosendal, la reconnut à la clarté d'un rayon de lune, qui l'enveloppa tout entière, au moment où elle disparaissait au bras du prince.

En voyant entrer les soldats dans une maison, madame Roosendal eut un affreux pressentiment ; elle n'avait pu obtenir un renseignement précis sur la demeure du chevalier, mais elle soupçonna aussitôt que ce devait être celle où pénétraient les Espagnols, et elle se sentit défaillir à la pensée que cette terrible liste sur laquelle Christian avait écrit son nom, allait tomber aux mains de ces hommes.

Accablée, à moitié folle d'angoisse, elle s'arrêta et s'appuya contre une muraille, car ses jambes fléchissaient sous elle et elle sentait la vie se retirer de son cœur.

Pepito, pour lequel tout était mystère, et l'émotion de madame Roosendal, et la maison du chevalier envahie par des soldats, s'arrêta comme sa maîtsesse, collé dans une encoignure de porte, observant et se tenant prêt à tout évènement.

Il était là depuis cinq minutes à peine, quand quelque chose de blanc vint rouler à ses pieds.

C'étaient les papiers lancés par le chevalier de Soulas.

Pepito les regarda d'abord d'un œil curieux, mais indifférent; puis se rappelant tout à coup la conspiration dont il avait entendu parler à deux ou trois reprises, rapprochant de ce souvenir l'expédition mystérieuse des soldats espagnols, il pensa que cette maison pourrait bien être celle de l'un des conspirateurs et comprit vaguement l'importance que pouvaient avoir les papiers qui venaient de rouler à ses pieds.

Il se baissa alors pour les ramasser, mais au même instant il sentit à l'épaule une douleur dont la violence lui fit lâcher prise, et il vit aussitôt un homme s'enfuir avec les papiers qu'il venait de lui arracher.

Malgré le sang qui ruisselait de son bras, car c'était un coup de poignard qu'il venait de recevoir, Pepito ne songea qu'à madame Roosendal et la chercha des yeux.

Il reconnut de loin sa robe blanche; elle regagnait l'hôtel de don Gonzalvo aussi rapidement que le lui permettait le tremblement nerveux qui venait de s'emparer d'elle et paralysait ses membres.

Il se mit à la suivre tout en songeant à l'homme qui venait de le blesser et qu'il avait reconnu, à son uniforme, pour un des soldats espagnols.

Quand il eut vu rentrer madame Roosendal, Pepito banda son bras avec sa ceinture, jeta son manteau sur ses épaules pour éviter d'attirer sur lui une sollicitude qui l'eût génépuis convaincu que son ennemi avait dû rentrer à l'hôtel du Conseil, il résolut de se mettre à sa recherche.

En traversant une cour, qui le séparait du corps de logis où habitaient les soldats chargés de la garde de l'hôtel, Pepito, dont les regards furetaient partout, vit quelque chose de rouge briller dans un coin. Il s'approcha et reconnut un uniforme espagnol déposé là avec certaines précautions.

Cet uniforme était exactement semblable à celui du soldat qu'il cherchait à cette heure.

Cet incident fit refléchir Pepito ; il se mit à examiner les armes du soldat rangées à côté de l'uniforme, et parmi ces armes il découvrit une gaîne de poignard, dont la lame avait été enlevée ; cette gaîne était rouge de sang.

— Bon, pensa-t-il, je tiens mon homme; mais pourquoi donc s'est-il défait de ses habits, et comment m'y prendre pour le retrouver?

Il y eut quelque chose de providentiel dans le fait qui se produisit presque aussitôt.

Pepito vit entrer dans la cour le comte Popoli avec ses soldats, au milieu desquels marchait le chevalier de Soulas solidement garotté.

Paolo donna ordre aux soldats de conduire et d'enchaîner le chevalier dans la salle basse où nous l'avons vu, après quoi il se disposait à aller rendre compte de sa mission à Cornélia, quand, au moment de franchir le seuil d'nne petite porte qui conduisait aux grandes galeries où se passait la fête, il vit tout à coup se dresser en face de lui un homme couvert d'un long manteau et un masque sur le visage.

— Monsieur le comte Popoli, lui dit-il, voulez-vous entrer avec moi dans une pièce où personne ne puisse nous voir ni nous entendre?

— Pourquoi cela? demanda Paolo d'un ton défiant.

— Pour une affaire qui, si je ne me trompe, contient notre fortune à tous deux, monsieur le comte.

— Enfin, de quelle nature est cette affaire? de quoi s'agit-il? demanda Paolo, en examinant d'un œil inquiet cette espèce de fantôme.

— Il s'agit de papiers que je crois très-importants.

Au mot de *papiers*, les yeux de Paolo brillèrent d'espoir.

— Venez, dit-il.

Et ils disparurent tous deux.

Pepito avait tout entendu. Il réfléchit un instant, puis, comme saisi d'une inspiration soudaine :

— Pourquoi madame Roosendal était-elle si pâle? Pourquoi se rendait-elle au milieu de la nuit à la demeure de l'homme qu'on vient d'arrêter et qui a jeté ces papiers dans la rue? car c'est lui, sans aucun doute. Oh ! ces papiers, je les aurai, mais pour cela il faut que je retrouve cet homme.

Il chercha un moyen de retrouver la trace du soldat, puis se baissant tout à coup, il chercha l'ornement le plus visible et le plus précieux de son uniforme, l'arracha, le mit dans sa poche, puis s'élança dans le corridor étroit et obscur où venaient de s'enfoncer Paolo et son compagnon masqué.

Ceux-ci étaient entrés dans une petite pièce qui se trouvait éclairée et dont l'homme masqué ferma soigneusement la porte. Il vint ensuite se poser en face de Paolo, lui remit un rouleau de papier, puis lui montrant un poignard rouge de sang :

— Monsieur le comte, dit-il à Paolo, qui avait pâli à la vue de l'arme sanglante, je ne vous veux aucun mal, loin de là, et cette arme est une simple précaution.

— Expliquez- vous, répliqua Paolo peu rassuré.

— Monsieur le comte, je viens de trouver ces papiers dans la rue; je ne sais pas lire, et je vous prie de me dire ce qu'ils contiennent; mon seul but, en apportant cette arme avec moi est de vous poignarder dans le cas où vous chercheriez à me les ravir.

Paolo ouvrit ces papiers et ne put retenir un cri de surprise en reconnaissant qu'il avait entre ses mains les statuts de l'association des foulons, ainsi que la liste de ses chefs, en tête de laquelle il vit avec surprise, immédiatement après le nom du chevalier de Soulas, celui de Christian Roosendal.

— Monsieur le comte, reprit l'inconnu, je m'aperçois que

je ne me suis pas trompé en attribuant à ces papiers une grande valeur, combien voulez-vous me les acheter?

— A combien les estimez-vous? demanda Paolo, dont le cœur battait de joie, car ces pièces, c'était la condamnation des six chefs inscrits sur cette liste, et la mort de la redoutable société; c'était la faveur de Philippe II, et son union avec Cornélia.

— J'en veux deux mille ducats, dit l'homme masqué.

— Venez les prendre chez moi demain, je garde les papiers.

— Non pas, je recevrai les deux mille ducats d'abord, et je livrerai les papiers ensuite.

Il reprit les papiers, et, montrant à Paolo son poignard dégouttant de sang :

— A demain, monsieur le comte, et surtout pas de piége; ceci prouve que je ne plaisante pas.

Il ouvrit la porte et partit,

Si Paolo n'avait pas fait part à Cornélia de ce grave événement, c'est qu'il savait qu'avec un caractère de cette trempe, les actes seuls comptaient. Il était donc résolu à ne lui parler de ces papiers qu'en les remettant entre ses mains.

XXII

CE QUI SE DIT ENTRE FEMMES.

Il était environ trois heures; Mariette, qui avait voulu attendre le retour de sa maîtresse, commençait à s'endormir, quand un coup léger, frappé à la porte, la réveilla en sursaut.

Elle courut ouvrir.

C'était Regina.

— Enfin, vous voilà, belle comtesse, dit la caméristе, j'entends depuis une heure votre époux passer et repasser en grondant dans le corridor et je craignais...

— Eh! que m'importe! s'écria Régina.

Et laissant tomber sa mante, elle alla ouvrir la fenêtre, jeta au ciel un regard brûlant d'extase et laissa échapper un profond soupir, le soupir d'un cœur qui étouffe sous un trop plein d'amour.

— Vous paraissez bien heureuse, comtesse? lui dit Mariette.

Pour toute réponse, Régina tira de sa robe un petit poignard à manche et à gaîne d'argent, mais si petit, si gracieux, sculpté d'arabesques si fines et de figures si délicates, que c'était une parure de femme plutôt qu'une arme, et le montrant à Mariette :

— Voilà ce qu'il m'a donné, lui dit-elle; eh bien, ce poignard, vois-tu, Mariette, je ne le céderais pas pour tous les trésors de là terre.

— *Il*, c'est un peu le nom de tout le monde, dit Mariette en souriant.

— C'est vrai, je ne t'ai pas dit... Eh bien, mais c'est lui, mon beau rêve, mon superbe cavalier italien.

— A qui la plume blanche allait si merveilleusement?

— La plume rouge lui va mieux encore.

— C'est un prince, pour le moins, dit Mariette en riant.

— Tu l'as dit, le prince Sylvio Farnèse.

— Un beau nom, mais une renommée!

— On le calomnie. Nous avons passé une heure ensemble, seuls et entièrement libres, sais-tu ce qu'il a obtenu, ce qu'il a demandé lui-même durant cette heure? Mà main posée une seconde sur ses lèvres.

— Chez un tel homme, c'est une belle preuve de continence.

— Ou de raffinement, dit Régina.

— Etes-vous sûre au moins que personne n'ait soupçonné cette petite comédie amoureuse? Vous connaissez la susceptibilité du comte en matière d'honneur conjugal.

— Comment veux-tu que je sache cela? dit insoucieusement Régina.

Elle se leva, s'approcha d'une glace et se mit à arranger sa chevelure.

— Cependant, dit Mariette, la chose vaut la peine...

— Au fait, tu m'y fais songer; tout à l'heure, comme je rentrais, j'ai trouvé sur mon passage Paolo, qui m'a remis furtivement un billet et s'est esquivé aussitôt, ce qui m'a fait penser que mon époux n'était pas loin.

— Et ce billet? demanda vivement Mariette.

— Je l'ai glissé dans ma poche où je l'avais complètement oublié, dit Régina.

Elle tira un papier de sa poche, y jeta un coup-d'œil, puis, le tendant négligemment à Mariette :

— Tiens, dit-elle en mettant le peigne dans ses cheveux, mon mari sait tout.

— Est-ce possible! s'écria Mariette stupéfaite du calme de Regina.

— Vois plutôt, répliqua celle-ci, toujours occupée de sa toilette.

Mariette prit le papier et lut ces mots crayonnés à la hâte :

« Votre mari sait tout; vous êtes perdue. C'est son neveu qui vous a épiée; il vous a reconnue à votre masque noir orné d'une étoile d'argent; faites disparaître cette preuve et avisez. »

Mariette leva les yeux sur Regina : elle continuait à donner tous ses soins à sa coiffure.

— Et vous êtes là, calme et tranquille! s'écria Mariette.

— Quand je me plongerais dans les larmes, répondit Regina sans se retourner, en serais-je plus avancée?

— Il faut vous tirer de là, pourtant; voyons, que comptez-vous faire?

— Sur ce point, je n'en sais pas plus que toi.

— Mais cherchez, au moins! s'écria Mariette.

— Cela me fatigue.

— Eh bien! combinons ensemble vos moyens de défense.

— Mes moyens de défense, dit Régina en souriant, je m'en occupe en ce moment.

— Vous cherchez une idée?

— Non, je pare ma personne.

Deux coups frappés violemment à la porte firent bondir Mariette.

— Qui peut frapper de la sorte s'écria-t-elle troublée.

— C'est mon mari, dit Régina, toujours à sa glace.

Mariette s'approcha de la porte, et parlant à travers la serrure :

— Ma maîtresse est à sa toilette, monsieur le comte, elle ne peut vous recevoir en ce moment.

— Qu'elle se hâte! répondit brusquement le comte.

Une voix suppliante se fit entendre après la voix menaçante du comte : c'était celle de Paolo qui priait Régina de ne pas faire attendre son mari.

— Pauvre Paolo, dit Regina. Il est là pour sauver son avenir, car c'est sa grande affaire, il semble vraiment que le monde va crouler si son avenir est manqué.

— Dame! ça l'intéresse bien un peu.

— Aide-moi à changer de toilette, Mariette.

Mariette l'aida en se hâtant.

— Si vous daigniez admettre votre époux en votre présence?

— Qu'il entre! dit Régina avec un geste royal.

— Voyons, Régina, réfléchissez; comment comptez-vous vous tirer de là?

— La réflexion ne m'a jamais réussi.

— Enfin, avez-vous un plan?

— Oui, et je le crois infaillible.

— Ah! que direz-vous?

— Rien.

— Rien?

— C'est le moyen de jeter le doute dans son esprit; or, le doute, en pareil cas, tourne toujours à notre avantage.

— Alors, je vais ouvrir?

— Ouvre, et laisse-nous.

Régina se coucha gracieusement dans son fauteuil, la tête penchée et le menton dans la paume de la main.

Mariette courut ouvrir, et le comte de Ristaël entra suivi de Paolo.

XXII

LE CALME DE L'INNOCENCE.

Après un moment de silence, Régina tourna lentement la tête et s'adressant à son mari sans le regarder :

— Asseyez-vous donc, monsieur le comte, lui dit-elle, vous aussi, mon cher Paolo, et dites-moi, de grâce, quelle bonne fortune vous amène chez moi à pareille heure.

— Est-ce que vous ne le soupçonnez pas, madame, répondit le comte en faisant un violent effort pour se modérer.

— Pas le moins du monde, répondit Régina, en reposant son menton dans la paume de sa main.

— Je vais donc vous le dire, Madame.

— Je vous en serai obligée, surtout si ce n'est pas trop long, car je tombe de sommeil.

— Madame! s'écria le comte, hors de lui, vous êtes allée cette nuit chez le prince Farnèse! ne niez pas, on vous a vue.

— Et reconnue?

— Oui, madame,

— A quoi, s'il vous plait?

— A votre masque.

— En vérité?

— Où l'avez-vous mis, madame?

— Je ne sais.

— Il doit être ici, puisque voici votre costume.

— C'est possible.

— Vous refusez de me le livrer?

— Oui, mais je vous autorise à le retrouver.

Le comte se mit à fureter partout, pendant que Régina polissait ses ongles avec un petit outil d'acier.

Il était aidé dans ses recherches par Paolo, qui se promettait bien de faire disparaître le masque fatal, s'il tombait sous sa main.

Au bout de dix minutes, et après avoir tout bouleversé, ils n'avaient rien trouvé.

— Encore une fois, madame, s'écria le comte, me direz-vous où est ce masque?

— Je crois l'avoir perdu, répondit tranquillement Régina.

— Je me charge de le retrouver, dussè-je fouiller la maison de fond en comble, dit le comte.

Et il s'élança dehors.

Paolo courut fermer la porte et revenant près de sa sœur :

— Régina, lui dit-il, qu'y a-t-il de vrai dans cette accusation?

— Tout et rien.

— Comment l'entendez-vous?

— Je veux dire qu'il est vrai que je suis allée chez le prince Farnèse, mais qu'il est faux que je sois coupable. Un caprice, une fantaisie, une légèreté, voilà tout ce que j'ai à me reprocher, et cependant je ne puis rien avouer au comte; innocente vis-à-vis de ma conscience, je ne le suis pas aux yeux d'un mari, surtout d'un mari jaloux : voilà pourquoi je joue une comédie qui me pèse, mais que je dois soutenir jusqu'au bout dans l'intérêt même de son repos.

La porte s'ouvrit brusquement et le comte entra.

Paolo remarqua qu'il avait les mains vides et l'air fort embarrassé.

Régina avait vu tout cela avant lui, quoique tournant le dos à la porte.

— Eh bien, dit-elle au comte, cette pièce accablante?

— Je ne l'ai pas trouvée, répondit celui-ci, et je conviens que l'absence de ce masque serait une présomption...

— A laquelle je vous engage à ne pas vous rendre trop légèrement, dit Régina.

— Tenez, s'écria brusquement le comte, déclarez-moi que toute cette histoire du prince Farnèse est fausse, et cette seule parole sera pour moi la preuve irrécusable de votre innocence,

— Monsieur le comte, répondit Régina après un moment

de silence, si, dès le commencement de cette ridicule comédie vous m'eussiez tenu ce langage, peut-être aurais-je consenti à ce que vous me demandez ; mais, lorsqu'après avoir cherché en vain le témoignage de ma faute vous venez me déclarer que vous voulez bien vous contenter de ma parole, permettez-moi de vous dire que je trouve cette preuve de confiance un peu tardive.

— J'avoue mon tort, que vous faut-il de plus?

Le moyen imaginé par Régina obtenait tout le succès qu'elle en avait espéré ; sa persistance à ne rien dire devenait aux yeux du comte la plus éloquente des justifications.

— Eh bien, murmura le comte?

— Eh bien ! répondit Régina, tout ce que je puis faire pour vous, c'est d'oublier vos injustes soupçons.

En ce moment la porte s'ouvrit et un jeune homme entra comme une bombe.

C'était Louis de Ristaël.

— Le neveu ! murmura Paolo atterré, tout est perdu !

XXV

LE MASQUE.

L'entrée de Louis de Ristaël avait boulversé Paolo, qui commença à trembler sur le résultat de la lutte.

Quant à Regina, qui s'était mis en tête de vaincre en dépit de tout, elle avait sur les lèvres son sourire le plus calme et le plus naturel.

— Eh bien ! mon oncle, dit le jeune homme avec un air de profonde tristesse, vous savez la cruelle vérité?

Le comte de Ristaël se tourna vers sa jeune femme.

— Madame ! s'écria-t-il, dites-lui donc qu'il vous calomnie indignement.

— Hélas ! répondit Régina, je n'ose dire cela devant lui.

— Vous n'osez !

Paolo eut le frisson.

Mais c'était tout simplement de la par de Regina une tactique hardie qui consistait à étonner son ennemi en l'attaquant au moment où il la croyait fort en peine de se défendre.

— Quoi? s'écria le comte atterré, vous avouez donc...

— Eh bien, oui, reprit Régina, j'avoue que j'ai rencontré à cette fête un homme qui m'a séduite, entraînée par la façon spirituelle dont il plaisantait sur la santé chancelante de son oncle, sur l'époque très-rapprochée de son dernier soupir, et sur l'immense héritage qu'il en attendait, et ce charmant cavalier, ajouta Régina, en montrant Louis de Ristaël, le voilà.

— Vous, dit le comte? en regardant fixement son neveu; je ne vous savais pas si impatient de recevoir mon dernier soupir.

Mon Dieu, mon oncle, balbutia le jeune homme, vous comprenez, on est jeune, on soupe un peu trop et...

La vérité échappe, dit vivement Régina.

— Un moment déconcerté, Louis de Ristaël reprit bientôt :

— Eh! bien, oui, ma belle tante m'avait fait tourner la tête, j'aurais payé de mon sang un de ses cheveux, que dis-je! un ruban, une fleur qu'elle eût touché de ses jolis doigts. Et voyez la chance! je demandais un objet qui eût seulement effleuré sa main, et j'ai la bonne fortune d'en posséder un qui s'est posé sur ses traits charmants.

— Il a le masque! pensa Paolo, atterré et considérant dès lors sa perte comme accomplie.

Regina, elle, était sérieusement occupée à piler des feuilles de rose dans un flacon de cristal avec un petit outil d'argent.

Louis tira de sa poche un masque de velours, le prit délicatement au bout des doigts, et le montrant d'un air triomphant :

— C'est ce délicieux petit masqne, dit-il, auquel cette étoile d'argent donne une grâce toute particulière.

— Et ce masque, demanda le comte, devenu pâle d'angoisse, où l'as-tu trouvé?

— Chez le prince Farnèse, répondit le jeune homme d'un air indifférent.

Louis de Ristaël s'approcha de Régina.

— Avouez, belle tante, lui dit-il, que je ne suis pas tout à fait un niais?

— Le bruit en court, mais je n'en crois rien, répondit Régina.

— Madame, lui dit le comte à son tour, qu'avez-vous à opposer à ce que vous venez d'entendre?

— Çà, répondit Régina tout en macérant ses roses, c'est une affaire entre vous et votre neveu, arrangez-la en famille. Pourtant, si vous voulez que je vous donne mon avis, voilà ce que je ferais à votre place : sans me préoccuper de l'espoir un peu inhumain qu'aurait manifesté mon neveu au sujet de mon héritage, ni de l'intérêt trop évident qu'il aurait à perdre sa tante de réputation, j'ajouterais une foi entière à sa petite histoire! je lui confierais le soin de mon bonheur et de ma santé, et je condamnerais ma femme à l'affreux supplice d'être à jamais privée de ma vue. De cette façon vous auriez la paix, j'aurais la liberté, votre neveu aurait l'héritage, tout le monde serait content.

Le comte fit deux tours dans le salon, et revenant à Régina, l'air sombre et résolu :

— Un seul mot, madame, et ce sera le dernier; ce masque est-il à vous?

— Si je disais non, vous retomberiez dans une mer d'incertitudes; il faut bien qu'il soit à moi.

— Malédiction! s'écria le comte en frappant du pied avec colère, impossible d'en tirer une parole!

Un sourire de triomphe effleura les lèvres de Régina.

— Eh! monsieur le comte, dit Paolo, ne voyez-vous pas la preuve de son innocence dans la légèreté même avec laquelle elle traite une accusation aussi grave.

— Cependant, riposta le comte, devant des témoignages aussi palpables...

— Ah! de grâce, mon cher époux, murmura Régina en comprimant un baillement, veuillez enfin prendre un parti.

Voyons, décidément, suis-je la plus calomniée ou la plus coupable des femmes? dois-je me voiler la face ou m'épanouir dans la sérénité de mon innocence? Faites votre choix, et quelle que soit la sévérité de votre arrêt, je promets de m'y résigner, mais, par pitié, finissons!

— Ah! dit le comte avec amertume, vous êtes préparée à tout, madame, même à une séparation?

— Même à cela. Tenez, entre nous, cette existence cimentée d'étiquette et d'ennui commence à me peser singulièrement, et, s'il faut vous l'avouer, eh bien... là... je ne serais pas fâchée d'être trouvée un peu criminelle.

— C'est à en perdre l'esprit, s'ecria le comte partagé entre le doute que soulevait en lui un tel langage, et la conviction que lui inspirait la preuve apportée par son neveu.

Puis saisissant les mains de Régina :

— Mais parlez donc, madame, dites un mot, un seul mot pour vous défendre.

— J'aurais peur de vous convaincre, vous m'offrez une trop belle occasion de rompre ma chaîne pour que je la laisse échapper.

— Ah c'en est trop à la fin, s'écria le comte hors de lui-même ; vous voulez une séparation, madame, soit; mais cela ne me suffit pas, à moi, et je vous jure que vous serez condamnée à la peine des adultères.

— Est-ce bien dur ? demanda Regina sans tourner la tête, et tout en respirant voluptueusement l'odeur de sonflacon.

— Vous voulez savoir quelle est cette peine ?

— J'en suis curieuse.

— Je vous préviens qu'elle est terrible.

Paolo, pendant ce temps, s'était emparé du masque fatal, déposé sur un meuble, et il le considérait avec une attention fiévreuse, comme s'il eût espéré y trouver une inspiration.

— Madame, dit le comte en s'approchant de Regina et accentuant chaque parole avec une fureur concentrée, puisque vous voulez le savoir, la femme adultère est d'abord condamnée à avoir la tête rasée.

— Pauvre femme ! murmura Régina.

— Le comte reprit :

— Ensuite elle est promenée par la ville, vêtue de bure et la tête couverte d'un voile, précédée du bourreau qui proclame à chaque carrefour son nom et le crime dont elle s'est rendue coupable ; puis, enfin, elle est embarquée sur un bâtiment avec les filles perdues et conduite dans une île de l'Amérique, où elle vit du travail de ses mains.

— Il y a dans tout cela un supplice que je trouve par trop cruel dit Régina.

— Quoi donc, madame ?

— La robe de bure ; c'est bien disgracieux.

— Viens, dit le comte à son neveu, nous allons nous occuper de cette affaire sans perdre un instant. Je n'aurai pas une minute de repos que je ne sois vengé.

Au moment où il allait sortir, Paolo le rappela ; une expression de joie et de triomphe éclatait sur ses traits.

— Que me voulez-vous ? lui demanda froidement le comte.

— Je vous ai dit, répondit Paolo d'un ton ferme qui tranchait avec la contenance qu'il avait montrée pendant toute cette scène, que la comtesse de Ristaël était innocente du crime dont on l'accuse.

— Vous me l'avez dit, en effet, dit le comte avec ironie, mais vous ne me l'avez pas prouvé.

— Allons donc ! s'écria Louis de Ristaël, quand j'ai vu, quand j'apporte une preuve irrécusable.

— Vous avez vu une femme sortir de chez le prince Farnèse, soit, dit Paolo ; mais cette femme n'était pas la comtesse de Ristaël, et comme vous l'avez vue la nuit, vous avez pu vous y tromper.

— A merveille, dit le jeune homme en souriant, et le masque, ce masque trouvé chez le prince Farnèse, comme pourra l'affirmer le domestique qui me l'a donné pour un ducat, ai-je cru le voir aussi ? Suis-je encore victime d'une illusion sur ce point ?

Non, je ne doute pas que ce masque n'ait été trouvé chez le prince Farnèse, seulement c'est une autre femme qui l'y a oublié.

En vérité ! s'écria Louis, et cette femme, vous la connaissez ?

— Je la connais.

— Et, dit le comte, qui ne pouvait se résoudre à renoncer à tout espoir, vous nous prouverez que c'est elle qui est la coupable. ?

— Je vous en donnerai la preuve la plus convaincante ; nous nous rendrons chez elle, et là publiquement, devant vous, devant tout le monde, elle reconnaîtra ce masque pour le sien et déclarera l'avoir laissé cette nuit chez le prince Farnèse.

Régina, le comte de Ristaël et son neveu regardaient tous trois Paolo avec une surprise qui se peignait profondément sur le visage des deux derniers, et que la jeune femme parvenait à grand'peine à comprimer.

— Il faudra beaucoup de temps pour un pareil miracle, lui dit enfin Louis de Ristaël.

— Je demande deux jours.

— Et vous affirmez que dans deux jours...? demanda le comte.

— La coupable se nommera elle-même

— Nous attendrons.

XXVI

FÊTES DE FAMILLE.

De grands préparatifs avaient lieu dans la maison de Guillaume Roosendal.

Sous les ordres de Périne, activement secondée par Marthe, Zora et Pepito, tout avait été nettoyé, lavé, frotté, épousseté, depuis le rez-de-chaussée jusqu'aux combles, depuis la façade jusqu'aux coins les plus obscurs, depuis la cuisine jusqu'aux salles les plus somptueuses. Enfin le logis entier brillait de cette propreté éclatante et méticuleuse, qui, de tout temps, a été l'un des traits distinctifs de la Flandre, et qui se reflète si bien dans les toiles de ses maîtres.

Ce gigantesque travail une fois achevé, Périne, accompagnée de ses trois aides, parcourut la maison, du haut en bas, pour s'assurer que rien n'avait été oublié ou négligé. Elle commença cette grave inspection par la cuisine; là, le carreau était d'un rouge irréprochable; les casseroles de cuivre, symétriquement alignées, étincelaient comme de l'or, le long du mur; l'immense pierre sur laquelle s'écoulaient les eaux semblait sortir de la carrière, et la table, sur laquelle se rangeaient et se préparaient les plats, était si nette et si blanche, qu'on l'eût crue couverte d'une nappe.

Satisfaite de cet examen, Périne passa à la salle à manger, puis aux trois grands salons et à la vaste galerie, contemplant avec orgueil les vieux tableaux, les bahuts, les armoires de chêne et surtout les hauts dressoirs, dont les vases précieux jetaient de splendides reflets par toutes leurs ciselures.

Elle visita ensuite les chambres de ses maîtres, celles des domestiques, jusqu'aux greniers, et redescendit enfin, défiant intérieurement l'œil le plus perçant de découvrir dans toutes ces pièces un grain de poussière, une étoffe mal drapée ou un alignement douteux.

Une heure après ce dernier coup d'œil, Périne, Marthe, Pepito et Zora, vêtus de leurs plus beaux habits, d'une propreté aussi scrupuleuse, aussi irréprochable que la plus belle pièce de la maison, étaient réunis dans le plus grand des trois salons et rangeaient des siéges autour d'une table sur laquelle ils avaient déjà posé tout ce qu'il fallait pour écrire.

Quelque chose de triomphant éclatait dans leur allure, dans leurs moindres gestes, dans l'expression de leur physionomie, jusque dans les innocentes plaisanteries qu'ils échangeaient de temps à autre et auxquelles la grave Périne, oubliant un moment son importance, par une exception jusque-là sans exemple, ne dédaignait pas de mêler son mot et son sourire, signe non équivoque d'un immense contentement.

C'est qu'il se passait ce jour-là deux de ces événements qui marquent dans l'histoire des familles comme d'éclatantes victoires dans les fastes des empires.

Le matin même, les femmes désignées pour aller au-devant de l'évêque de Liége s'étaient réunies pour décider à qui reviendrait l'honneur d'offrir au saint prélat la palme d'or que lui donnait la ville, et après une courte délibération, ayant pour but de choisir la plus digne, tous les suffrages s'étaient réunis sur madame Roosendal.

L'évêque devant faire le lendemain son entrée dans la ville, la palme devait être apportée à Madeleine le soir même, en cérémonie.

Le second évènement, quoique plus modeste, ne jetait pas moins de joie dans la maison : c'était la signature du contrat de mariage de Christian et de Sabine, signature qui devait avoir lieu dans la soirée et pour laquelle les serviteurs de Guillaume Roosendal faisaient dans le grand salon rouge les préparatifs dont nous venons de parler.

On peut affirmer à coup sûr que Christian n'était pas plus heureux ce jour-là que Zora et Pepito, et il est également certain que Madeleine était moins fière que Marthe et Périne du triomphe qui plaçait si haut et consacrait si éloquemment sa vertu aux yeux de tout Anvers.

Chacun de ces quatre individus témoignait sa joie à sa façon : Pepito et Zora riaient sans cesse comme deux enfants; Marthe essuyait souvent ses yeux du coin de son tablier, et Périne se rengorgeait avec un sentiment d'importance et d'orgueilleuse modestie.

Ils causaient entre eux de la magnifique fête que donnaient leurs maîtres à l'occasion de cette signature de contrat, et à laquelle les principaux habitants d'Anvers, nobles et bourgeois, avaient été invités, quand le bruit d'un timbre les fit tressaillir.

— C'est pour nous, dit Périne, qui devint toute rouge d'émotion.

Elle étala coquettement les plis de ses jupons, lissa ses bandeaux, raffermit sa large coiffe sur sa tête et dit d'un air résolu :

— Allons!

Et elle sortit du salon, suivie de Marthe, de Zora et de Pepito, non moins ému qu'elle.

Ils entrèrent bientôt dans la petite pièce qu'affectionnait madame Roosendal et où ils travaillaient tous les soirs, groupés autour d'elle.

Là se trouvaient réunis, devant une table chargée de divers objets, le comte de Nuyter, Sabine, monsieur et madame Roosendal et Christian.

Madeleine se leva en les voyant entrer ; elle seule était pâle et sérieuse au milieu de toutes ces figures rayonnantes de plaisir ou émues par le bonheur.

— Mes enfants, leur dit-elle de sa voix grave et pénétrante, car vous aussi vous êtes nos enfants, vous aussi vous prenez votre part de toutes nos joies et de toutes nos douleurs ; mes chers enfants, embrassez la jeune maîtresse qui vient habiter parmi nous et qui, elle aussi, vous demande vos soins et votre affection.

Sabine s'était levée; elle fit les premiers pas au-devant de Périne qui, un moment intimidée, s'avança à son tour et l'embrassa.

Pepito, Marthe et Zora suivirent l'exemple de Périne, puis Sabine leur fit cadeau à chacun de différents objets de toilette; le comte de Nuyter y joignit quelques bijoux en argent, et ils se retirèrent tous quatre enchantés, ravis, mais encore plus heureux à coup sûr des paroles amicales qu'ils venaient d'entendre, que des présents qu'ils avaient reçus.

Cependant la joie de Pepito n'était pas sans mélange ; la pâleur et la tristesse de Madeleine lui causaient une profonde affliction et presque un remords, car la cause de l'angoisse sous laquelle son âme semblait brisée n'était autre que les papiers qu'il avait tenus un moment entre ses mains et qu'il s'était laissé enlever, ce qu'il se reprochait très-vivement, quoiqu'il n'eût pas été en son pouvoir de s'y opposer.

Mais ce tort involontaire, il avait l'espoir de le réparer.

Convaincu qu'en dépit de la douleur qui absorbait toutes

ses facultés, madame Roosendal ne manquerait pas, selon son habitude, et ce jour-là surtout, de visiter la maison pour s'assurer que tout y était dans l'ordre le plus parfait, Pepito laissa Zora avec Marthe et Périne, et vint guetter le moment où sa maîtresse quitterait le petit salon.

Il rôdait là depuis près de dix minutes, lorsqu'il la vit sortir.

XXVII

L'ESPION DE PHILIPPE II.

Pepito laissa madame Roosendal s'avancer de quelques pas dans un corridor étroit, entièrement désert à cette heure et très-commode pour un entretien qui ne devait pas être entendu ; puis s'approchant aussitôt d'elle :

— Chère maîtresse, lui dit-il, vous seule aujourd'hui n'êtes pas heureuse, et je sais pourquoi.

Madame Roosendal sourit tristement.

— Non, mon pauvre Pepito, tu ne peux soupçonner la cause de ma douleur, dit-elle.

— Non-seulement je la connais, reprit le Bohême, mais, si le bon Dieu me seconde, j'espère y mettre fin aujourd'hui même.

— Cet espoir seul me prouve que tu ignores la source de mon chagrin, répondit Madeleine.

— La reconnaissance et le dévouement sont deux sentiments bien forts ; ils donnent de la pénétration à l'esprit le plus humble et de la puissance à l'être le plus obscur. Ce qui vous accable à cette heure, ce qui vous rend presque insensible à l'hommage que vous recevez de toute une ville et au bonheur même de votre fils, de ce fils qui est tout pour vous, c'est l'arrestation du chevalier de Soulas ; c'est la crainte de voir tomber aux mains de la senora Cornélia les papiers qui sans doute compromettent votre enfant et l'exposent au cruel supplice infligé l'autre jour aux deux frères de Sterbeck.

Madeleine regardait le Bohème avec un mélange d'attendrissement et d'admiration.

— Tu as deviné tout cela, Pepito, s'écria-t-elle enfin, en lui saisissant la main avec force.

Pepito lui raconta en quelques mots toutes les circonstances qui l'avaient conduit à la découverte de la vérité, et lui révéla dans ce récit la véritable cause de sa blessure, qu'il avait attribuée à une dispute avec un laquais, quand elle l'avait interrogé à ce sujet.

Madame Roosendal n'apprit pas sans une vive émotion avec quelle touchante sollicitude elle était surveillée par le pauvre Bohême, quand elle s'aventurait seule, par la nuit, au milieu des rues d'Anvers, sans calculer les dangers de toute nature auxquels l'exposait cette imprudence.

— Et c'est pour moi, dit-elle, que tu as reçu ce coup de poignard, qui pouvait t'atteindre au cœur aussi bien qu'à l'épaule!

— Oh! s'écria Pepito, ce n'est rien que cela, il faut bien autre chose pour m'acquitter envers vous ; et quand je vous donnerais ma vie, n'avez-vous pas sauvé celle de ma pauvre et chère Zora, en la recueillant sanglante au milieu de la rue! n'avez-vous pas fait plus encore en nous donnant place à votre foyer, à nous misérables Bohêmes, repoussés et méprisés de tous! Ne vous devons-nous pas d'être arrachés tous deux à la misère, à la vie de hasard qui pouvait nous conduire Dieu sait où, au gibet peut-être! Aussi, je vous le jure, mon cœur saigne quand vous souffrez, chère maîtersse ; et, pour que votre bonheur ne soit pas troublé ce soir par la pensée du danger qui plane sur votre fils, je vais tout tenter pour reprendre les papiers qui causent votre inquiétude.

— Ah! si tu pouvais faire cela, Pépito!

Elle reprit aussitôt d'un air découragé :

— Mais quel espoir! comment saurais-tu où ils sont, et d'ailleurs à quoi te servirait de le savoir!

— Quant à cela, j'y ai ruminé depuis hier et j'ai imaginé un moyen... enfin c'est mon affaire. Mais ce n'est pas tout nous avons encore autre chose à craindre.

— Quoi donc? demanda vivement Madeleine.

— Supposons les papiers en notre pouvoir, reste le chevalier de Soulas, qui est brave, plein d'honneur et d'energie, je le crois, mais auquel la question peut arracher les secrets qu'il a juré de taire. Or, la tigresse espagnole a donné ordre au bourreau je l'ai entendu, d'épuiser sur le gentilhomme les tortures les plus raffinées, jusqu'à ce qu'il eût nommé ses principaux complices.

— Mon Dieu! mon Dieu! soupira Madeleine, dont les traits se décomposèrent à la révélation de ce nouveau péril.

— Remettez-vous chère maîtresse, lui dit vivement Pepito si je vous ai parlé de cet autre danger, c'est que j'espère aussi pouvoir le conjurer.

— Mais tu es donc l'ange gardien de mon enfant! s'écria Madeleine dans un élan de reconnaissance.

— Moi, un ange! oh! non, dit Pepito, mais qui sait si je ne suis pas un des instruments choisis par le bon Dieu pour vous récompenser de tout ce que vous avez fait de beau et de bien sur cette terre! Mais le temps presse; j'ai bien des choses à faire, bien des ruses à imaginer, bien des obstacles à vaincre; adieu, maîtresse.

Et il quitta madame Roosendal.

Après avoir changé ses vêtements neufs contre les espèces de haillons dont il était couvert le jour où sa bonne étoile avait mis Madeleine sur son chemin, il se dirigea vers l'hôtel du Conseil des Troubles.

Comme il entrait dans la cour où Zora avait souffert un si cruel supplice, il se trouva tout à coup en face de Cornélia.

— Eh! mais, dit celle-ci en le toisant avec mépris, je te reconnais, tu es ce misérable Bohême dont j'ai fait fouetter la femme et qui avait si énergiquement juré ma perte, n'est-ce pas?

— Je ne puis le nier, répondit Pepito en courbant la tête.

— Et, dis-moi, ajouta-t-elle en ricanant, persistes-tu dans tes projets de vengeance?

— Hélas ! répondit Pepito du ton le plus humble, le ver de terre, écrasé par la patte du lion, songe-t-il à se venger du roi des animaux ! J'avais parlé sous l'inspiration de la colère et je n'ai pas tardé à reconnaître ma folie.

— Et sais-tu bien, païen infâme ! que je te ferai mourir sous les verges, toi et ta misérable compagne, si vous ne vous hâtez tous deux de vous convertir au culte du vrai Dieu.

— Votre Seigneurie, répliqua le Bohême, avec une ironie dont il ne fut pas maître, apprendra sans doute avec joie qu'elle n'aura plus à exercer contre nous des rigueurs qui répugnent à son caractére ?

— Que veux-tu dire ?

— Je veux dire, senora, que madame Roosendal, notre maîtresse, nous fait instruire tous deux dans la religion de votre Dieu, de ce Dieu qui commande, avant toutes choses la douceur et l'humilité ; hier pour la première fois, nous avons été entendre la messe.

— C'est bien, répondit Cornélia avec un léger froncement de sourcil, tâche que cette conversion soit sincère, et souviens-toi qu'à mes yeux l'apostasie est le pire de tous les crimes.

Et elle le quitta en lui lançant un regard plus menaçant encore que ses paroles.

— Misérable et orgueilleuse créature ! murmura Pepito en la suivant de l'œil ; non, non, je n'ai pas renoncé à ma vengeance, et avant que la trace du fouet de tes bourreaux se soit effacée de la chair de Zora, ta perte sera accomplie, j'en fais de nouveau le serment solennel. Tu creuses l'abîme dans lequel doit crouler la puissance du duc d'Albe, et, tout entière à ton œuvre, tu ne te doutes pas que je fais le même travail sous tes pieds.

Quand Cornélia eut disparu, Pepito se dirigea vers la partie la plus sombre du bâtiment.

C'était de ce côté que se trouvait la salle basse dont on avait fait la prison du chevalier de Soulas.

— Eh bien ! senor Pompeo, dit-il au geôlier qui se promenait tristement devant la porte du cachot, commencez-vous à vous plaire ici ?

Le geôlier le regarda et finit par le reconnaître pour avoir causé quelques instants avec lui, pendant la fête donnée par don Gonzalvo, et une heure après l'arrestation du chevalier.

— Tiens, dit-il en examinant son costume de Bohême, je croyais que vous faisiez partie des domestiques de don Gonzalvo.

— Vous étiez dans l'erreur, senor, je suis au service du roi Philippe II, en qualité d'espion.

Le geôlier s'inclina.

— Et je suis chargé de mettre votre incorruptibilité à l'épreuve.

— Hein! fit le geôlier avec effroi, aurais-je le malheur d'avoir perdu la confiance de la senora?

— A vrai dire, mon pauvre Pompeo, vous me faites tout l'effet de marcher droit à une disgrâce.

— Santa-Maria! Comment ai-je pu mériter ce malheur?

— On vous accuse d'avoir témoigné de la compassion pour le prisonnier.

— Moi! miséricorde! c'est de la calomnie, senor, je vous jure que je suis incapable d'un pareil sentiment.

— Ce n'est pas ce que disait tout à l'heure à la senora un certain... je ne me rappelle pas son nom, mais à coup sûr c'était un ennemi. Voyons, vous connaissez-vous quelque ennemi de ce côté?

— Ce doit être Pedro Nunez, s'écria le naïf geôlier.

— Nunez, c'est cela! dit vivement Pepito.

— Je suis un homme perdu, dit Pompeo.

— Du moins, vous l'étiez sans moi.

— Comment cela?

— On doit faire subir au prisonnier une nouvelle question, n'est-ce pas? demanda Pepito.

— Dans une heure, et celle-là sera si terrible que les bourreaux en frémissent eux-mêmes.

— Pour que l'effet en soit plus efficace encore, reprit le Bohême, la senora Cornélia a imaginé de mêler aux aliments du chevalier une substance qui a pour propriété d'énerver le corps et de détruire l'énergie morale.

— Superbe idée! s'écria Pompeo, voulant faire preuve de zèle.

— Cette substance, dit Pepito, on l'a mêlée à son pain, mais comme c'est vous qui lui portez sa pitance de chaque jour. Nunez, oui, c'est bien son nom, Nunez a prétendu que votre sympathie bien connue pour le gentilhomme français vous pousserait à substituer un pain ordinaire à celui dont on attend un résultat si important.

— C'est affreux! mais on veut ma perte! on a juré ma mort! s'écria l'infortuné geôlier en s'arrachant les cheveux.

— Heureusement j'étais là; je fis observer à la senora Cornélia qu'il me paraissait de toute justice de tenter une épreuve avant de vous condamner; elle y consentit et me chargea de vous apporter le pain préparé.

— Vous l'avez? s'écria Pompeo.

— Le voilà, répondit le Bohême, en tirant le pain de dessous son manteau.

— Donnez, je veux le lui porter à l'instant même et devant vous, pour que vous puissiez témoigner de mon zèle à la senora.

— Soit, donnez-le lui en lui disant qu'il fera bien de manger de suite pour avoir la force de subir la terrible question; je vous ferai honneur de cette idée vis-à-vis de la senora.

— Merci, s'écria Pompeo.

Il entra dans la prison.

Le chevalier de Soulas était étendu sur la dalle nue, retenu au milieu du corps par une chaîne de fer dont l'autre extrémité était scellée dans une colonne de granit, les pieds attachés l'un à l'autre, les mains libres depuis que Jean Christophe lui en avait broyé une.

Cette main n'avait pas été enveloppée, et au moment où Pompeo entra dans sa prison, le chevalier contemplait machinalement cet amas informe de chair, d'os, de muscles et de sang, si parfaitement pétris et fondus l'un dans l'autre par l'instrument de torture, qu'il eût été impossible de dire ce que c'était que ce hideux objet, s'il eût été détaché du poignet.

Le Français était d'une pâleur livide, les horribles souffrances qu'il avait endurées avaient décomposé ses traits, ébranlé son moral et éteint son regard.

Cependant, en entendant entrer dans sa prison, il releva vivement la tête, et son visage prit tout à coup une expression pleine de fierté et de défi.

— Que me veux-tu? demanda-t-il à Pompeo avec un calme dédaigneux.

— Je vous veux plus de bien que n'en mérite un hérétique, répondit le geôlier avec une dureté qui ne devait pas être dans ses habitudes, car le chevalier le regarda d'un air surpris.

— Pauvre homme! murmura-t-il, tu es plus à plaindre que moi, car la misère te force à jouer un rôle contre lequel ton cœur se révolte.

— Du tout, ne dites pas cela, s'écria Pompeo, de manière à faire parvenir ses paroles jusqu'à Pepito, n'allez pas faire croire que je puisse éprouver la moindre compassion pour les ennemis du roi et de la religion.

Un triste et douloureux sourire effleura les lèvres du prisonnier.

— Est-ce que la senora Cornélia serait par ici? dit-il en tournant à demi la tête du côté de la porte.

— Du tout, et je n'ai pas besoin de la présence de la senora pour faire mon devoir, répliqua le geôlier en élevant de plus en plus la voix.

— Pauvre homme! soupira le chevalier.

Il reprit d'un ton plein de douceur :

— Enfin, que me veux-tu?

— Eh bien, je vous apporte votre pain.

— C'est bien, dépose-le là, ou remporte le, à ta guise, car je n'y toucherai pas.

— Comme vous voudrez, dit Pompeo, mais je veux bien vous prévenir que vous allez subir aujourd'hui une torture en comparaison de laquelle celles que vous avez endurées jusque-là ne sont que des piqûres d'épingle.

— Eh bien? demanda froidement le chevalier.

— Eh bien, il me semble que si vous vous laissez jeûner,

vous n'aurez guère de force pour supporter la question.

Et Pompeo, en parlant ainsi, déposait le pain à côté du chevalier.

Celui-ci le prit dans sa main gauche, et le broyant sous ses doigts musculeux, il allait le lancer à la figure de Pompeo, quand il crut sentir quelque chose qui résistait.

Frappé de cette particularité, il se contint tout à coup, posa doucement le pain à terre et dit à Pompeo :

— Tu as raison et je te remercie, il me faut des forces pour pouvoir braver la douleur.

Le geôlier sortit et revint près de Pepito, enchanté de son succès.

Pepito entama alors avec lui une longue conversation dans laquelle il lui promit ses bons offices près de Cornélia, mais dont le but réel était de l'empêcher de retourner près du prisonnier.

Pendant ce temps, celui-ci s'empressait de briser le pain apporté par Pompeo.

Il reconnut alors que l'objet qui avait résisté sous ses doigts était une fiole remplie d'une liqueur noire.

A la fiole était joint un billet contenant quelques lignes ainsi conçues :

« On a résolu de vous faire mourir dans les plus horribles tortures; un ami vous envoie dans cette fiole une mort rapide et sans souffrance: choisissez... Faites disparaître le papier et le flacon. »

XXVIII

ANGOISSES MATERNELLES.

Au bout d'une heure d'entretien, Pepito quitta le geôlier et se rendit dans le corps de bâtiment occupé par les soldats.

— Maintenant, dit-il, que la mort du chevalier nous garantit contre toute crainte de révélation, passons aux papiers.

Il montra à quelques Espagnols qui se trouvaient là, l'ornement qu'il avait arraché de l'uniforme, la veille, déclara l'avoir trouvé le matin dans une rue et demanda à qui il appartenait.

Un soldat s'avança aussitôt et le réclama.

C'était un homme au teint basané, aux traits accentués, au regard dur et presque féroce. Il prit, ou plutôt il arracha des mains de Pepito l'objet que celui-ci lui rapportait, puis il lui tourna le dos, et se dirigea vers sa chambre, car c'était l'heure de la sieste, et la chaleur étant extrême, les Espagnols ne l'oubliaient pas.

Cette circonstance entrait pour beaucoup dans les calculs de Pepito.

Il se retira sans témoigner le moindre ressentiment contre le soldat qui venait de le traiter si brutalement et se promena quelque temps dehors.

Il revint au bout d'une demi-heure environ et ne trouva plus dans la cour qu'une sentinelle; tous les soldats faisaient la sieste.

Pepito pria la sentinelle de lui indiquer la chambre du soldat auquel il venait de remettre un fragment de son uniforme, disant que par une inconcevable distraction, il ne lui avait rendu qu'une partie de ce qu'il avait trouvé.

Un instant après il arrivait devant la porte de cette chambre. Elle était entr'ouverte, et Pepito, se rappelant ses anciennes habitudes de Bohême, entra avec de telles précautions, que l'oreille la plus fine n'aurait pu saisir le bruit de ses pas. On eût dit qu'il marchait pieds nus sur la mousse.

Gil Munos, c'était le nom du soldat, ronflait à ébranler les vitres.

Pepito prit son stylet d'une main, puis s'approchant du seul meuble qu'il y eût dans la chambre, il le fouilla entement, patiemment, sans faire le moindre bruit, et portant sans cesse ses regards sur le soldat, qu'il était bien décidé à frapper au cœur, s'il venait à s'éveiller.

Mais ce danger n'était pas à craindre et Pepito en fut bientôt convaincu.

Enfin, ses doigts touchèrent un objet dans lequel il reconnut aussitôt le rouleau qui était passé si rapidement de ses mains dans celles de l'homme auquel il le reprenait à son tour.

Pepito glissa les papiers sous ses vêtements, sortit avec les mêmes précautions qu'il avait prises pour entrer, puis une fois dans la rue, s'élança, toujours courant, jusqu'à la maison de madame Roosendal.

Madeleine guettait son retour.

— J'ai réussi, lui dit-il, dès qu'ils furent seuls, le chevalier ne parlera pas.

— Qui peut te donner cette assurance?

— Il doit être mort à l'heure qu'il est.

— Et les papiers? demanda Madeleine, avec cet immense égoïsme de la mère qui ne voit au monde que son enfant.

— Les voilà.

Madeleine les saisit d'une main convulsive et les déroula à la hâte.

Mais alors elle et Pepito restèrent tous deux stupéfaits et atterés ; ces papiers étaient tout blancs.

Ils ne contenaient que ces deux lignes, écrites au bas d'un feuillet. :

« Monsieur le comte Popoli, il se peut que vous découvriez qui je suis; en ce cas, je m'attends à une trahison et je prends mes précautions. Vous ne trouverez pas les vrais papiers, ceux qui contiennent la liste des conjurés; ceux-là, il faudra me les payer. »

Madame Roosendal était blanche comme une morte et comme foudroyée par le désespoir.

— Reprenez courage, lui dit Pepito, tout n'est pas encore désespéré.

La maison de Guillaume Roosendal était prête à recevoir les nombreux invités qui, dans une heure, allaient encombrer ses galeries et ses salons. Madeleine, avec ce courage que trouvent seules les femmes dans leurs plus grands désespoirs, avait passé en revue toutes les pièces, saisissant d'un coup d'œil jusqu'aux détails les plus minutieux, réparant quelques négligences échappées à la vigilance de Périne, donnant une physionomie plus noble ou plus gracieuse aux embellissements qu'elle avait imaginés.

Mais ce courage n'allait pas jusqu'à rendre à ses traits l'expression calme et reposée qui faisait un de ses plus grands charmes ; elle n'essayait même pas de sourire, tant elle se sentait pâle et défaite, tant elle comprenait que le moindre effort pour dissimuler sa douleur allait faire déborder le torrent de larmes et de sanglots qui roulait dans son cœur !

C'est qu'elle renonçait enfin à l'espoir de posséder cette liste fatale qui était l'arrêt de mort de son fils, si elle tombait entre les mains de leurs ennemis, et peut-être la tenaient-ils déjà! peut-être le marché dont il a été question plus haut avait-il été conclu entre le soldat et le comte Popoli ; et quelle pitié attendre de l'homme qui avait eu l'odieux courage d'assister au supplice des deux infortunés qu'il appelait ses amis le veille, et dont la sœur était sa fiancée !

Aprés s'être inutilement creusé la tête pour trouver un moyen de découvrir la cachette où Gil Munos avait mis en sûreté les précieux papiers, Pepito s'était vu obligé d'y renoncer. Madeleine alors se rappelant les lignes écrites par le soldat et pensant qu'il serait facile de tenter sa cupidité, avait eu l'idée de lui demander ces papiers en échange d'une forte somme.

Mais Pepito l'avait dissuadée de ce projet en lui faisant observer qu'il y avait tout à craindre d'un misérable tel que ce Gil Munos, et que, dans le cas très-probable d'une trahison de sa part, cette démarche équivalait à une véritable dénonciation contre Christian.

La prudence exigeait donc que Madeleine attendît le coup sans faire un pas pour s'y soustraire, quand elle éprouvait un irrésistible besoin de déployer toutes les ressources de son intelligence et toute l'énergie de son âme pour sauver la vie de son enfant.

Il serait difficile de se faire une idée des souffrances qui la torturaient et que redoublait encore la contrainte qu'elle était obligée de s'imposer vis-à-vis de son fils et de son mari. Le moindre bruit, l'incident le plus insignifiant, quelques voix retentissant dans la rue, cinq ou six soldats causant devant sa porte, lui faisaient croire qu'on venait arrêter son fils, la jetaient dans des transes folles.

Brisée à la fin par tant d'émotions, elle sentit que sa raison allait se perdre dans cet abîme de douleur, si elle ne trouvait quelque moyen d'en arrêter la violence. Après quelques minutes de réflexion, elle leva vers le ciel un regard brûlant, laissa échapper comme un cri d'espérance, jeta sa mante sur ses épaules et sortit d'un pas rapide.

Un instant après, elle entrait dans l'église qui s'élevait à peu de distance de sa maison.

Quoiqu'il fît encore jour au déhors, un vague crépuscule commençait à assombrir les bas-côtés de la nef, un profond silence régnait dans l'église, dont les pas d'un prêtre, qui se traînait lentement sur les dalles polies, troublaient seuls le calme religieux.

Madeleine s'arrêta près d'un pillier; sous ces voûtes élevées, dans ces demi-ténèbres où palpitait un insensible écho, mystérieuse harmonie qu'on eût prise pour le rêve des orgues, dont les gigantesques tuyaux jetaient au loin de pâles reflets, elle sentit se dissiper, comme par enchantement, l'agitation fiévreuse qui la dévorait, et quelque chose de pur et de frais descendit dans son âme, comme une émanation du souffle divin qui semblait flotter dans l'atmosphère de l'église.

Elle s'agenouilla dans le coin le plus sombre, éleva son âme à Dieu dans une ardente prière, et se releva rayonnante de sérénité. Une voix intérieure avait répondu à son éloquente supplication et lui avait promis le salut de son fils. Elle rentra chez elle avec le calme et la force qui naissent d'une foi profonde.

Guillaume Roosendal et Christian s'étaient aperçus de son absence, et déjà vivement inquiétés par l'inexplicable révolution qui s'était opérée en elle depuis deux jours, par le souvenir des continuelles distractions qui tranchaient si clairement avec la lucidité toujours si nette de son esprit, ils attendaient son retour avec une vive anxiété.

Christian ne comprenait pas plus que son père la cause du changement qui s'était opéré chez Madeleine.

Don Gonzalvo et Cornélia ayant tenu secrète l'arrestation du chevalier de Soulas, et madame Roosendal ayant supplié son fils de s'abstenir quant à présent de se montrer chez le chevalier, dont la maison devait être surveillée, Christian ignorait la vérité et cherchait ailleurs le motif du profond chagrin auquel sa mère paraissait en proie.

En la voyant rentrer calme et presque souriante, le père et le fils, heureux de voir se dissiper les noirs pressentiments qui leur étaient venus à l'esprit, l'embrassèrent avec effusion, et M. Roosendal se contenta de la gronder doucement de les avoir inquiétés en sortant sans les prévenir, au moment même où sa présence était indispensable à la maison.

— Oh! ne me grondez pas, répondit Madeleine : j'avais emporté une tristesse mortelle, et je reviens heureuse, mais tout à fait heureuse.

— J'en suis ravi, ma mère, s'écria Christian, car c'est aujourd'hui surtout que je serai heureux de vous voir belle et gracieuse entre toutes.

— Enfant! lui dit Madeleine avec son beau et doux sourire d'autrefois.

Puis elle les envoya tous deux dans le grand salon, où devait avoir lieu la signature du contrat, et se rendit elle-même dans la salle à manger, où les deux servantes, toujours aidées par Zora et Pepito, chargeaient des plats d'argent de sucreries et de pâtisseries.

— Marthe, dit madame Roosendal à l'une des deux servantes, tiens-toi dans le vestibule, et tu viendras me prévenir dès que nos invités se présenteront.

Marthe sortit pour exécuter l'ordre de sa maîtresse.

Madeleine la remplaça dans l'occupation qu'elle venait de quitter.

Si étrange que cela puisse paraître, Madeleine sentit se

dissiper les craintes qui, pendant deux jours avaient bouleversé son cœur et menacé d'ébranler sa raison, quoique rien ne fût venu atténuer la gravité du danger et justifier l'espoir auquel elle s'abandonnait avec tant de confiance. C'est qu'elle subissait en ce moment l'influence des principes religieux et de la foi aveugle qu'elle portait au fond du cœur, et, de même que sa raison s'humiliait sans hésiter devant les impénétrables mystères qu'elle ne pouvait comprendre, elle ne voulait pas mettre en doute la promesse mystérieuse qui avait éclaté dans son cœur au moment où, inclinée devant Dieu, elle appelait sur son fils sa protection toute-puissante.

Madeleine félicitait Zora et Pepito de leur aptitude à un genre d'occupations entièrement étranger à leurs habitudes d'autrefois, quand Marthe vint lui annoncer l'arrivée d'un invité.

— Quel est-il? demanda Madeleine.

— C'est le comte Popoli, répondit Marthe.

Ce nom fit tressaillir madame Roosendal; mais la réflexion la rassura aussitôt.

Parmi les Espagnols de distinction qu'elle avait invités à sa fête, elle s'était bien gardée d'oublier le comte et la comtesse de Ristaël, non plus que le comte Popoli, qui tenait peut-être à cette heure la vie de son fils entre ses mains; puis elle s'était dit que, si ce dernier avait en son pouvoir la liste fatale, il ne viendrait pas à coup sûr en ami au sein d'une famille qu'il allait frapper au cœur quelques heures après.

Ce fut donc un sentiment de joie et d'espérance qui succéda en elle à l'effroi qu'elle avait ressenti d'abord au nom qui résumait en lui seul toutes ses transes, toutes ses terreurs et toutes ses larmes de mère.

— Le comte et la comtesse de Ristaël sont sans doute avec lui? demanda Madeleine.

— Non, Madame, répondit Marthe.

— Il est seul?

— Tout seul.

Madeleine s'étonna que la comtesse n'eût pas accompagné

son frère, et en éprouva même quelque contrariété, non qu'elle ressentît aucune sympathie pour Régina, dont la mise extraordinaire, les façons étranges et la vie indépendante justifiaient à ses yeux le reproche de légèreté qu'on lui adressait; mais elle avait cru remarquer, chaque fois qu'elle sortait ou qu'elle paraissait à la fenêtre, que les yeux de la belle comtesse s'attachaient sur elle avec une expression d'intérêt et presque d'admiration, et elle eût vu en elle une puissante protection en cas de danger.

— Je vais recevoir moi-même le comte Popoli, dit Madeleine.

— C'est précisément après vous qu'il a demandé, répliqua Marthe.

— Ah! fit Madeleine un peu soucieuse.

Elle reprit après un moment de silence :

— Je l'ai déjà trop fait attendre, j'y vais.

Et elle se rendit au salon où l'attendait Paolo.

On s'étonnera peut-être que Régina, qui désirait si vivement connaître madame Roosendal et pénétrer dans son intérieur, n'eût pas saisi avec empressement cette occasion de se lier avec elle. C'est Paolo qui s'y était opposé.

— Ma chère Régina, lui avait-il dit, comprenez-vous bien qu'en ce moment vous êtes perdue sans retour, si je ne trouve quelque moyen de vous tirer d'embarras!

— Je n'hésite pas à en convenir, répondit Régina, et j'ajoute que je ne m'en inquiète nullement, pour trois raisons : la première, c'est que ma liaison avec le prince Sylvio est d'une innocence irréprochable, ce qui me range tout de suite dans la classe si intéressante des martyrs; la seconde, c'est que la vie à deux, quand elle n'est pas un grand charme est un immense fardeau, et je préfère mille fois ma misère passée avec son imprévu, à ma splendeur actuelle avec son accablante monotonie; et la troisième, enfin, c'est que votre avenir dépendant de la preuve de mon innocence, je suis bien décidée à me reposer entièrement sur vous du soin de trouver cette preuve, à ne songer qu'à me distraire et à vous laisser tous les soins, toutes les fatigues et tous les soucis de cette affaire.

— Je vous reconnais là et j'accepte le marché, avait dit Paolo, mais je ne vous demande qu'une seule chose, c'est de ne pas m'entraver dans mes efforts, et, attendu qu'il est impossible de prévoir les écarts auxquels peut se livrer votre imagination, je vous supplie de vous astreindre à demeurer chez vous deux jours seulement.

— Et à dater de quelle époque dois-je m'imposer cette contrainte?

— A dater de la minute même où je vous parle.

— Ainsi je devrai me priver d'assister à la fête de madame Roosendal.

— Oui, et à cette condition, je m'engage à vous faire inviter par madame Roosendal à passer toute une journée avec elle et sa famille.

— J'accepte, dit vivement Régina, car plus que jamais, depuis la fête de Cornélia, je veux la voir et l'étudier de près. Je ne saurais dire au juste le sentiment qu'elle m'inspire, mais un irrésistible attrait m'attire vers elle.

Paolo était absorbé dans les plus graves réflexions, lorsque Madeleine entra dans le salon où il avait été introduit.

— Monsieur le comte, lui dit-elle en l'abordant, laissez-moi vous remercier de votre gracieux empressement, car vous êtes le premier arrivé de nos invités.

— Je le sais, madame, et j'avais mes raisons pour cela, répondit gravement Paolo.

— Ah! fit madame Roosendal.

Elle commença à ressentir quelques craintes.

— Vous êtes bien pâle, madame, reprit Paolo en se rapprochant d'elle et la regardant avec une fixité qui lui glaça le cœur.

— Mais, balbutia-t-elle...

— Voulez-vous que je vous dise la cause de cette émotion, reprit Paolo en plongeant dans ses yeux son regard inquisiteur.

Madame Roosendal leva sur lui un regard troublé et ne répondit pas.

— Vous tremblez, madame, asseyez-vous donc, dit Paolo en lui avançant un siége.

Madeleine se laissa tomber sur ce siége, regardant toujours Paolo et cherchant à deviner sa pensée sur son visage.

Paolo alla fermer la porte, revint s'asseoir près de Madeleine, et baissant la voix :

— Madame, lui dit-il, vous avez un fils?

— C'est de lui que vous venez m'entretenir! s'écria Madeleine palpitante d'effroi.

— Ce fils, poursuivit Paolo, est jeune, ardent, insoucieux du danger et prêt à se jeter dans toutes les conspirations dirigées contre les oppresseurs de son pays?

— Grand Dieu! s'écria Madeleine hors d'elle-même; le chevalier de Soulas a parlé... Oh! dites, dites-moi tout, comte Popoli.

— Rassurez-vous, madame, le chevalier n'a pas parlé, il est mort en héros, sans trahir un seul de ses complices.

— Mais mon fils! mon fils! dit Madeleine, en mère impitoyable, qui n'a de cœur et d'entrailles que pour son enfant en péril.

— Le chevalier a gardé un silence héroïque, je vous le répète, mais il existe un papier...

—Oh! ce papier fatal! s'écria la pauvre mère, en se frap-le front avec égarement.

— Il a échappé aux gens qui se sont emparés du chevalier, et je vous jure que c'est heureux pour votre fils, car sa signature se trouve en tête de la liste des conjurés, circonstance qui l'eût signalé d'une façon toute particulière aux inexorables vengeances de la senora Cornélia.

XXIX

UN SAUVEUR.

Madeleine se leva brusquement.

— Oh! vous m'épouvantez, monsieur le comte, vous m'épouvantez, s'écria-t-elle en marchant de long en large avec des gestes d'insensée.

— Je ne puis vous le dissimuler, il eût partagé inévitablement le sort du chevalier, celui des frères de Sterbeck : la question dans tout ce qu'elle a de plus horrible et de plus raffiné, et la mort au bout de vingt-quatre heures.

— Mon Dieu ! mon Dieu ! murmura Madeleine brisée par la violence de son émotion.

Paolo l'examina froidement comme si cette douleur eût été pour lui un sujet d'étude.

— Heureusement, reprit-il après un moment de silence, la Providence veillait sur votre fils, madame, et ce papier, qui eût été son arrêt de mort, est tombé dans les mains d'un ami.

— Oh ! que me dites-vous là ! dit madame Roosendal en relevant la tête et se ranimant tout à coup à cette parole.

— L'exacte vérité.

— Vous ne me trompez pas?

— Je vous le jure.

— Mais cette homme?

— L'homme qui tient ce papier en son pouvoir...

— Eh bien ! demanda Madeleine en le dévorant du regard.

— Cet homme, c'est moi ! moi qui ai résolu de le sauver.

— Sauvé ! mon fils, sauvé ! s'écria-t-elle avec l'explosion d'une joie immodérée. Oh ! mon Dieu ! c'est trop de bonheur.

— Maintenant, madame, il me reste à vous recommander une prudence et une circonspection de tous les instants, car la senora Cornélia cherche les conjurés avec un acharnement que rien ne pourra décourager ; elle est profondément habile et l'ambition la rend féroce, défiez-vous d'elle. Elle est déjà sur la piste de la vérité et si elle vient ici ce soir, c'est que son flair lui aura révélé une proie.

— Vierge Marie ! si elle soupçonnait mon Christian !

— Ne vous effrayez pas trop, eût-elle les plus violents soupçons, elle ne peut rien contre lui sans cette pièce, que je tiens entre mes mains, et qui n'en sortira, je vous le jure, que pour passer dans les vôtres.

— Ah ! vous êtes notre sauveur !

— Ce papier, je ne l'ai pas sur moi, vous comprenez qu'on ne transporte pas de pareilles pièces sans d'extrêmes précautions, mais demain je vous l'apporterai.

— Mon Dieu, dites-moi donc ce que je puis faire, non pour m'acquitter envers vous, cela est au-dessus de mes forces, mais pour reconnaître autant qu'il sera en mon pouvoir, le service immense que vous me rendez aujourd'hui et pour lequel je vous bénirai toute ma vie.

— Justement, madame, répondit Paolo, le hasard veut que j'aie à vous demander un service au moins égal à celui que je vous rends en ce moment.

— Je suis heureuse de ce hasard; parlez donc, et croyez que rien au monde ne me coûtera pour vous prouver ma reconnaissance.

— Pour un motif que vous comprendrez plus tard, madame, je ne puis vous dire en ce moment ce dont il s'agit, mais vous le saurez dans une heure.

— Quand vous voudrez, comte Popoli, et je prends d'avance l'engagement de vous rendre, quel qu'il soit, le service que vous me demanderez.

— Quel qu'il soit, retenez cette parole, madame, dit Paolo d'un ton solennel.

Puis se levant et changeant brusquement de ton :

— Vos invités vont arriver; vos instants sont précieux; je vous quitte pour aller faire un tour de jardin.

Il sortit.

Madeleine resta seule, ivre de joie, éperdue de bonheur; elle tomba sur un siège, épuisée par tant d'émotions, et, fondant en larmes :

— Mon enfant! murmura-t-elle, mon Christian est sauvé!

Et elle demeura longtemps ainsi, faisant d'inutiles efforts pour dompter son émotion.

Comme elle commençait à reprendre un peu de calme, la porte s'ouvrit et elle vit entrer Christian et Sabine.

Le jeune homme courut à sa mère.

— Christian, mon Christian, s'écria Madeleine en embrassant avec énergie cet enfant, qu'un instant elle avait cru perdu.

— Nous avons laissé mon père au jardin avec quelques amis, dit Christian, et nous sommes accourus ensemble pour vous voir, pour vous dire toute notre joie, car vous le savez, chère mère, c'est toujours avec vous que je parle de mon bonheur. Vous êtes si bonne, si indulgente, vous comprenez si bien toutes les faiblesses, toutes les terreurs, tous les enivrements de mon amour! Oh! voyez-vous, il n'y a pas une seconde mère comme vous dans toute la Flandre.

Madeleine le baisa au front, puis le regardant avec des yeux rayonnants de bonheur :

— Ah! Sabine, ma chère petite Sabine, dit-elle, je vous préviens que vous aurez fort à faire pour me ravir tout à fait ce cœur-là, car j'y ai pris une bien belle place.

— Vous le ravir, chère mère, que le ciel me préserve de jamais concevoir une telle pensée! non; mais ajouta-t-elle avec un charmant sourire, si vous voulez, nous le partagerons.

— Voilà qui est convenu, dit Madeleine en pressant la main de la jeune fille, il est à nous deux.

— Voyons, ma mère, s'écria Christian avec transport, croyez-vous qu'il y ait au monde trois personnes dont le bonheur égale le nôtre.

— Quant à moi, répondit Madeleine, je te défie de trouver une mère aussi heureuse que je le suis en ce moment.

— Et moi... s'écria vivement Sabine.

Mais elle s'arrêta tout court, baissa les yeux et devint rouge comme une cerise.

— Oh! vous n'avez pas besoin d'achever, dit Madeleine en riant : il devine bien le reste.

— A moins que vous ne me le défendiez, Sabine, dit Christian en s'emparant doucement de sa main.

Sabine releva les yeux et lui jeta un regard qui lui permettait de tout comprendre.

Marthe vint prévenir sa maîtresse que plusieurs invités rrivaient.

— Allons, tu as raison, Christian, dit Madeleine, je crois qu'il n'y a pas sur terre de félicité aussi complète que la nôtre en ce moment. Votre bras, chère Sabine.

La jeune fille prit le bras de Madeleine. Christian les suivit, et ils se rendirent tous trois dans la galerie, où se trouvaient déjà une vingtaine de personnes.

XXX

RUSES ET COMPLOTS.

Au lieu de se rendre au jardin, comme il l'avait annoncé en quittant Madame Roosendal, Paolo était sorti de la maison et s'était engagé dans les rues d'Anvers.

Il marcha jusqu'à ce qu'il eût gagné le port, encombré de ballots en ce moment.

Il était près de minuit, le port était entièrement désert et silencieux, de sorte qu'on entendait clairement le bruit de ses pas sur le pavé.

Presqu'au même instant un bruit semblable se fit entendre dans une direction opposée, et bientôt on eût pu distinguer la silhouette d'un homme marchant droit vers Paolo.

C'était un soldat.

— Salut, comte Popoli, dit ce nouveau personnage en abordant Paolo.

Avant de répondre, celui-ci examina le soldat à la clarté douteuse que répandait la lune, couverte de nuages épais.

— Gil Munos! s'écria-t-il enfin.

— Justement, monsieur le comte, répondit le soldat.

— Et c'est toi qui as ces papiers?

— Monsieur le comte le sait mieux que personne, puisqu'il a voulu me les faire enlever.

— J'ai vu en effet cette accusation dans la lettre que j'ai trouvée ce matin dans ma chambre, mais je t'assure que tu es dans l'erreur ; si quelqu'un a voulu te ravir ces pièces, comme tu le prétends, ce n'est pas moi.

— En ce cas, c'est un autre, dit très-sérieusement Gil Munos; oh! oh! voilà qui me fait réfléchir.

— Et quel est le sujet de tes réflexions?

— Dans la crainte de quelque piége, dit le soldat j'ai

donné rendez-vous à monsieur le comte en plein air ; pour savoir s'il voulait ces papiers au prix de deux mille ducats.

— Pour la deuxième fois, je te dis que le marché me convient, et j'ai sur moi les deux mille ducats.

— Bon ! mais je vous le dis, je viens de réfléchir, et ma réflexion la voilà : puisqu'un autre que vous a tenté de me voler mes papiers, c'est que cet autre y attache aussi un grand prix ; or n'ayant pu se les approprier par la ruse, il n'est pas impossible qu'il m'en offre une bonne somme, quelque chose comme quinze ou vingt mille ducats.

— Allons donc tu es fou, mon pauvre Gil.

— Mettons que je sois fou ; cependant comme je rêve depuis longtemps de me retirer dans mon pays natal et d'y cultiver à l'aise deux petits défauts qui font le bonheur de ma vie ; comme ces deux défauts, qui sont la paresse et l'ivrognerie, coûtent fort cher quand on veut les héberger largement et que je suis décidé à ne pas lésiner avec eux, je demande dix mille ducats je n'en rabattrai pas un denier.

— Dix mille ducats, c'est beaucoup, et il me faudra au moins quelques jours pour me les procurer, dit Paolo, qui voyait dans la situation où se trouvait Régina vis-à-vis du comte l'impossibilité d'emprunter une pareille somme par son intermédiaire.

— J'attendrai dit le soldat.

— Tu n'attendras pas longtemps. Mais dis-moi, si au lieu de dix mille ducats, je t'en proposais quinze mille ?

— Je puis vous garantir que vous ne vous exposeriez pas à l'affront d'un refus. Mais je n'ai pas la fatuité de croire que vous m'offrez cinq mille ducats de plus pour mes beaux yeux ; dites-moi donc tout de suite ce que vous avez à me demander.

— Quelque chose de très-simple pour un homme résolu, comme tu me parais l'être.

— Voyons !

— Un homme, qu'il est inutile de te nommer, quant à présent, a reçu ce matin une lettre par laquelle on l'engage à se trouver seul, avec son épée, à l'entrée d'un petit bois situé à une lieue d'Anvers. Le rendez-vous est pour ce matin, au point du jour, c'est-à-dire dans quelques heures. La lettre est signée d'un nom qui inspirera toute confiance à notre homme, et lui expliquera à la fois la cause du cartel qui lui est envoyé et la nécessité d'un combat sans témoins.

— Après ? dit Gil Munos.

— Quant au reste, répliqua Paolo, je t'ai bien mal jugé, si tu ne l'as pas deviné.

— Oui, un homme résolu et une épée solide.

— Non, deux hommes et deux poignards.

— Je comprends vous n'avez pas de faux point d'honneur.

— D'abord et ensuite je tiens à ce que tu ne coures aucun danger.

— Merci.

— Eh bien, est-ce convenu ?

— C'est convenu.

— Cherche un compagnon et trouve-toi ici avec lui dans deux heures ; j'y serai.

— Vous pouvez compter sur moi.

— Je serai masqué.

— Et votre nom ne sera pas prononcé.

— Je vous accompagnerai tous deux à cent pas du rendez-vous. Allons, à bientôt.

Paolo quitta Gil Munos et revint chez Guillaume Roosendal.

Quand il y rentra, la fête était dans tout son éclat. L'aristocratie et la haute bourgeoisie d'Anvers étaient accourues à l'invitation de Guillaume Roosendal ; pas un invité n'avait manqué, hors Régina, qui ne devait pas venir pour les motifs que nous avons fait connaître plus haut, et don Gonzalvo et Cornélia, qu'on invitait par convenance, mais qui ne s'étaient montrés chez aucun particulier, quel que fût son rang, qu'il fût Flamand ou Espagnol.

Les trois salons et la galerie avaient reçu chacun sa destination. Après la signature du contrat, au bas duquel brillaient les noms de quelques gentilshommes et des bourgeois les plus notables, les trois salons avaient été abandonnés à la danse et les graves personnages qui se contentaient du plaisir plus calme de la conversation, s'étaient emparés de la vaste galerie.

La première personne que rencontra Paolo en entrant dans cette dernière place fut le comte de Ristaël, qui, avec ses traits pâles et sillonnés de rides, avec ses yeux noirs brillant d'un éclat fiévreux dans leurs orbites profondément creusés, semblait un fantôme au milieu des figures joyeuses et animées qui l'entouraient.

— Eh bien ! comte Popoli, dit le vieillard à Paolo, persistez-vous à défendre l'innocence de Régina, et prétendez vous toujours m'en donner la preuve?

— La preuve irrécusable.

— Ainsi, ce soir, au sein de cette fête, en face de cette nombreuse assemblée, un autre femme reconnaîtra, avouera publiquement que c'est elle qui s'est rendue chez le prince Farnèse, pendant la nuit et à l'heure même où Louis de Ristaël, mon neveu, dit y avoir vu entrer la comtesse Régina?

— Les choses vont se passer exactement comme vous le dites, monsieur le comte.

Le comte de Ristaël haussa légèrement les épaules et un sourire ironique contracta ses traits livides et amaigris.

— Prévenu comme vous l'êtes, convaincu de la bonne foi de votre neveu et de la réalité des preuves qu'il apporte à l'appui de sa calomnie, dit Paolo, il n'est pas étonnant que vous doutiez de ma parole; mais voulez-vous que je vous fasse une proposition, monsieur le comte?

— Parlez, dit le comte avec une indifférence méprisante.

— Supposons un moment que tout se passe comme je l'ai dit et que cette nuit même, avant une heure, l'innocence de Régina soit prouvée de manière à ne pas laisser l'ombre d'un doute dans votre esprit, ne sera-t-il pas clair alors que votre neveu se sera rendu coupable de la plus odieuse des infamies en comprемettant votre repos et votre honneur pour s'assurer de votre heritage?

— Je serais bien forcé d'en convenir, mais...

Paolo interrompit le comte.

— Laissons subsister ma supposition, et dites si, dans ce cas, vous voudriez vous engager, comme réparation envers

Regina, à chasser votre neveu et à lui interdire à tout jamais l'accès de votre maison.

— Je prends cet engagement de grand cœur, répondit le comte, d'abord parce qu'il n'est rien que je ne fisse pour être agréable à Régina, si un pareil résultat était obtenu, et parce qu'ensuite je suis certain que vous ne cherchez qu'à gagner du temps et n'avez aucun espoir de tenir votre promesse.

— Je n'ai rien à répondre, il ne me reste plus qu'à prouver, répliqua Paolo.

XXXI

SCANDALE.

L'attention de Paolo et du comte de Ristaël fut attirée en ce moment sur un groupe.

— Que se passe-t-il donc là-bas ? demanda quelqu'un derrière eux.

— Je ne sais, on fait cercle autour de Louis de Ristaël, un jeune homme dont la cervelle est un peu éventée, dit-on.

— Quelque folie de jeune homme ; voyons un peu.

Une violente émotion contractait les traits du comte de Ristaël.

— Si nous approchions de ce groupe, dit Paolo, qu'en dites-vous, monsieur le comte? Il doit se passer là quelque chose de curieux.

Le comte parut hésiter.

— Je crois deviner votre pensée, lui dit Paolo, mais vous vous trompez à coup sûr; un misérable intérêt d'argent ne saurait pousser votre neveu à jeter publiquement la honte sur un nom qui est le sien. Venez donc.

Paolo venait de dire exactement le contraire de sa pensée ; le comte le comprit et devina qu'il voyait là un moyen de perdre Louis de Ristaël dans son esprit, mais il le suivit entraîné par un sentiment aussi inexplicable qu'irrésistible.

Voilà ce qu'ils entendirent :

— Oui, messieurs, disait Louis de Ristaël, à peine arrivé à Anvers, le prince Farnèse y recommence le cours de ses galantes entreprises, et déjà l'on cite une femme qu'il aurait aussi complètement compromise que possible.

— Pardieu! messire Louis, dit un jeune homme, vous pouvez soulever le voile tout entier; vous avez promené hier la nouvelle et répandu le nom avec tant d'ardeur, que ce n'est plus un mystère pour personne et que tout le monde aujourd'hui peut nommer cette femme sans être taxé d'indiscrétion.

— On vous a induit en erreur sur ce point, répliqua Louis de l'air le plus naïf et cela est si vrai que je vous serai tout-à-fait obligé de me faire connaître ce nom que vous m'accusez d'avoir révélé.

— Quoi! vous m'engagez à le faire connaître ici même, devant tous?

— Devant tous, que m'importe à moi?

— Faut-il vous dire qu'elle est jeune?...

— Je m'en doutais bien.

— Jolie?

— Sans cela, il l'eût respectée.

— Unie à un vieil époux?

— En vérité!

— Lequel époux est gentilhomme?

— Rien n'est sacré pour ce Farnèse.

— Et un peu de votre famille.

Le comte de Ristaël fit un geste pour s'élancer au milieu du cercle de curieux qui s'était formé au tour des deux jeunes gens, et auquel venaient se joindre beaucoup de danseurs et de danseuses, prévenus de ce qui passait et attirés par l'attente de quelque curieux événement.

Paolo arrêta le vieillard.

— Rappelez-vous ma promesse, lui dit-il à voix basse, et comptez sur une brillante revanche.

Louis de Ristaël reprit après un moment de silence :

— Ah! l'époux est de ma famille! raison de plus pour que je tienne à connaître le nom de la femme; ce n'esr plus une simple curiosité; cela devient une affaire grave.

— Et il ne vous déplaît pas de l'aggraver encore, à ce qu'il paraît, dit le jeune homme, puisque vous m'excitez à dire tout haut ce nom que vous connaissz mieux que personne, que vous avez proclamé partout.

— Je vous répète qu'on vous a trompé et vous prie de nouveau...

— De dire le nom de la femme qui a été vue sortant, il y a deux jours au milieu de la nuit, de chez le prince Farnèse?

— C'est cela.

Le vide s'était fait rapidement dans les salons; les danses avaient cessé, et toute la société réunie en ce moment dans la galerie assistait à cette scène, attendant avec anxiété le nom sur lequel allait rejaillir publiquement une honte si éclatante, et prévoyant quelque tragique dénouement.

— Eh bien! vous n'osez achever, reprit Louis de Ristaël d'un ton de raillerie provoquante.

— Soit, dit le jeune homme, poussé à bout et incapable de résister à cet air de bravade, puisque vous le voulez absolument, je dirai donc que la femme dont vous proclamez la faute en tous lieux depuis hier, et que je ne fais que nommer après vous, est la comtesse de Ristaël.

Ce nom, jeté à haute voix, tomba sur le cœur du comte comme un coup de poignard. Il laissa échapper une exclamation sourde, et le silence était si profond que tout le monde l'entendit et que tous les regards se tournèrent de son côté.

— Le comte de Ristaël! murmura-t-on de toutes parts.

Et aussitôt chacun prit une autre contenance et changea l'expression de sa physionomie.

— Ah! malheureuse, malheureuse femme? dit tout bas madame Roosendal, qui avait entendu la fin de cette scène.

Le jeune homme qui venait de nommer si malencontreusement la comtesse de Ristaël espéra que le comte n'aurait saisi qu'une partie de ses paroles et tâcha de lui donner le change.

— Oui, messieurs, oui, s'écria-t-il d'un air dégagé, je déclare que la comtesse de Ristaël était ravissante à la fête de la senora Cornélia, et je persiste à dire que sa grâce et sa beauté ne pourraient qu'ajouter à l'éclat de celle-ci. Ainsi que je vous le faisais observer, la belle comtesse de Ristaël est sans contredit...

Il fut interrompu par Paolo.

— Pardon, messire, lui dit celui-ci avec le plus grand sang-froid, mais vous ne disiez pas un mot de tout cela tout à l'heure.

Si fait, je parlais de la comtesse de Ristaël.

— Je le sais, mais ce n'était pas pour vanter sa beauté.

— Je vous assure...

— Allons, puisque vous n'en voulez rien faire, c'est moi qui reprendrai la conversation au point où vous l'avez laissée.

Un cercle immense enveloppait le comte de Ristaël et Paolo ; chacun pressentait qu'il allait se passer quelque chose de grave, et l'émotion était d'autant plus vive, que personne ne soupçonnait quelle allait être la conclusion de cette scène.

Fixée là par un sentiment de curiosité qui la dominait complètement, madame Roosendal, entièrement isolée de la foule, se trouvait placée à trois pas de Paolo.

— Vous prétendiez donc, messire, reprit Paolo après un moment de silence, comme s'il eût craint qu'on perdît un seul mot de cette scène, vous prétendiez qu'il y a deux jours, dans la nuit, une femme avait été vue sortant de chez le prince Farnèse.

— C'est-à-dire, répliqua le jeune homme, que je répétais...

— Ce qu'avait dit le neveu du comte de Ristaël, je le sais, et j'apprécie comme tout le monde ici tout ce qu'il y a de noble et de digne dans un tel procédé. Enfin, quelle que soit la source de ce propos, je ne le démentirai pas car le fait est incontestable.

Il y eut une impression de surprise dans toute l'assemblée.

— Mais, reprit Paolo, vous ajoutiez que cette femme, était la comtesse de Ristaël, et sur ce point vous avez commis une erreur que je tiens à réparer.

Paolo surprit des sourires d'incrédulité.

— Oui, dit-il, je le déclare hautement et j'en vais donner la preuve, c'est une autre femme qui a été vue sortant de chez le prince Farnèse, une autre dans laquelle on a vu, ou plutôt dans laquelle on a voulu voir la comtesse de Ristaël.

Paolo fut interrompu tout à coup par un grand mouvement qui se fit vers une extrémité de la galerie. Madame Roosendal cherchait le motif de cette agitation, quand elle vit Périne venir à elle.

— Que se passe-t-il donc de ce côté, ma bonne Périne? lui demanda-t-elle,

— Un grand honneur pour la maison, madame, dit la servante en se rengorgeant, une visite qui nous va faire bien des envieux dans la ville, car c'est la première fois...

— Mais dis-moi donc quelle est cette visite? demanda Madeleine en interrompant vivement Périne.

— Rien moins que don Gonzalvo et la senora Cornélia, répondit Périne.

Madame Roosendal resta attérée à cette nouvelle.

C'était la première fois, en effet que Cornelia se rendait à l'invitation d'un bourgeois flamand ; mais loin de s'énorgueillir de cette exception, Madeleine, se rappelant les parole de Paolo, ne voyait là que la menace d'un grand danger, et elle frémissait en songeant à l'odieux espoir que nourrissait sans doute la *Tigresse* en venant chez elle.

Cependant, quelle que fût la terreur que lui inspirait cette femme, et à cause de cette terreur même, il fallait se montrer heureuse de sa visite et l'en remercier comme d'un honneur insigne.

Elle s'empressa donc d'aller au-devant du père et de la fille, qui paraissaient déjà à l'entrée de la galerie, et leur fit à l'un et l'autre son compliment de la meilleure grâce qui lui fut possible.

— En nous rendant à votre invitation, madame. lui répondit Cornelia, nous avons voulu prouver aux Flamands que nous n'avons aucune haine contre eux, comme on nous en accuse, et que les sujets soumis et les bons catholiques, comme la famille Roosendal, seront toujours assurés de toutes nos sympathies.

Don Gonzalvo ajouta à ces paroles quelles n'étaient que l'expression fidèle des sentiments dont il était pénétré pour la famille Roosendal, et surtout pour celle qui, par ses grandes qualités et ses hautes vertus, en avait fait la plus noble et la plus honorée de toutes les familles d'Anvers.

Tout le monde s'étant porté au-devant des deux nouveaux venus, madame Roosendal voulut profiter de cette circonstance pour mettre fin à la scène qui venait de réunir toute la société autour du comte Popoli. Elle pria donc don Gonzalvo et Cornelia de vouloir bien passer dans les salons où les danses allaient être reprises, et les précéda de quelques pas convaincue que la foule allait suivre.

Mais comme elle allait quitter la galerie, le comte Popoli alla se placer au-devant d'elle, et s'inclinant poliment :

— Pardon, madame, lui dit-il, mais j'ai deux mots à vous dire.

Puis s'adressant à don Gonzalvo et à Cornélia :

— Senor et senora, dit-il, au moment où vous êtes entrés, ma sœur, la comtesse de Ristaël, venait d'être calomniée publiquement en face de toutes les personnes qui nous entourent ici. J'ai pris l'engagement de détruire cette calomnie et de faire connaître la femme qui s'est rendue coupable de la faute dont on a voulu faire retomber la honte sur la comtesse de Ristaël, et je suis heureux de votre présence, qui va rendre plus éclatant encore l'acte de justice que je veux et dois accomplir.

— Parlez, répliqua Cornélia avec une vivacité qui eût pu trahir le véritable motif de sa présence à cette fête ; ceci est, en effet, un acte de haute justice, et nous comprenons, mon père et moi, combien vous devez avoir hâte de laver la souillure qu'on a voulu imprimer au nom de votre sœur.

Un cercle immense se reforma alors autour de Paolo et chacun attendit avec une ardente curiosité la révélation qu'il avait promise.

XXXII

COUP DE FOUDRE.

Avant que le silence se fût complétement rétabli, Paolo s'approcha de madame Roosendal et lui dit rapidement à voix basse :

— Ne devinez-vous pas le motif de la présence de Cornélia à votre fête ?

— Quoi ! balbutia Madeleine, vous croiriez...

— Moi qui la connais bien, j'ai deviné toute sa pensée dans le regard qu'elle a jeté sur votre fils en entrant.

— Il est perdu alors !

— Non, car je vous l'ai dit, elle ne peut rien contre lui sans la liste où figure son nom, et cette liste étant dans mes mains, tout dépend de moi.

Il accentua ces derniers mots avec une intention si marquée, que Madeleine en fut frappée et chercha quelle signification il voulait leur donner.

Mais elle fut contrainte aussitôt de reporter toute son attention sur la scène qui allait se passer et qui absorbait si vivement la curiosité des trois ou quatre cents personnes groupées autour du comte Popoli.

— Oui, messieurs, reprit celui-ci quand il vit tous les regards fixés sur lui, oui pendant la fête donnée par don Gonzalvo, une femme est sortie de l'hôtel du Conseil pour se rendre chez le prince Sylvio Farnèse. Cette femme, au reste, avait été vue par quelques personnes parlant au prince une heure auparavant, tous ceux qui l'ont vue se promener à travers la fête ont pu remarquer sa pâleur et son émotion, et d'autres que moi, j'en suis sûr, ont remarqué son absence et s'en souviendront dès que je l'aurai nommée.

En ce moment Guillaume Roosendal qui, absorbé par ses

devoirs de maître de maison, n'avait pas asisté à la première partie de cette scène, traversa la foule, et abordant Paolo :

— Comte Popoli, lui dit-il, la révélation que vous annoncez promet un scandale qui me semble déplacé au milieu d'une fête, et que je serais désolé de voir éclater chez moi : pardonnez-moi donc si je vons prie de ne pas aller plus loin.

— Pardonnez-moi à votre tour si je ne me rends pas à votre invitation, messire Roosendal, répondit Paolo, mais il n'est en mon pouvoir ni au vôtre d'empêcher le scandale, car il a déjà éclaté, et tout le monde pourra attester ici que je n'y suis pour rien. Ce n'est donc pas le scandale que j'apporte, c'est la vérité que je viens mettre à la place de la calomnie. La réputation de ma sœur, la comtesse de Ristaël, a été publiquement compromise ; il faut que la réparation soit publique, et je crois que c'est le sentiment de tous ceux qui m'écoutent.

— Le comte Popoli a raison, dit Cornélia, le scandale n'est plus à craindre, et s'il est vrai que sa sœur soit innocente, nous devons désirer tous, vous comme les autres, messire Roosendal, que cette innocence soit hautement reconnue et que la vraie coupable soit démasquée.

Guillaume Roosendal témoigna par son silence qu'il se rangeait à l'opinion de Cornélia, et il s'en fut se mêler à la foule.

— La coupable, reprit Paolo en jetant un regard autour de lui, elle est ici, elle m'entend et va elle-même avouer sa faute devant tous. J'ose croire qu'alors il ne restera pas le moindre doute sur l'innocence de ma sœur, et que nul ne songera à m'en demander une preuve plus évidente, plus palpable que celle-là.

Il garda un instant le silence, comme se recueillant en lui-même, puis il reprit d'un ton pénétré :

— C'est une cruelle tâche que je m'impose là, et il ne faut rien moins pour m'y résoudre que la plus implacable nécessité, car la femme dont je me vois contraint à dévoiler la faute n'est pas de celles qui, s'abandonnant sans pudeur à leurs penchants, n'ont plus rien à redouter de l'opinion; bien loin de là, celle-ci, au contraire, est très-haut placée dans l'estime de tous, et ce n'est pas sans un profond serrement de cœur que je me décide à ternir cette auréole de pureté dont une heure d'égarement, unique dans sa vie peut-être, va la dépouiller tout à coup.

Ce préambule donna un nouveau stimulant à la curiosité, en y joignant un vif sentiment de compassion.

L'intérêt et l'anxiété étaient au comble; toutes les femmes se regardaient furtivement, chacune cherchant à deviner la coupable au trouble qui devait la trahir.

XXXII

COUP DE FOUDRE.

(SUITE).

Madeleine seule était sous l'empire d'une autre préoccupation; tout en prêtant son attention à ce qui se passait, elle ne quittait pas des yeux Cornélia, et il lui sembla voir plusieurs fois son regard s'attacher sur Christian avec une expression de défiance et de méchanceté.

— De grâce, comte Popoli, dit Louis de Ristaël à Paolo, ne nous faites pas languir davantage. Vous voyez à quel point nous avons tous hâte de voir ma belle tante lavée d'une accusation dont rien jusqu'à présent ne prouve la fausseté.

— Votre vœu va être exaucé à l'instant même, répondit Paolo avec une politesse ironique.

Puis s'adressant à l'assemblée :

— Puisque messire Louis de Ristaël, animé des meilleures intentions, à coup sûr, a conté cette histoire partout et avec tous ses détails, dit-il, tout le monde sait que le signe auquel il a cru reconnaître la comtesse de Ristaël dans la femme qui entrait chez le prince de Farnèse, c'est son masque.

— C'est bien cela, dit Louis de Ristaël.

— Ce masque était en velours noir comme tous les masques.

— En effet.

— Mais il se distinguait des autres par une petite étoile d'argent posée au front.

— Justement.

— Ce masque, le voici.

Et Paolo tira un masque de sa poche et l'éleva au-dessus de sa tête pour que tout le monde reconnût qu'il était bien semblable à la description qu'il venait d'en donner.

— C'est bien lui, je le reconnais, dit Louis de Ristaël, mais permettez-moi de vous faire observer, comte Popoli, que toutes vos preuves et toutes vos paroles sont dirigées contre ma belle tante et ne font que donner plus de consistance à l'odieuse calomnie dont elle est victime.

— Deux personnes, reprit Paolo, portaient un masque exactement semblable : la comtesse de Ristaël et une autre, à laquelle appartient celui-ci. Cette autre, je ne veux pas la nommer, je veux qu'elle reconnaisse elle-même que ce masque est bien le sien et qu'elle l'a laissé dans la nuit d'avant-hier chez le prince Sylvio Farnèse.

En parlant ainsi, Paolo fixait sur Madame Roosendal un regard dont elle cherchait vainement à comprendre l'expression et qui pourtant lui glaçait le cœur.

— Tenez, dit Paolo à Louis de Ristaël. examinez-le donc, ce masque, et dites si vous persistez à croire que vous l'avez vu sur les traits de la comtesse de Ristaël.

Le jeune homme prit le masque et se mit à l'examiner.

Paolo profita du moment où l'attention était portée tout entière de ce côté pour se rapprocher de madame Roosendal qui, croyant deviner dans le regard qu'il venait de fixer sur elle l'intention de lui donner un conseil ou un avertissement concernant son fils, fit aussi quelques pas vers lui.

— Madame, lui dit Paolo d'un ton bref et en baissant la voix, est-ce que vous comprenez pas?

— Quoi donc? demanda Madeleine.

— Ce masque *est à vous,* il faut que vous le reconnaissiez.

Madame Roosendal fut quelque temps à comprendre l'épouvantable vérité, et lorsqu'elle pénétra enfin dans son esprit, elle faillit jeter un cri d'horreur.

Paolo, qui la couvait du regard, devina que la surprise, l'indignation, le désespoir allaient déborder dans un cri ou dans un geste dont l'éclat pouvait anéantir sa combinaison.

— Prenez garde, lui dit-il vivement, et sachez que si vous hésitez, votre fils est perdu; la torture et la mort dans les vingt-quatre heures, voilà son arrêt.

Puis revenant à Louis de Ristaël qui pendant ce temps avait tenu en suspens la curiosité, et prêté à son insu un secours très-efficace à Paolo :

— Eh bien, messire Louis de Ristaël, lui dit-il, que vous a appris l'examen de ce masque?

— Rien de nouveau, hélas! répondit celui-ci, et malgré le désespoir que j'en éprouve, mon respect pour la vérité me contraint à déclarer que je reconnais parfaitement ce masque pour celui que j'ai vu sur les traits de la comtesse de Ristaël, au moment où elle quittait l'hôtel de don Gonzalvo! au bras du prince Farnèse.

— Ne vous ai-je pas dit qu'il y avait deux semblables à la fête de don Gonzalvo? D'ailleurs, qu'auriez-vous à dire quand ce masque va être reconnu par celle qui le portait, et qui va déclarer à l'instant même le reconnaître pour le sien?

— Elle tarde bien à paraître, cette femme que vous nous promettez depuis une heure, dit le jeune homme avec l'accent de la raillerie.

— En effet reprit Paolo en promenant autour de lui un regard qui s'arrêta une seconde sur Madeleine, mais elle ne saurait hésiter davantage, si elle réfléchit que j'ai entre les mains *un papier* d'une toute autre importance que ce masque.

Les traits contractés d'une pâleur livide, Madeleine jetait devant elle des regards qui ne distinguaient plus rien; en proie au vertige, elle voyait tout ce qui l'entourait comme à travers un voile sanglant.

— Oh ! mon Dieu ! murmura-t-elle en étendant machinalement les bras, car elle sentait ses jambes fléchir sous elle, mon Dieu faites que ce soit un rêve, car je ne le puis ; devant mon mari, devant mon fils, une pareille honte, à moi ! Oh ! non, non, c'est impossible.

Le silence était profond, solennel ; tous les cœurs étaient serrés, tous les regards cherchaient la coupable ; on étudiait toutes les femmes, excepté madame Roosendal à laquelle personne ne songeait et que son trouble eût trahie tout de suite.

Un bruit qui se fit entendre du côté des salons donna tout à coup une autre direction à la curiosité de la foule.

Le bruit se rapprocha rapidement, et l'on vit bientot paraître le bourgmestre d'abord, puis douze femmes vêtues avec une richesse et une élégance qui arrachèrent à toute l'assemblée un murmure d'admiration.

Elles étaient escortées de douze domestiques magnifiquement vêtus eux-mêmes, et portant en main les torches qui avaient éclairé leur marche à travers les rues d'Anvers.

C'étaient les femmes qui devaient marcher en tête du magnifique cortége organisé pour recevoir le lendemain l'évêque de Liége aux portes de la ville.

Appartenant aux premières familles de la noblesse et de la bourgeoisie flamandes, jouissant d'une réputation irréprochable, et portant un nom également honoré ; car alors, en Flandre, le riche bourgeois marchait presque de pair avec le gentilhomme. Toutes avaient reconnu spontanément, et d'un commun accord, qu'il y avait dans Anvers une femme au-dessus d'elles et que cette femme était Madeleine Roosendal.

Elles avaient donc décidé, comme nous l'avons déjà dit, que c'était à elle que devait revenir l'insigne honneur de présenter la palme d'or au prélat.

Par un accord tacite, le groupe compacte qui s'était formé autour de Paolo s'ouvrit à leur approche, et elles purent aborder madame Roosendal qui, entièrement détachée de la foule, devint à son tour le centre et le point de mire d'un vaste cercle.

En face d'un triomphe aussi pur et aussi éclatant, Guillaume Roosendal avait peine à conserver le sang-froid sous lequel il cachait toutes ses impressions. Son cœur battait avec violence, et ses traits, plus pâles que de coutume, témoignaient par de légères contractions de la puissance, de l'émotion qu'il cherchait à comprimer.

Quand à Christian, les regards fixés sur sa mère, le visage épanoui, la respiration haletante, il pleurait et laissait couler ses larmes sans s'en apercevoir.

Tous les spectateurs de cette scène partageaient plus ou moins vivement l'emotion de Guillaume et de Christian ; tous voyaient dans la pâleur de Madeleine les signes d'une joie immodérée et en suivaient la progression avec un ardent intérêt; mais il y avait surtout là quatre individus qui, groupés derrière un pilier, semblaient pétrifiés, tant ils étaient absorbés par le spectacle qu'ils avaient sous les yeux, tant ils suivaient de l'âme et du cœur le moindre incident qui se rapportait à madame Roosendal.

Ces quatre individus, qui étaient venus là furtivement et se croyaient bien cachés à tous les regards, étaient Marthe, Périne, Zora et Pepito.

Marthe sanglottait; Périne avait voulu lui imposer silence, mais sentant, dès le premier mot, les larmes lui monter à la gorge, elle avait jugé prudent de se taire.

Qnant à Zora et à Pepito, ils se serraient la main avec force, souriant et pleurant à la fois, et se regardant de temps à autre pour se communiquer leurs sentiments.

Celle des douze femmes qui portait la palme d'or, fit quelques pas en avant de ses compagnes, et, s'adressant à Madeleine qui le regard fixé sur le sol, était toujours immobile et atterrée :

— Madame, nous avons cherché quelle était, de toutes les femmes d'Anvers, la plus digne d'offrir cette palme d'or au saint évêque de Liége. Nous étions douze pour délibérer sur ce sujet, douze voix ont prononcé le même nom, et ce nom, déjà désigné par l'estime et l'admiration de toute une ville, c'est Madeleine Roosendal.

A la stupéfaction générale, au grand étonnement de celle qui venait de faire à Madeleine une déclaration aussi flatteuse, celle-ci l'entendit sans bouger, sans témoigner par un geste ou par une parole la joie qu'elle devait en ressentir.

— Ma pauvre maîtresse, murmura Périne en essuyant ses larmes, qu'a-t-elle donc, mon Dieu?

— Mais, répliqua Pepito d'une voix tremblante, ne voyez-vous pas qu'on l'écrase sous trop de bonheur, et qu'on va nous la tuer si ça dure encore cinq minutes seulement.

— C'est vrai, pourtant, soupira Zora à son tour, ma pauvre maîtresse, on dirait, à la voir ainsi, que son esprit s'en est allé.

Après avoir gardé quelques instants le silence, pour donner le temps à Madeleine de reprendre un peu de calme, celle qui venait de lui adresser la parole reprit, en lui tendant la palme de manière à la mettre à portée de sa main :

— Prenez cette palme, madame, et demain, à notre tête, veuillez l'offrir au saint évêque de Liége, qui ne saurait la recevoir d'une main plus digne et plus pure.

Madame Roosendal prit machinalement la palme d'or, sans avoir conscience de ce qu'elle faisait.

La jeune femme se retira alors de quelques pas en arrière et revint se mêler à ses compagnes.

Madeleine restait toujours immobile et muette.

Christian commença à s'effrayer de ce long silence.

— Sainte Vierge! qu'a donc ma mère? murmura-t-il.

Guillaume aussi était en proie à une vive inquiétude.

— Madeleine, à quoi songze-vous donc! lui dit-il, répondez donc, de grâce!

— Revenez à vous, madame, ajouta Paolo en s'approchant d'elle.

Puis il lui souffla à voix basse :

— Cornélia attend sa victime, elle la couve du regard, décidez.

— O Seigneur! mon Dieu! murmura Madeleine, ployant sous le poids de son angoisse.

Elle jeta un coup d'œil sur Cornélia et vit qu'en effet son regard était attaché sur Christian avec une expression effrayante.

Alors elle releva la tête, tourna vers son fils ses yeux brillants d'un éclat surnaturel, puis se retournant vers la jeune femme qui venait de lui remettre la palme, et la lui présentant de loin :

— Tenez, dit-elle, d'une voix défaillante, reprenez-la, car je ne puis...

Ses doigts se desserrèrent, la palme d'or lui échappa, et, en tombant sur les dalles de marbre, produisit un bruit lugubre au milieu du silence solennel qui régnait en ce moment .

Tout le monde la regardait avec un mélange de surprise et de profonde pitié.

Guillaume et Christian s'étaient élancés vers elle.

— Madeleine, qu'avez-vous? lui dit son mari, parlez, tirez-nous d'inquiétude.

— Ma mère ! ma mère ! Ah ! revenez à vous, disait Christian d'une voix suppliante.

— Non, non, je ne puis, je ne puis, répétait Madeleine avec égarement, le doigt tendu et le regard tourné vers la palme d'or.

— Vous ne pouvez! que voulez-vous dire par là, Madeleine? lui demanda Guillaume.

Madeleine les écarta tous deux de la main, et montrant du doigt le masque à l'étoile d'argent que Paolo avait repris à Louis de Ristaël et qu'il tenait à la main :

— Ce masque! dit-elle, les traits tout bouleversés et le corps agité d'un tremblement convulsif...

— Eh bien, madame, dit Paolo d'une voix forte et en accentuant nettement chaque syllabe, ce masque trouvé chez le prince Farnèse?...

Il y eut un moment d'anxiété générale, on eût dit que toutes les respirations étaient arrêtées et que tout les cœurs avaient cessé de battre.

C'était un silence effrayant, le silence de la mort.

— Ce masque, murmura Madeleine d'une voix faible comme un souffle d'agonie, et qui cependant fut distinctement entendu de tout le monde, ce masque est à moi·

Et elle plongea aussitôt sa tète dans ses deux mains.

Christian jeta un cri déchirant et tomba aux genoux de sa mère, baisant les plis de sa robe avec frénésie et la suppliant avec des sanglots de revenir à elle, de rappeler sa raison et de rétracter cette horrible parole qui, de sa part, ne pouvait attester autre chose que la folie.

Guillaume Roosendal, lui, était resté immobile et comme frappé de la foudre.

Les invités se retiraient lentement saisis de stupeur.

Le comte de Ristaël lui-même, malgré la joie profonde que lui causait cette preuve éclatante et irrécusable de l'innocence de Regina, sentait son bonheur troublé par la terrible catastrophe qui frappait une femme pour laquelle il avait toujours éprouvé autant d'admiration que de sympathie.

Paolo seul était triomphant et goûtait un bonheur sans mélange.

Ce sentiment éclata dans le regard d'intelligence qu'il échangea avec Cornélia aussitôt que Madeleine eût prononcé le mot qui la condamnait.

Un seul homme surprit ce regard.

Cet homme c'était Pepito qui conçut un soupçon, jura de l'eclaircir et résolut de s'attacher aux pas de Paolo jusqu'à ce qu'il fut rentré chez lui.

— Maintenant dit le comte Popoli, courons vite rejoindre Gil Munos et son compagnon, qui doivent m'attendre sur le port et achevons mon ouvrage.

Il glissa rapidement à travers la foule et se trouva bientôt dehors.

XXXIV

LE DUEL.

C'était le lendemain de la fête qui venait de se terminer par une catastrophe à la fois si terrible et si imprévue.

Il était sept heures du matin, le soleil dardant sur la ville d'Anvers ses rayons obliques, faisait flamboyer toutes ses vitres et étinceler la pointe de ses nombreux clochers.

Quelques rares passants commençaient à peine à se montrer dans les rues lorsqu'un homme, qu'on pouvait reconnaître pour un Espagnol, au soin avec lequel il s'enveloppait dans son manteau, malgré la douceur de la température, vint frapper à la porte du prince Farnèse.

Après quelques minutes d'attente, il entendit tirer les verroux, puis la porte s'ouvrit et il se trouva en face d'un vieux domestique à la mine intelligente et à l'air circons-

C'était Numez, le domestique favori, ou plutôt l'homme de confiance du prince, qui, dans sa vie d'aventures, d'intrigues et de périls avait cent fois éprouvé son adresse et son dévouement.

— Votre maître est-il chez lui? demanda l'homme au manteau.

— Oui, répondit laconiquement Numez en toisant celui-ci avec défiance, car il savait mieux que personne toutes les haines et toutes les vengeances qui grondaient dans la ville contre son maître, et il flairait un danger dans le moindre incident.

— Puis-je lui parler? demanda l'inconnu.

— A pareille heure, le prince Farnèse ne reçoit que ses amis et je ne sache pas que vous en fassiez partie, répondit Numez avec un sang-froid ironique.

— Alors remettez-lui cette lettre.

Numez prit la lettre qui lui était présentée, la palpa, la

retourna dans tous les sens, comme s'il eût espéré ainsi en deviner le contenu.

— C'est bien, dit-il enfin, il l'aura à son réveil.

— Il est important qu'il la lise à l'instant même, reprit l'homme au manteau.

— Vous en parlez bien à votre aise, répliqua le domestique; savez-vous que si mon maître voulait lire toutes les lettres mystérieuses qui lui sont adressées et répondre à chacune, il n'aurait le temps ni de manger, ni de dormir. Quant à moi, je lui ai bien souvent donné le conseil de les jeter toutes au feu sans les ouvrir et je ne serai tranquille sur son compte que le jour où il aura pris ce sage parti.

— Celle-là n'est pas de celles qu'on brûle, hâtez-vous donc de la lui remettre, car il y va de son honneur.

Sur ces mots, l'inconnu se retira et s'éloigna rapidement, Numez comprenant qu'il s'agissait cette fois de tout autre chose que d'une aventure galante, monta l'escalier, tout soucieux, et s'en fut frapper doucement à la porte de la chambre du prince.

On lui dit aussitôt d'entrer, et à sa grande surprise, il vit son maître assis devant une table et en train d'écrire.

Au moment où Numez entra, il achevait sa lettre.

Il la plia et y mit cette adresse :

« A madame Roosendal. »

— Que me veux-tu, Numez ? demanda-t-il à son domestique.

— Prince, c'est une lettre que je viens de recevoir à l'instant et qu'on m'a recommandé de vous remettre sans retard.

— Voyons.

Il prit la lettre des mains de Numez, qui, chercha à en deviner le contenu sur les traits de son maître.

La lettre contenait quelques lignes seulement et le prince Sylvio les parcourut avec une indifférence qui dissipa complétement l'inquiétude de Numez.

Puis le prince jetant de côté cette lettre et prenant celle qu'il venait d'écrire :

— Numez, dit-il au vieux domestique, es-tu parvenu à

obtenir les renseignements que je désire avoir sur l'intérieur de la famille Roosendal.

— Oui, prince, répondit Numez.

Et connais-tu, parmi leurs domestiques, quelqu'un qui lui soit aveuglément dévoué?

— J'en sais un qui donnerait sans hésiter sa vie pour madame Roosendal.

— Quel est celui-là?

— Un Bohême qu'on nomme Pepito.

— Je le connais, il a toute la physionomie d'un homme adroit et énergique; mais sur quoi repose ce dévouement?

— Sur un bienfait de sa maitresse.

— Et ce bienfait, le connais-tu ?

— Il me l'a raconté lui-même dans des termes et avec un accent qui annoncent une reconnaissance capable de le porter aux plus hauts sacrifices.

Numez raconta au prince le supplice infligé à Zora et la façon dont celle-ci avait été recueillie, ainsi que Pepito, par Madeleine Roosendal.

— Fort bien, dit Sylvio après un moment de rêverie, voilà un homme sur lequel on peut compter.

Puis remettant au vieux serviteur la lettre qui portait pour suscription le nom de madame Roosendal :

— Mon fidèle Numez, lui dit-il, tu donneras cela à Pepito et tu lui recommanderas de le remettre à sa maîtresse seule.

— Vous pouvez compter sur moi, prince.

Au bout de quelques instants, Sylvio reprit avec un accent dans lequel perçait une vague tristesse :

— Ecoute-moi, Numez, et grave bien dans ta mémoire ce que je te vais dire : Si, par une circonstance que je ne puis prévoir, je restais quelque temps absent d'Anvers, si pendant ce temps, les ennemis de madame Roosendal se servaient de mon nom pour la calomnier, je t'en supplie, Numez, affirme hautement, et jure même sur ton salut éternel que Sylvio Farnèse a déclaré devant toi qu'il n'y avait au monde qu'une femme qu'il honorât à l'égal de sa mère, et que cette femme était madame Roosendal.

— Je m'engage à déclarer cela, s'il en est besoin, prince, répondit Numez.

— Merci, et maintenant tu peux te retirer.

Numez sorti, le prince Sylvio s'habilla et apporta à sa toilette un soin tout particulier, puis ayant étalé sur une table cinq à six épées et autant de dagues, il les examina toutes l'une après l'autre avec une extrême attention, choisit la mieux trempée de ces épées, la plus solide de ces dagues, et après avoir passé l'une et l'autre à sa ceinture, il relut la lettre que venait de lui apporter Numez.

Elle contenait ces mots:

« S'il est vrai que le prince Farnèse soit un gentilhomme aussi brave qu'il est un lâche et méprisable séducteur, qu'il se trouve seul, avec l'épée et la dague, au pied de la vieille tour qui s'élève sur la route de Gand, à une lieue d'Anvers.

« Il sera attendu ce matin, à huit heures.

« JACQUES VAN WARDEN. »

Sylvio Farnèse avait eu autrefois avec madame Van Warden une liaison qui avait fait grand scandale, il trouva donc tout simple que le mari lui demandât raison de cet outrage, en s'étonnant toutefois que sa colère eût tardé si longtemps à éclater.

Il comprit également le motif qui déterminait Van Warden à demander un duel sans témoins.

Après avoir lu cette lettre, le prince la laissa retomber.

— Voilà un homme que j'ai mortellement offensé, murmura-t-il, un homme dont j'ai brisé le cœur et souillé la vie, aurais-je le droit d'accuser la Providence si elle le faisait triompher dans le duel où nous allons jouer notre existence l'un contre l'autre?

Il reprit au bout d'un instant :

— Pauvre homme! sa vie s'est passée dans le commerce, jamais sa main n'a touché une arme, n'est-ce pas comme s'il venait exposer sa poitrine devant mon épée! Heureusement je suis assez habile pour le ménager, et à moins de quelque grave imprudence de sa part, il sortira de ce combat sans une égratignure.

Il sonna; Numez se présenta aussitôt.

— Ordonne qu'on me selle un cheval lui dit-il.

— Lequel? demanda Numez, étonné de voir son maître habillé et prêt à sortir à pareille heure.

— Mon andaloux noir.

C'était le plus beau, le plus ardent de ses chevaux, et Sylvio venait de se rappeler que, pour se rendre à la tour qui lui était désignée, il devait passer devant les maisons de madame Roosendal et de la comtesse Régina.

— Cette fête, pensa-t-il, en songeant tout à coup à la fête donnée cette nuit même par Guillaume Roosendal, oh! que n'eussé-je pas donné pour y assister, pour la voir, elle, passer calme et sérieuse, au milieu de la foule des invités qu'elle laisse éblouis de sa beauté! et qui sait si, arrachée à son calme immuable par le feu des lumières par l'éclat des regards, par cette atmosphère étouffante, toute chargée d'ardeurs et d'aspirations comprimées, qui sait si alors ses beaux yeux noirs ne se fussent pas arrêtés un instant sur les miens! si elle n'eût pas laissé tomber pour moi une fleur de ses cheveux! si ma main n'eût pas effleuré un pli de sa robe en passant! Mais non, non, c'est de la folie, je ne demande rien de tout cela; mais savoir seulement que sa pensée s'est arrêtée sur moi, que mon nom a été murmuré une seule fois par ses lèvres, que j'ai traversé sa rêverie, oh! pour ce bonheur je donnerais la moitié des années qui me restent encore à vivre.

Numez se présenta en ce moment et vint prévenir son maître que son cheval était sellé.

Sylvio regarda l'heure; il était sept heures et demie.

Il lui fallait un quart d'heure pour franchir la distance qui le séparait du lieu assigné pour rendez-vous; il n'était donc pas en retard.

Quelques instants après il sortait, montant avec la grâce et l'aisance d'un cavalier accompli, son magnifique andaloux, qui piaffait et rongeait son mors. Malgré l'impatience que témoignait le noble animal, le prince Sylvio le força à aller au pas jusqu'à la demeure des Roosendal.

Là, il s'aperçut, à sa grande surprise, que le corps de

logis consacré à l'industrie était silencieux et paraissait complètement désert. Puis devant la maison habitée par la famille et donnant sur la rue, il aperçut plusieurs groupes d'hommes et de femmes qui paraissaient causer d'un air mystérieux en jetant de temps à autre des regards étranges du côté des fenêtres, et il entendit même sortir de ces groupes quelques exclamations qui semblaient faire allusion à quelque grand malheur.

Il était évident que quelque chose d'étrange et de terrible s'était passé dans la famille Roosendal, mais quel était la nature de la catastrophe et quel membre avait-elle frappé? voilà ce que se demandait le prince avec une anxiété profonde.

Incapable de résister plus longtemps à la curiosité qui le dévorait, il se penchait sur son cheval pour interroger quelques femmes qui causaient en ce moment avec une ardeur toute particulière, quand l'une d'elles, l'ayant reconnu, se rejeta en arrière comme si elle eût vu Satan en personne.

— Sylvio prit le parti de s'adresser à une autre, mais son nom circulant rapidement de bouche en bouche, il vit bientôt tout le monde éviter son approche, s'éloigner de lui avec un profond sentiment d'horreur; il entendit même les plus hardis s'écrier qu'il était odieux de sa part de venir ainsi parader devant la demeure de cette pauvre madame Roosendal.

— Ah çà! que se passe-t-il donc? murmura Sylvio saisi d'une vive inquiétude et pressentant quelque chose d'horrible.

De nouvelles apostrophes retentissaient à son oreille, le frappant à la fois de stupeur et d'épouvante.

Hors de lui, voulant avoir absolument le mot d'un mystère au fond duquel il entrevoyait vaguement l'affreuse vérité, le prince allait sauter à bas de son cheval et saisir de force un de ces hommes pour le contraindre à parler, lorsqu'au moment où il allait exécuter ce projet qui eût eu pour résultat de tout expliquer et de sauver à l'instant même madame Roosendal, l'heure sonna à l'église prochaine.

— Huit heures! s'écria Sylvio, impossible, je suis en retard. Allons, hâtons-nous d'en finir avec ce duel : dix minutes pour arriver sur le terrain, autant pour revenir, et cinq minutes pour désarmer mon adversaire; dans une demi-heure je serai de retour ici et j'aurai jeté la lumière dans ces ténèbres.

Il éperonna son cheval qui partit ventre à terre, faisant résonner bruyamment le pavé de la rue, d'où l'on vit jaillir mille étincelles.

XXXV

LA TIGRESSE ET LE VER DE TERRE.

Revenons à la famille Roosendal.

Après les terribles émotions qu'elle venait de subir, Madeleine avait hâte d'être seule, elle avait hâte surtout de se soustraire aux embrassements et aux supplications de son fils, à la vue du désespoir de son mari, désespoir sombre et morne, plus navrant cent fois que la douleur qui déborde en cris et en sanglots.

Elle repoussa donc Christian, s'élança vers sa chambre, s'y enferma et refusa obstinément de l'ouvrir à qui que ce fût. Christian d'abord, puis successivement Périne, Marthe, et Zora vinrent inutilement la prier de les recevoir; nul d'entre eux ne put en obtenir une parole, et on résolut enfin de la laisser seule, voyant que c'était là son unique désir.

Lorsque Pepito qui, au grand étonnement de Zora, avait disparu en même temps que les invités, rentra après une demi-heure d'absence, les trois femmes lui racontèrent ce qui s'était passé et lui demandèrent conseil sur ce qu'il y avait à faire, disant que c'était à eux désormais, dans l'état où se trouvaient M. Roosendal et son fils, à veiller sur leur maîtresse.

Pepito, dans lequel Marthe et Périne commençaient à reconnaître un homme de sens et de ressources, déclara que madame Roosendal n'avait besoin que de solitude en ce moment; que vouloir pénétrer auprès d'elle pour la distraire de sa douleur, c'était la tourmenter en pure perte, et qu'enfin il ne désespérait pas, lui, de mettre fin à ce désespoir, mais par des moyens plus énergiques que les larmes et de stériles consolations.

On le pressa de s'expliquer davantage, mais il refusa d'ajouter un mot de plus, se contentant de dire qu'il agirait dès le lendemain, et engageant chacun à se livrer au repos, puisqu'il n'y avait rien de mieux à faire quant à présent.

Le lendemain matin, vers huit heures, Pepito se préparait à sortir.

— Où vas-tu? lui demanda Zora.

— Chez la senora Cornélia.

Au seul nom de Cornélia, Zora fut agitée d'un tremblement nerveux.

— Je t'en prie, s'écria-t-elle, n'y va pas, tu connais la méchanceté de cette femme.

— Les intérêts de madame Roosendal exigent que je la voie.

— Je ne m'y oppose plus alors, mais prends bien garde de l'irriter, Pepito.

— Ce que j'ai à lui dire ne pourra qu'exciter sa colère, de quelque façon que je m'y prenne.

— Mais alors, elle te fera mourir dans les tortures!

— Du moins si elle ne le fait pas, ce ne sera pas faute d'envie.

— Mais tu cours à ta perte, mon cher Pepito.

— Ne crains rien, Zora, Cornèlia aura bien envie de me livrer à ses bourreaux; mais je la mettrai au défi de le faire, et elle ne le fera pas. C'est aujourd'hui qu'elle va comprendre ce que je vaux.

Dix minutes après, Pepito entrait à l'hôtel du conseil des Troubles et demandait à parler à la senora Cornelia, qu'il savait dans l'habitude de se lever dès le point du jour, voulant, en cela comme en toutes choses, se conformer aux régles de conduite adoptées par Philippe II.

Il fut presque aussitôt introduit dans la vaste salle que nous avons fait connaître au lecteur, et où il trouva Cornélia occupée à parcourir une certaine quantité de papiers étalés devant elle.

A l'aspect de Pepito, dont on ne lui avait pas dit le nom, un vif éclair avait brillé dans les yeux de Cornélia, qui, rappelant vivement le domestique au moment où il se retirait, lui dit quelques mots à l'oreille et le congédia ensuite.

Celui-ci s'éloigna en examinant curieusement le Bohême, qui feignit de ne pas s'en apercevoir.

— Ah ! c'est encore toi, dit alors Cornélia, sais-tu que je te trouve bien hardi, d'oser paraître en ma présence, quand tu devrais songer, avant toute chose, à échapper à ma vue ?

— Et pourquoi devrais-je éviter de paraître devant vous, demanda Pepito avec un calme qui étonna l'Espagnole? Est-ce que ma vue vous causerait quelque remords? est-ce que vous vous repentiriez de la férocité dont vous avez fait preuve envers ma pauvre Zora ?

— Je ne me repens que d'une chose, s'écria Cornélia avec colère, c'est de ne lui avoir pas fait enlever jusqu'au dernier lambeau de chair quand elle était sous le fouet des bourreaux.

— Allons, dit tranquillement Pepito, nous n'en sommes pas encore au repentir, cela viendra, mais plus tard,

— Je n'ai plus ta compagne sous la main, dit Cornélia, en dardant sur le Bohême son regard de tigresse, mais tu es là, toi, en mon pouvoir, et j'ai bien envie de voir si tu conserveras ce beau sang-froid, quand les lanières de cuir te sillonneront les reins.

— Je puis vous affirmer, senora, que vous ne verriez pas le moindre changement sur mon visage. Mais si cela vous est égal, nous remettrons à plus tard ce sujet de conversation, et nous reviendrons tout de suite au motif qui m'amène.

— Parle.

— Senora, reprit le Bohême en changeant brusquement

de ton et d'accent, j'ai fait serment de tirer de vous une terrible vengeance et je vous jure qu'il est dangereux de dédaigner un ennemi tel que moi; eh bien, consentez à m'accorder la grâce que je viens vous demander, et j'oublie le mal que vous avez fait à Zora, et je renonce à ma vengeance.

— Voyons ce qu'il faut faire pour cela, demanda Cornélia.

— Senora, vous avez été témoin de ce qui s'est passé cette nuit chez madame Roosendal, et vous savez que ma maîtresse est innocente de la faute dont, par je ne sais quelle infernale combinaison, le comte Popoli l'a contrainte à se déclarer coupable.

— Ah çà! je crois que tu as perdu l'esprit, s'écria Cornelia.

— Nullement, senora, j'ai surpris entre vous et le comte Popoli un regard qui m'a éclairé et voilà pourquoi je veins vous supplier de décider le comte à réparer le mal qu'il a fait.

Un sourire de mépris effleura les lèvres de l'Espagnole.

— Eh bien? demanda Pepito.

— Eh bien, répondit Cornélia, vois-tu ces papiers que je prépare? C'est le jugement de madame Roosendal, qui sera condamnée dans trois jours à la peine des adultères.

— Oh! cela ne se peut pas.

— Je n'ajoute qu'un mot : si tu es encore ici dans cinq minutes, je te fais jeter dans un cachot avec les fers aux pieds et aux mains.

— Ainsi, vous êtes sans pitié?

Cornélia garda le silence.

— Tenez, reprit le Bohême en donnant à sa voix l'accent le plus suppliant, dites ce que vous exigez de moi en échange de la grâce que j'implore ; et la souffrance la plus horrible, l'humiliation la plus profonde, je m'y résigne pour arracher ma maîtresse et sa famille au désespoir dans lequel ils sont plongés.

— Tu n'as plus que trois minutes, dit froidement Cornélia.

— Allons, vous êtes la *Tigresse*, et moi je suis un niais

de l'avoir oublié, s'écria Pepito ; mais je serai impitoyable comme vous.

— Eh! pauvre Bohème! comment un misérable de ton espèce pourra-t-il nuire à des gens comme le comte Popoli et la senora Cornélia Rivarès?

— Mais en proclamant d'abord partout que le comte, Popoli n'est qu'un misérable comme moi, dont le vrai nom est Lazzaro, fort connu en Espagne pour un vol sacrilège, et que la senora Cornélia est tout simplement la fille du mendiant Gomez.

L'Espagnole bondit sur son siége à ces derniers mots, mais elle se remit promptement.

— Ah! tu sais cela, dit-elle avec un calme apparent, et tu viens t'en vanter à moi, et tu me menaces de divulguer partout un pareil secret! Je ne retrouve pas là la finesse et la prudence que j'avais cru reconnaître en toi.

— En vérité et à quel danger suis-je donc exposé?

— A être mis à la torture.

— Sous quel prétexte?

— Pour te contraindre à nommer tes complices.

— Des complices supposent un crime; quel est celui dont on m'accuse?

— Je t'accuse d'avoir voulu m'assassiner.

— Avec quoi? je n'ai pas même une épingle sur moi.

— N'as-tu pas tes mains?

Pepito sourit et haussa les épaules.

Cornélia frappa sur son timbre.

— Senora, lui dit Pepito, comment avez-vous pu me croire assez simple pour venir chez vous sans avoir les moyens d'échapper à vos féroces fantaisies?

— Nous allons voir comment tu feras pour te tirer de mes mains, dit Cornélia en voyant entrer son domestique.

Et s'adressant à celui-ci :

— Faites entrer les quatre gardes, et prévenez Jean-Christophe de se tenir prêt.

Le domestique sortit.

— Voilà cinq personnes que vous dérangez inutilement, dit Pepito, car pas une ne me touchera.

— Tu espères leur échapper? dit Cornélia en jetant de tous côtés des regards inquiets.

— Rien ne me serait plus facile, mais je ne le tenterai même pas, répliqua Pepito.

— Alors tu as des armes, et tu crois...

— Je vous répète que je n'ai absolument rien sur moi.

— Essaye donc, car voici mes gardes.

Quatre soldats entrèrent.

— Emparez-vous de cet homme, leur dit Cornélia.

Les quatre soldats s'avancèrent vers Pepito.

Cornélia le regardait avec une joie cruelle.

— Tenez, dit Pepito à celui de ces hommes qui paraissait commander les autres, connaissez-vous ceci?

Il tira de la poche de son pourpoint un papier plié en quatre et le lui remit ouvert.

Le soldat s'inclina respectueusement et se retira avec ses quatre hommes vers la porte.

— Eh bien! s'écria Cornélia, devenue tout à coup pâle de colère, vous n'exécutez pas mes ordres?

— Pardon, senora, répondit le soldat, c'est que ce papier c'est...

— Je vais vous le dire, moi, dit Pepito ; eh bien, c'est tout simplement un écrit signé de la main de Philippe II, ordonnant à tous ses gouverneurs et autres sujets de ne gêner en rien la liberté du Bohême Pepito, qu'il recommande au contraire à toute leur sollicitude, comme rendant les plus précieux services à son trône et à la cause de la religion.

— Voyons, s'écria l'Espagnole en avançant vivement la main.

Pepito lui remit l'écrit.

— Ah! fort bien, murmura Cornélia, espion intime de Sa Majesté Catholique.

— Excellent bouclier contre vous et vos bourreaux que ce papier, n'est-ce pas senora? dit Pepito. Ah! je savais bien que la connaissance du secret de Lazzarro m'exposerait à quelques dangers, car vous l'amez singulièrement ce cher ami, anssi ai-je pensé qu'il ne fallait rien moins que la signature et l'estime de Sa Majesté le roi d'Espagne pour me mettre à l'abri de votre haine à tous deux, et vous voyez, au lieu de me livrer à Jean Christophe, vous voilà contrainte de me protéger. Si vous vouliez y mettre un peu de franchise, senora, vous avoueriez que ma perte était résolue entre vous et mon ami Lazzaro, et qu'en me voyant entrer ici tout à l'heure, vous aviez fermement décidé que je n'en sortirai plus.

— Qui te fait croire cela? répondit Cornelia d'un ton indifférent.

— D'abord, le désir bien naturel que vous avez de vous débarrasser d'un homme qui sait tant de choses sur vous et sa seigneurie le comte Popoli, puis la joie sinistre que j'ai lue dans vos yeux en entrant, et enfin les quelques mots que vous avez dits à l'oreille de votre domestique. N'est-il pas vrai que j'ai deviné, senora?

— Ai-je à te rendre compte de mes pensées, misérable espion?

— Prenez garde, senora! Si les gens qui dénoncent les hérétiques sont de misérables espions, ceux qui les torturent et les tuent pourraient bien n'être que d'atroces bourreaux; tachons donc de nous convaincre nous-mêmes que nous ne sommes que d'excellents catholiques. Au reste, vous ignorez quelle est ma mission, et peut-être est-elle beaucoup plus honorable que vous ne pensez. Mais permettez-moi de me retirer, senora, car je veux faire tous mes efforts pour sauver ma maîtresse, madame Roosendal, et la tâche est difficile, me trouvant en face de deux ennemis qui, de leur côté, feront tout au monde pour rendre sa perte irrévocable?

— Et ces deux ennemis?

— Sont le comte Popoli et la senora Cornélia.

— Pourrais-tu me dire quel intérêt nous avons à perdre madame Roosendal ?

— Je ne l'ai pas encore deviné, mais il faudra bien que j'y parvienne. Adieu, senora.

— Adieu.

— Tenez, vous venez de me lancer un regard dont je

serais très-fier, si j'avais quelque penchant à la vanité, car il me prouve que vous avez cessé de me mépriser pour me haïr. Ah! qui eût pu croire, il y a quelques jours, que vous tiendriez dans votre main le Bohême Pepito, et que vous n'oseriez assouvir sur lui votre désir de vengeance.

Il s'inclina devant Cornélia, passa fièrement devant les gardes appelés pour l'arrêter, et sortit de l'hôtel du Conseil des Troubles.

XXXVI

DÉSESPOIR.

En reprenant le chemin de la maison, Pepito se creusa la tête pour trouver une issue à cette terrible situation; mais sans cesse il voyait se dresser devant lui, comme une infranchissable barrière : l'aveu public de madame Roosendal, aveu dans lequel il n'hésitait pas à voir quelque piége odieux, mais qui, pour tout le monde, était une preuve palpable, et devant laquelle devait échouer toute tentative de réhabilitation.

Il trouva Zora en proie aux plus cruelles angoisses et se le figurant déjà au milieu des instruments de tortures.

— Sois entièrement rassurée sur mon sort, lui dit Pepito: Cornélia me hait du plus profond de son âme, mais je suis aussi tranquille dans Anvers que don Gonzalvo lui-même; elle donnerait la moitié de son sang pour me voir mourir, et elle n'osera même pas m'inquiéter.

— Comment cela se fait-il, Pepito? demanda Zora en jetant sur son mari un regard plein de surprise et d'admiration.

— Je te dirai cela plus tard, Zora; mais notre pauvre maîtresse, où est-elle et que fait-elle à cette heure?

— Elle est toujours dans sa chambre, où on ne l'entend bouger.

— Il faut que je lui parle.

— Tout le monde l'a essayé inutilement,

— Il faut pourtant que j'y réussisse.

Et il se dirigea vers le corridor au bout duquel était située la chambre de madame Roosendal.

Là, il supplia longtemps avant d'obtenir un mot de réponse.

— Chère maîtresse, dit-il enfin, le désespoir est dans la maison ; votre mari, votre fils, vos serviteurs sont plongés dans les larmes. Si vous ne voulez rien faire pour vous sauver, ne vous opposez pas au moins à ce que je tente pour cela tout ce qui sera en mon pouvoir. Je vous apporte une lettre du prince Sylvio Farnèse, que vient de me remettre Numez, son domestique, et le prince seul sait la vérité, il me semble que notre salut à tous est dans cette lettre.

Un cri de joie retentit tout à coup dans la chambre.

— Le prince ! le prince Farnèse ! s'écria Madeleine, oh ! il a raison, il peut me sauver.

La porte s'ouvrit brusquement et madame Roosendal parut.

— Cette lettre ! donne, donne vite, dit-elle.

Elle arracha la lettre des mains de Pepito, l'ouvrit brusquement et la parcourut d'un regard fiévreux.

Voici ce qu'elle lut :

« MADAME,

« J'apprends à l'instant l'arrestation du chevalier de Soulas. Si votre fils est compromis, s'il court quelque danger, rappelez-vous que j'ai pris l'engagement solennel de le sauver, quelle que soit la grandeur de sa faute, et le roi d'Espagne eût-il signé lui-même sa condamnation. Vous le savez, Philippe II m'a juré, *sur son salut éternel*, de m'accorder la première grâce que je lui demanderais, je réponds donc de la tête de votre enfant comme de la mienne.

« J'attends un mot qui m'instruise de ce que j'ai à faire.

« SYLVIO FARNÈSE. »

— Sauvé! mon fils, sauvé! s'écria Madeleine; oh! maintenant je pourrai donc crier tout haut que je suis innocente.

Puis saisissant Pepito par la main :

— Viens, viens avec moi chez le prince Farnèse, lui dit-elle.

Pepito la regarda; elle était d'une pâleur effrayante, ses yeux, rougis par les larmes, brillaient d'un éclat étrange qui lui donnait quelque chose d'égaré, et le désordre de ses vêtements ajoutait encore à cette impression.

— Chère maîtresse, lui dit le Bohême, vous ne pouvez sortir par la ville en cet état; laissez-moi aller seul chez le prince.

— Eh! que m'importe! mais tu ne sais donc pas que le prince va mettre fin d'un seul mot à la honte qui pèse sur moi et au danger qui menace mon fils!

— Au danger qui menace son fils? murmura Pepito.

Cette parole fut un éclair; il entrevit en une seconde toute la combinaison diabolique imaginée par Paolo.

—Partons, partons vite, reprit Madeleine, tu ne comprends donc pas que chaque minute de retard est un affreux supplice, que là, à deux pas de nous, je retrouve à la fois l'honneur et le salut de mon enfant.

Et elle se mit à marcher rapidement devant Pepito qui la suivit.

Celui-ci était dans l'ivresse du triomphe; il était certain d'avoir reconnu la comtesse de Ristaël dans la femme qui entrait la nuit chez le prince Farnèse, et les paroles que venait de jeter madame Roosendal dans le délire de sa joie lui éclairaient tout à coup le mystère qu'il n'avait fait qu'entrevoir jusque-là. L'innocence de sa maîtresse allait donc devenir évidente pour tous comme pour lui, et il avait autant de hâte que Madeleine d'arriver chez le prince.

A mesure qu'ils se rapprochaient du but, madame Roosendal sentait son esprit se rasséréner et sa raison se raffermir. Se rappelant l'amour si pur, si profond du prince, la noblesse et la loyauté de son caractère, elle se voyait sauvée par l'aveu de la vérité hautement proclamée par lui, et répétée par elle-même, car cette odieuse accusation, elle pouvait la repousser sans crainte, du moment où la grâce de son fils lui était assurée.

En se voyant si tôt échappée de l'abîme où elle s'était si rapidement et si complètement perdue, il lui semblait sortir d'un rêve, et, de temps en temps, elle regardait Pepito, marchant sur ses pas, puis les rues qu'ils traversaient, pour se convaincre qu'elle n'était pas sous l'empire d'un songe, que tout cela était bien réel et qu'elle allait bien à cette heure chez le prince Farnèse, où elle allait retrouver le bonheur pour elle et pour les siens.

En entrant dans la rue qu'il habitait, elle fut étonnée d'y voir beaucoup d'hommes et de femmes réunis par groupes et paraissant causer avec animation.

— Que font donc là tous ces gens? demanda Madeleine à Pepito.

Sans pouvoir s'en rendre compte, elle éprouvait une vague inquiétude.

— Je pense, répondit Pepito, que l'arrestation du chevalier de Soulas est enfin connue, et qu'on s'est réuni devant sa porte dans l'espoir d'y apprendre quelque chose. Il y a là sans doute des membres de l'association dont il était le chef et ils veulent savoir s'ils courent quelque danger.

— Oui, oui, c'est cela, dit vivement Madeleine en reprenant sa marche à travers les groupes.

L'espoir rayonnait sur son visage, car ils arrivaient à la maison du prince; et cette maison, pour elle, c'était le port de salut, c'était la branche tendue au malheureux qui disparaît sous l'eau et sent déjà passer dans son cerveau toutes les hallucinations de l'agonie.

La porte de la maison était ouverte, et quelques personnages de distinction, amis du prince, montaient ou descendaient lentement les degrés du vaste escalier qui conduisait au premier étage.

Madeleine arrêta le premier qui se trouva sur son passage.

— Le prince Farnèse est chez lui, n'est-ce pas? lui demanda-t-elle avec une volubilité dont celui-ci fut frappé.

Le jeune homme la regarda, et, l'aspect de cette belle tête pâle, avec ses grands yeux noirs aux paupières rougies, au regard enflammé, il parut saisi d'une profonde compassion.

— Oui, dit-il en lui montrant le haut de l'escalier.

— Viens, Pepito, dit Madeleine.

Et elle gravit l'escalier comme si elle eût été portée par des ailes.

Elle se trouvait dans un corridor au bout duquel s'ouvrait une porte.

Elle y courut, s'élança dans la chambre... et là elle jeta un cri si profondément déchirant, que Pepito, qu'elle avait précédé de quelques pas, s'arrêta frappé au cœur.

Le prince Sylvio Farnèse était là, en effet, mais étendu mort sur son lit, avec quatre plaies béantes à la poitrine.

— Oh! malheureuse! malheureuse! s'écria Madeleine en fondant en larmes.

— Quelle est cette femme? se demandèrent entre eux les gentilshommes qui se trouvaient réunis dans cette chambre

— C'est madame Roosendal, répondit l'un d'eux; elle a déclaré elle-même hier qu'elle s'était rendue la nuit chez le pauvre Sylvio, il y a deux jours, et le désespoir où vous la voyez, l'imprudence avec laquelle elle achève de se perdre, vous prouve la grandeur de son amour pour l'infortuné prince.

Celui qui venait de prononcer ces paroles était le comte Popoli.

Pepito l'avait entendu.

— Non, comte Popoli, dit-il à haute voix, ce n'est pas son amour pour le prince qui rend ma maîtresse folle de douleur en face de son cadavre, vous le savez mieux que personne, c'est le désespoir de trouver éteinte pour toujours la seule voix qui pût faire connaître la vérité et lui rendre l'honneur qui lui a été ravi par la plus infernale des machinations. Mais la Providence veille et saura bien trouver un autre instrument pour confondre la méchanceté et la calomnie.

Puis, s'adressant aux gentilshommes qui l'écoutaient :

— Messeigneurs, leur dit-il, ce n'est pas en duel, n'est-ce pas, que le prince Farnèse a été tué?

— Non, répondit l'un d'eux, l'inspection des blessures nous a prouvé qu'il avait été frappé par le poignard, et puis son épée n'était pas même tirée du fourreau.

— Je m'en doutais bien, et je m'engage à faire bientôt connaître son assassin.

Il s'en fut ensuite à madame Roosendal, qui agenouillée dans un coin, s'était affaissée sur elle-même.

— Maîtresse, chère maîtresse, lui dit-il, votre bras, je vous en prie, et rentrons vite.

Madeleine se releva lentement, s'appuya sur le bras de Pepito et sortit avec lui le regard fixe, le front contracté, n'ayant plus conscience de ses actes ni de sa position.

XXXVII

MESURES DE PRÉCAUTION.

On se souvient peut-être qu'en quittant la fête de madame Roosendal qui, grâce à lui, avait fini d'une façon si lugubre, Paolo s'était rendu en toute hâte sur le port d'Anvers, où devaient l'attendre Gil Munos et son compagnon, et qu'au même instant Pepito lui-même disparaissait pour ne rentrer qu'après une demi-heure d'absence.

A l'abri des nombreux ballots de marchandises qui encombraient le port, le Bohême, qui avait acquis dans son ancienne condition une prodigieuse souplesse, s'était glissé avec des mouvements de reptile jusqu'à l'endroit où Paolo et ses deux complices s'entendaient sur la manière de se débarrasser de l'individu pour lequel celui-ci, deux heures auparavant, avait dit à Gil Munos de s'adjoindre un second.

Parvenu jusqu'aux trois interlocuteurs sans avoir trahi sa marche par le plus léger bruit, Pepito, tapi derrière une douzaine de ballots empilés l'un sur l'autre, avait entendu une conversation d'où il résultait très-clairement qu'un homme allait être assassiné; mais le nom de cet homme n'avait pas été prononcé, et les trois complices s'étaient éloignés sans que le Bohême eût pu saisir sur ce point aucun renseignement.

— Bah! dit-il, ce sont des Espagnols qui se tuent entre eux, où est le mal? et que m'importe! laissons faire.

Et il était parti.

Mais devant le cadavre de Sylvio Farnèse, il devina tout, et comprit, comme le lecteur l'a déjà compris lui-même, que Paolo, pour assurer le succès de la trame si habilement ourdie par lui, avait été contraint de se débarrasser du prince, dont la loyauté était connue de tous, et dont un seul mot eût inévitablement détruit tout son échafaudage.

Il devint également évident pour Pepito que Paolo ne s'était rendu chez le prince que pour savoir comment serait interprétée sa mort, et pour mettre en avant l'opinion qu'il avait dû succomber sous les coups de quelque mari outragé.

— Ainsi, pensait Pepito en rentrant avec madame Roosendal, j'ai saisi un à un tous les fils de cette mystérieuse affaire, et je la connais maintenant aussi bien que mon ami Lazzaro lui-même. La fameuse liste lui a été vendue par Gil Munos; il y a vu le nom de notre jeune maître, et sachant à quel point il est aimé de sa mère, voulant à tout prix sauver la comtesse de Ristaël, dont la honte rejaillissait sur lui, et devenait une entrave à ses projets ambitieux, il est venu dire à madame Roosendal : « Le déshonneur pour vous ou la torture et la mort pour votre enfant. Choisissez! » Et la pauvre mère s'est immolée; il les avait bien. Mais si je ne puis la réhabiliter aux yeux de toute la ville, puisque ce serait la mort de mon jeune maître, et la sienne, à elle, sans aucun doute, je puis au moins mettre fin au désespoir de M. Guillaume Roosendal, en lui confiant, à lui la vérité toute entière, et c'est ce que je vais faire tout à l'heure.

Aussitôt rentré, Pepito allait quitter madame Roosendal pour aller tout révéler à son mari, quand celle-ci le retint, et comme si elle eût lu au fond de sa pensée :

— Pepito, lui dit-elle, tu m'as souvent parlé de ta reconnaissance ; est-elle aussi réelle, aussi grande que tu le dis?

Pepito allait répondre; elle l'arrêta d'un geste, et reprit, avec un accent qui attestait qu'elle avait recouvré tout son calme et toute sa fermeté :

— Je lis ta réponse dans ton regard et vois que je puis compter sur ton dévouement; eh bien, je vais t'en demander une preuve immédiate.

— Je ne sais ce que vous allez exiger de moi, dit Pepito, mais, fût-ce l'impossible, il me semble que je trouverais la force de l'accomplir.

— Tu as pénétré mon secret, je le vois; promets-moi de ne le révéler à qui que ce soit.

— Cependant, maîtresse, M. Roosendal serait si heureux d'apprendre...

— C'est à lui surtout qu'il faut tout cacher avec le plus grand soin ; je connais Guillaume, il porte si haut le sentiment de l'honneur, qu'il n'hésiterait pas à sacrifier la vie de son fils pour proclamer mon innocence, et tu es bien convaincu, n'est-ce pas, que je ne survivrais pas à la pensée de savoir mon enfant brisé par la torture?

— Oh! je le sais, s'écria Pepito.

— C'est bien, je ne te demande plus rien maintenant; si tu veux ma mort, tu sais ce qu'il faut faire pour cela.

Et Madeleine partit, convaincue que désormais son secret serait aussi sûrement gardé par Pepito que par elle-même.

Paolo quittait la chambre du prince quelques instants après Pepito, et, tout en marchant, il résumait ainsi sa position :

— Pour achever mon triomphe et le rendre irrévocable, il faut d'abord trouver quinze mille ducats pour Gil Munos, qui estime ses papiers à dix mille, le misérable! et son coup de poignard à cinq mille; puis s'occuper de calmer l'admiration de Régina pour madame Roosendal, car il faut s'attendre à tout de la part d'un cerveau aussi étrange, et enfin décider le comte de Ristaël à chasser son neveu, qui ne nous laissera jamais en repos, et finirait peut-être par découvrir la vérité, en dépit de toutes les précautions que j'ai prises pour la rendre impénétrable.

Il aperçut de loin Régina à son balcon; la physionomie grave et l'air profondément absorbé, elle dardait au loin des regards enflammés, et parut éprouver une vive émotion à l'aspect de Paolo.

A certains symptômes qui lui étaient familiers, celui-ci comprit qu'elle l'attendait avec impatience, et il se hâta de la rejoindre.

— Eh bien, lui dit Régina dès qu'il parut, est-il vrai qu'il soit mort assassiné?

— Cela paraît certain, répondit Paolo, et, tout en s'en affligeant vivement, ses amis eux-mêmes conviennent que telle devait être la fin d'un homme qui a soulevé contre lui tant de haines dans Anvers.

— Alors, on voit dans ce meurtre la vengeance d'un mari ou d'une famille?

— Oui, et ce mari, qu'on nomme tout bas, vous le devinerez quand je vous dirai que tout à l'heure, devant moi et devant cinquante gentilshommes présents à cette scène aussi étrange qu'inattendue, madame Roosendal, pâle et les yeux rouges de larmes, s'est précipitée dans la chambre du prince et est tombée à genoux devant son corps, en proie au plus violent désespoir dont j'aie jamais été témoin.

— Madame Roosendal! s'écria Régina en se levant brusquement; ainsi, c'était vrai, elle est allée chez lui cette même nuit, après avoir accueilli par le plus fier silence l'amour à la fois le plus pur, le plus ardent et le plus respectueux que jamais femme ait inspiré?

— Qu'est-ce que cela prouve, sinon que madame Roosendal connaît le prix de la circonspection et qu'elle a jugé imprudent de trahir son amour dans un endroit où pouvait se glisser une oreille indiscrète; c'est ainsi que s'établissent les grandes réputations de vertu.

— Et moi qui étais en admiration devant cette femme! moi qui enviais l'innocence de son âme et la pureté de sa vie! Ah! c'est une hypocrisie infâme!

— C'est pour cette haute vertu que le prince Farnèse a été tué, dit Paolo.

— C'est odieux! odieux! odieux! s'écria Régina dans un

élan de colère et d'indignation qui lui fit monter le feu au visage.

— A merveille! murmura à part lui Paolo, c'est une haine mortelle; je ne pouvais désirer mieux.

Il ajouta :

— Avez-vous vu le comte aujourd'hui?

— Il s'est présenté trois fois depuis ce matin et m'a fait supplier par Mariette de vouloir bien l'entendre, mais j'ai refusé.

— De mieux en mieux, pensa Paolo, tout marche aujourd'hui au gré de mes souhaits.

Régina reprit, après un moment de réflexion :

— Vous aviez donc remarqué que madame Roosendal avait un masque semblable au mien?

— Oui, mais ce détail insignifiant ne m'est revenu à l'esprit qu'au moment où Louis de Ristaël voulut en faire la preuve de l'accusation qu'il dirigeait contre vous.

Après un nouveau silence, Régina s'écria tout à coup :

— Et cette femme qui avoue publiquement sa faute, après avoir fait preuve avec le prince d'une prudence et d'une dissimulation si profonde! Il y a dans toute cette affaire des choses qui confondent mon esprit.

Jugeant que Régina se trouvait exactement dans les dispositions où il avait voulu la mettre, Paolo prit congé d'elle et se rendit chez le comte de Ristaël.

Il le trouva en même temps très-heureux et très-inquiet : heureux du dénoûment imprévu qu'avait eu une aventure dans laquelle avaient failli disparaître à la fois son repos et son honneur; inquiet de l'obstination avec laquelle Régina avait refusé à trois reprises de le recevoir.

Ainsi qu'il s'y attendait, Paolo fut reçu par le comte comme un sauveur, mais il avait disposé son plan et s'était armé d'une gravité qui résista au plus gracieux accueil.

— Vous paraissez fâché contre moi, comte Popoli, lui dit le vieillard, et je conviens que vous avez quelques raisons de m'en vouloir, mais avouez vous-même que les apparences étaient accablantes et que tout autre à ma place fût tombé dans la même faute.

— Je le reconnais, répondit froidement Paolo, et loin de vous conserver la moindre rancune, j'ai cherché et je crois voir trouvé le moyen d'assurer votre bonheur en même temps que celui de Régina.

— Je vous en sais gré, dit le comte en regardant Paolo avec inquiétude.

— Monsieur le comte, reprit Paolo, il ne faut pas nous le dissimuler, c'est bien moins aux calomnies de votre neveu et à cette ridicule invention d'une visite nocturne au prince Farnèse, qu'au passé même de Régina, qu'il faut attribuer l'extrême facilité avec laquelle vous avez conçu contre celle-ci les soupçons les plus outrageants. Il est évident que ces propos vous eussent trouvé beaucoup moins crédule, si votre femme, au lieu d'avoir passé sa jeunesse à chanter dans les carrefours et sur les grands chemins de l'Italie, fût née au sein de quelque illustre et opulente famille. Ces réflexions m'ont décidé à conseiller à Régina un parti violent, énergique peut-être, mais qui, après ce qui s'est passé, me paraît le seul propre à assurer votre bonheur à tous deux.

— Et ce parti? demanda le comte de plus en plus inquiet.

— Ce parti? c'est une séparation.

— Une séparation! s'écria le comte avec force, il est impossible que vous ayez conçu sérieusement une pareille pensée?

— C'est le seul moyen de vous soustraire l'un et l'autre à une existence intolérable; car, songez-y, la véritable cause de la défiance dont vous avez fait preuve en cette occasion, c'est-à-dire le passé de Régina, cette cause existera toujours et ramènera sans cesse les mêmes inconvénients.

— Je vous répète que je ne veux pas entendre parler de séparation; et qui vous dit, d'ailleurs, que Régina partage votre sentiment à cet égard?

— Vous en avez une preuve assez palpable dans le refus qu'elle a fait de vous recevoir.

— En effet, murmura le vieillard, anéanti tout à coup par cette réflexion.

Paolo l'examina à la dérobée, et après s'être assuré de l'effet de sa comédie, il reprit, en tâchant de dissimuler sous un air indifférent la gravité de la question qu'il abordait :

— Quant à moi, en ce qui me concerne personnellement, j'emporte au moins la consolation de savoir que vous vous estimerez heureux d'être enfin débarrassé d'un beau-frère criblé de dettes.

— Je ne vous comprends pas, dit le comte.

— Les dettes, oh! je ne les nie pas, reprit vivement Paolo, mais, après tout, elles ne se montent guère à plus de quinze mille ducats, et j'ai cru que le titre que je porte, et surtout l'honneur d'être allié au comte de Ristaël, me faisaient une loi de vivre autrement qu'un petit bourgeois d'Anvers.

— Et vous avez eu raison, comte Popoli, s'écria le vieillard; mais comment aurais-je pu vous blâmer d'avoir fait cette dette, puisque je l'ai ignorée jusqu'à cette heure?

— Quelqu'un m'a pourtant rapporté ce propos comme l'ayant entendu de votre bouche, dit Paolo du ton le plus naturel. Enfin, on s'est trompé, n'en parlons plus.

Il y eut un moment de silence, pendant lequel le comte de Ristaël marchait dans sa chambre avec tous les signes de la plus vive anxiété.

— Comte Popoli, dit-il en s'arrêtant brusquement en face de celui-ci, je vous en supplie, renoncez à cette pensée; dites-moi ce qu'il faut faire pour apaiser le ressentiment de Régina, et vous aurez acquis des droits éternels à ma reconnaissance.

— Il me paraît difficile de faire revenir Régina d'une résolution que je crois aussi fermement arrêtée dans son esprit que dans le mien; mais si quelque chose pouvait la toucher, ce serait à coup sûr l'éloignement immédiat de celui qui, dans un but d'intérêt qu'il ne s'est même pas donné la peine de dissimuler, n'a pas hésité à jeter le deshonneur sur votre nom et la discorde entre vous et votre femme.

— Chasser mon neveu Louis! dit vivement le comte.

— Sans doute.

— Oh ! qu'à cela ne tienne; ce n'est pas l'affection qu'il m'a montrée qui peut m'attacher à lui. Voulez-vous vous charger de lui faire part de ma volonté?

— Volontiers; mais il pourrait douter de ma parole, et il me semble qu'une lettre de vous...

— Je vais l'écrire à l'instant même, en lui disant que c'est vous qui fixerez la pension que je consens à lui faire dès qu'il aura quitté la ville.

Et le comte se mit à écrire cette lette avec un empressement qui attestait son désir d'être agréable à Paolo.

En la remettant, il ajouta d'un ton plein de cordialité :

— Et maintenant, comte Popoli, voulez-vous me rendre un nouveau service?

— De grand cœur, si cela est en mon pouvoir, répondit Paolo.

— Eh bien, accordez-moi la faveur d'accepter les quinze mille ducats dont vous vous êtes endetté, faute d'avoir confiance en moi.

Quoiqu'il s'attendît à cette proposition, qu'il avait habilement provoquée, Paolo eut beaucoup de peine à dissimuler la joie qu'il en ressentait.

— Je ne vous cacherai pas, monsieur le comte, dit-il enfin, que vous me mettez dans un grand embarras:

— Comment cela? demanda le comte.

— Cette offre, que j'eusse acceptée sans hésister, il y a quelques jours, je devrais la refuser maintenant.

— Je ne vois pas quel motif...

— C'est que si je conseille à Régina de revenir sur ce projet de séparation que nous avions arrêté ensemble, il me semble que mon avis ne sera plus aussi désintéressé, et cela me gênera singulièrement.

— Ah ! de grâce, mon cher Paolo, ne vous laissez pas aller à une délicatesse qui serait si funeste à mes intérêts.

— Je ne puis vous promettre qu'une chose, dit Paolo, c'est de laisser à Régina toute sa liberté dans cette affaire, sans chercher à influencer nullement sa décision, et je suis à peu près certain qu'elle sera très-sensible à la réparation que vous lui accordez en chassant votre neveu.

— Dans une heure, dit le comte, je vous ferai remettre les quinze mille ducats par mon domestique.

Paolo sortit le cœur gonflé de joie.

— C'est à cette heure seulement, dit-il, que je suis sûr de la victoire; tant que je n'ai pas eu de quoi acheter à Gil Munos cette précieuse liste, j'avais toujours à craindre qu'il ne lui prît fantaisie de la livrer à don Gonzalvo. Alors le jeune Roosendal étant livré à la justice du conseil des Troubles, c'est-à-dire à maître Jean Christophe, madame Roosendal n'avait plus aucune raison pour cacher la vérité, et comme beaucoup de gens hésistent à la croire coupable, même après son propre aveu, nous étions condamnés tout d'une voix, et cette fois perdus sans ressource. Quant à Louis de Ristaël, il faut que dans vingt-quatre heures il ait quitté la ville d'Anvers, et, ces deux résultats obtenus, c'est-à-dire la liste en mon pouvoir et le neveu loin d'ici et dans l'impossibilité de nous nuire, tout danger disparaît, mon mariage a lieu, et une fois uni à Cornélia, je puis braver tous mes ennemis.

Comme Paolo allait se rendre chez Louis de Ristaël, un domestique vint le prévenir que madame Roosendal le priait de se rendre près d'elle.

XXXVIII

CONTRE-TEMPS.

Paolo se disposait à se rendre en toute hâte chez madame Roosendal, car il ne s'expliquait pas pour quel motif elle pouvait le faire appeler, et toute nouvelle venant de ce côté l'inquiétait vivement.

Mais comme il allait quitter sa chambre, Louis de Ristaël s'y présentait.

— Vous paraissez surpris de me voir, comte Popoli, lui dit le jeune homme d'un air de bravade.

— Surpris et ravi, répondit Paolo, votre société a pour moi un charme dont vous ne sauriez vous faire une idée.

— Vous faites de l'esprit, monsieur le comte!

— Par bonté d'âme, il faut bien que quelqu'un en fasse pour ceux qui en cherchent.

— Moi je ne cherche que la vérité, et je suis venu pour vous dire tout simplement ma pensée sur ce qui s'est passé chez madame Roosendal. Que mon oncle se soit laissé prendre à cette scène, il n'y a rien là que de très-naturel de la part d'un vieillard qui ne demandait qu'un prétexte pour persister dans sa passion insensée; que les autres témoins de cette comédie soient également tombés dans le piége, cela se conçoit encore, car il faut avouer qu'elle a été habilement conduite; mais moi, moi qui ai vu de mes propres yeux la comtesse Régina entrer masquée chez le prince Farnèse, moi qui l'ai vue sortir de chez lui à visage découvert, comme je vous vois en ce moment, vous n'espérez pas, sans doute, que j'aie pu être votre dupe comme les autres ?

— Et bien, non, s'écria Paolo, je ne le pense pas.

— C'est heureux.

— Je me suis dit : je me flatterais vainement de tromper messire Louis de Ristaël; il a trop de finesse et de pénétration dans l'esprit pour ne pas deviner tout de suite que c'est à prix d'or que j'ai résolu madame Roosendal à se déclarer coupable du crime d'adultère devant deux mille personnes, en face de son fils et de son époux, et à l'instant même où sa vertu recevait la plus haute distinction qui ait jamais été accordée à aucune femme.

— Quant au moyen que vous avez employé pour décider madame Roosendal à cet acte inouï, j'avoue que je ne le soupçonne même pas, répliqua le jeune homme, mais je vous déclare, qu'en dépit de tout, son innocence est aussi évidente à mes yeux que la culpabilité de la comtesse Régina, et que, fort de cette conviction, je poursuivrai la tâche que j'ai commencée jusqu'à ce que j'aie dévoilé la vérité.

— Eh bien, vrai, dit Paolo avec un ton de parfaite

bonhomie, peut-être n'agirais-je pas autrement à votre place; il est si pénible de renoncer à un héritage qu'on s'est habitué à considérer comme son bien! Il serait si doux de perdre la femme qui vous prive de cette fortune, et qu'il suffit de faire condamner comme adultère pour réduire tous ses droits à néant! Oui, sur mon âme! je vous comprends et vous excuse.

— Votre approbation m'encourage.

— Puisque vous faites tant de cas de mon opinion, je vais vous donner un conseil.

— C'est vraiment trop de bonté.

— A votre place, je laisserais là cette affaire, bien convaincu que l'innocence finit toujours par triompher tôt ou tard, et je me mettrais à voyager, ce qui, de tout temps, a été considéré comme excellent pour la jeunesse.

Louis de Ristaël regarda Paolo avec surprise.

— La proposition est un peu bizarre, dit-il.

— Vous ne sauriez croire à quel point les voyages développent l'esprit et excercent l'observation; c'est justement ce que je disais tantôt à votre oncle, et l'excellent vieillard, qui vous rend bien l'affection que vous avez pour lui, s'est écrié tout à coup : « Pourquoi ne procurerais-je pas à mon neveu un plaisir si bien fait pour lui? »

— Ah! je commence à comprendre, dit Louis.

— Et, poursuivit Paolo, comme je me figurais la joie qu'allait vous causer cette attention de sa part, il s'attendrit tout à coup à cette pensée, s'écria qu'il serait désolé de vous faire languir, et avec un empressement qui m'émut jusqu'aux larmes, il se mit aussitôt à vous écrire un petit mot... que voilà.

Il tira de sa poche la lettre du comte de Ristaël, et la remit au jeune homme.

— Voyons, dit celui-ci.

Il l'ouvrit et la parcourut rapidement.

— C'est bien cela, dit-il après avoir lu; mon cher oncle m'ordonne de quitter sa maison et Anvers aujourd'hui même.

— Excellent homme! dit Paolo d'une voix attendrie.

— Pour sa maison, soit, il est dans son droit ,reprit Louis de Ristaël, mais quant à Anvers, c'est différent : mon cher oncle oublie que le neveu qui perd son héritage recouvre son indépendance.

— Dans cette lettre, votre oncle vous promet, je crois, de pourvoir à vos besoins et à vos plaisirs par une pension en rapport avec le nom que vous portez et le rang que vous devez tenir.

— J'ai vu cela, et suis fort touché de cette intention.

— Inutile de vous faire observer que si vous vous obstiniez à rester à Anvers malgré l'ordre de votre oncle, vous n'avez pas une obole à attendre de lui.

— Je m'en doute bien un peu.

— Et vous persistez à demeurer?

— Plus que jamais.

— Croyez-moi, écoutez la voix de la prudence, messire Louis de Ristaël.

— Je n'écoute que la voix de ma conscience, qui me dit que je suis appelé à faire éclater tôt ou tard l'innocence de madame Roosendal.

En face d'une fermeté qu'il n'avait pas prévue, Paolo laissa percer quelque inquiétude sur son visage. Mais, comprenant combien il lui importait de paraître indifférent à cette détermination, il se remit aussitôt et dit en souriant :

— Si vous réussissez dans cette entreprise, messire Louis, je vous engage à chercher la pierre philosophale, car ce sera la preuve certaine que Dieu vous a marqué d'un signe providentiel et que vous êtes appelé à trouver l'impossible.

— Merci du pronostic, comte Popoli ; la pierre philosophale viendra fort à propos pour remplacer l'héritage que vous m'enlevez. Allons, au revoir!

Et il sortit, laissant Paolo en proie aux plus tristes réflexions.

Paolo avait beau se dire qu'il n'existait aucune trace du moyen employé pour rejeter sur madame Roosendal la faute de Régina ; que le seul individu dont le témoignage eût été à craindre était étendu sur son lit avec quatre coups de poignard dans le cœur ; que l'amour sans bornes de madame Roosendal pour son fils lui garantissait son silence; il avait beau se dire tout cela, la persistance de Louis de Ristaël à rechercher la vérité, sa conviction imperturbable à l'égard de Régina l'inquiétaient vivement et lui faisaient désirer par-dessus toute chose l'éloignement de celui-ci.

— Si je tenais les papiers de Gil Munos, pensa-t-il, je pourrais braver à coup sûr tous les efforts de messire Louis, dont toutes les preuves, quelles qu'elles fussent, viendraient toujours se briser contre les paroles de madame Roosendal.

En ce moment, deux coups furent frappés discrètement à la porte ; il courut ouvrir, et un domestique entra portant sur ses épaules un sac sous le poids duquel il semblait plier.

C'étaient les quinze mille ducats promis par le comte de Ristaël.

Cette exactitude, qui attestait éloquemment son désir de rentrer en grâce près de Régina, rappela à Paolo qu'il avait de ce côté une mission assez difficile à remplir.

Mais l'apparition subite d'un nouveau personnage reporta aussitôt toutes ses pensées sur un autre objet.

Ce personnage était Gil Munos.

— As-tu le papier sur toi? lui demanda Paolo à voix basse.

— Avez-vous l'argent? répliqua Gil sur le même ton.

Paolo lui montra le sac d'or que venait d'apporter le domestique.

— Et il y a là?... demanda-t-il.

— Quinze mille ducats, dix mille pour les papiers et cinq mille pour... l'autre service.

— Ah! monsieur le comte, pouvez-vous estimer à six peu la vie d'un prince?

— Hein! fit Paolo, saisi tout à coup d'une vague inquiétude.

— Quant à moi, reprit Gil Munos, j'ai plus de respect pour le rang, et je croirais faire tort à la mémoire du prince en recevant moins de quinze mille ducats pour sa mort.

— Misérable!

— Encore est-ce bien peu, car si nous voulions nous en rapporter sur ce point à l'estimation de certaines belles dames, cela n'aurait pas de prix, et Dieu sait où je m'arrêterais

— Mais, malheureux, murmura Paolo entre ses dents, car cette conversation avait toujours lieu à demi-voix, nous étions convenus de cinq mille ducats?

— Quand j'étais seul, oui. J'aurais pu vous passer la chose à ce prix ; mais vous avez voulu un compagnon pour plus de sûreté, je l'ai pris, et si vous saviez comme il est exigeant!

— Gil, tu es un misérable de la dernière espèce.

— Il y a longtemps que nous le savons l'un et l'autre, sans cela vous ne m'auriez pas proposé et je n'aurais pas accepté la petite affaire dont nous débattons le prix en ce moment.

— Mais ces quinze mille ducats devaient payer tout!

— Il n'est jamais trop tard pour revenir sur une folie.

— Ainsi, tu refuses de me livrer ces papiers?

— Moi? Nullement.

— Ah! s'écria vivement Paolo, tu consens...

— Je n'ai qu'une parole, et je serai ravi de vous les remettre contre les dix mille ducats convenus ; or dix mille pour les papiers, quinze mille pour le petit péché dont je viens de charger ma conscience, cela nous fait, je crois, vingt cinq mille ducats.

— Encore dix mille ducats à trouver, s'écria Paolo hors de lui, mais c'est impossible! et pourtant il me faut cette liste!

— Puisque ces quinze mille ducats sont à moi, dit Gil Munos en montrant le sac d'or, je puis l'emporter, n'est-ce pas?

— Oui, pour que tout le monde te voie et cherche la raison de cette libéralité, répliqua Paolo avec humeur.

— La prudence avant tout, vous avez raison, dit Gil, évidemment contrarié de ce retard; alors nous attendrons à ce soir pour l'emporter.

— Viens ce soir, bandit sans foi.

— Je viendrai, mais il est bien dur, quand on a la conscience d'avoir fait son devoir, de se voir traiter de la sorte, soupira Gil Munos d'un air très-affligé. Allons, à ce soir, monsieur le comte, et que, jusque-là surtout, le ciel vous conserve la vie et la santé.

— Et toi, que Satan t'étrangle! murmura Paolo entre ses dents.

Gil Munos sortit.

XXXIX

LA TIGRESSE AMOUREUSE.

— Encore dix mille ducats! s'écria Paolo, saisi d'un désespoir furieux, où les puiser? C'est qu'il ne cédera pas la liste à moins! Ainsi cette combinaison si habile, si audacieuse, si heureusement conduite, il va la faire crouler par des prétentions impossibles à satisfaire! Ainsi le seul pas qui me restait à faire pour être sauvé sans retour, c'est lui qui m'empêche de le franchir! Oh! l'infâme! l'infâme! Gil Munos et Louis de Ristaël! On dirait vraiment que c'est l'enfer qui a suscité ces deux hommes contre moi! Et maintenant, voilà madame Roosendal qui me fait appeler; pourquoi? Aurait-elle trou véquelque moyen de s'arracher de mes griffes? Je n'en vois aucun, mais, dans les situations désespérées, l'esprit devient singulièrement inventif, et puis elle a pour conseil et pour esclave dévoué ce damné Pepito, dont je connais la finesse, et il ne serait pas impossible... Allons, il faut que je sache à quoi m'en tenir, hâtons-nous de l'aller voir.

Mais les obstacles surgissaient coup sur coup pour l'empêcher de se rendre chez madame Roosendal; après Louis de Ristaël et Gil Munos, ce fut un messager de Cornélia. L'Espagnole le priait de passer chez elle à l'instant même.

Il n'était pas prudent de la faire attendre, Paolo dut donc lui donner la préférence.

Il la trouva sombre et agitée.

— Comte Popoli, lui dit-elle dès qu'elle l'aperçut, vous me voyez inquiète de ce qui se passe et mécontente contre moi-même.

— Mécontente contre vous, senora? Et à quel propos, demanda Paolo?

— Je vais vous le dire et vous exprimer toute ma pensée.

— Je vous écoute, senora.

— Comte Popoli, jusqu'à présent, les Flamands m'ont accusée de sévérité outrée, de barbarie même, mais au fond de la haine qu'ils me portent, il y a quelque chose qui ressemble à du respect, parce que nul ne doute que, dans l'exaltation de ma foi religieuse, je ne sois toujours animée d'un profond sentiment de justice. Or, ce respect, je ne le mérite plus; ce sentiment, j'y ai manqué, et c'est vous qui m'avez fait déchoir à mes propres yeux.

— Vous exagérez, senora, s'écria Paolo.

— Je n'exagère rien, comte Popoli; ce n'est plus la gloire de la religion ni celle du roi qui me guide; je n'obéis plus qu'à mes passions; je mets honteusement à leur service mes bourreaux et le prestige de ma puissance, et pour la première fois j'ai horreur de moi-même. En m'abandonnant au sentiment qui m'entraînait vers vous, j'ai toujours pensé que je pourrais le dominer le jour où il voudrait me faire dévier de la ligne que je me suis tracée pour arriver à mon but, et voilà que, dans l'intérêt de mon amour, je me prête à une ruse qui me conduirait inévitablement à ma perte, si elle venait à la connaissance du duc d'Albe, qui me redoute et me hait, ou de Philippe II, qui veut que tout cède devant les intérêts de la religion, et ne voit dans l'amour qu'une méprisable faiblesse. J'ai donc trop présumé de moi-même quand j'ai cru que je pourrais guider et comprimer cette passion à mon gré, et suivant que je la trouverais plus ou moins dangereuse pour mes projets; c'est cette passion, au contraire, qui s'est emparée de moi, qui m'a dirigée au gré de son caprice, jetant le vertige dans mon esprit, me poussant dans la voie que je voulais éviter, opprimant despotiquement ma conscience et m'entraînant vers un abîme que je vois distinctement, dont j'ai sondé la profondeur et que je ne puis éviter. Ah! Paolo! Paolo! ça été une heure fatale dans ma vie que celle où je vous ai rencontré sur mon chemin!

— Et qui donc pourra jamais soupçonner la vérité dans cette affaire? objecta Paolo.

— Quand elle resterait toujours ignorée, ne serai-je pas incessamment poursuivie par cette crainte? Et puis, je me croyais plus forte, et mon orgueil a reçu de cette défaite une blessure dont il ne se relèvera pas; avec ma confiance en moi-même s'éteindra, ou du moins s'affaiblira mon énergie, et qui sait si, à dater de l'heure où je vous parle, il n'est pas écrit là-haut que mon rêve ne s'accomplira pas?

— Je vous assure, chère Cornélia, que rien de tout cela n'est à craindre, que le mystère le plus profond enveloppera toujours cette affaire, et que notre triomphe est irrévocablement accompli.

— Peut-être; mais, en tout cas, nous avons intérêt à en finir aussi rapidement que possible; notre sécurité est là: aussi je m'occupe depuis ce matin de l'affaire de madame Roosendal. Je remettrai aujourd'hui même les pièces que je prépare sous les yeux du juge appelé à la connaître, et comme j'exerce sur son esprit une grande influence, elle sera jugée demain, condamnée sans nul doute, et transportée immédiatement dans la contrée où elle doit finir ses jours. C'est alors seulement que je me croirai garantie contre le danger d'une révélation; je serai rassurée, mais en même temps obsédée par un remords qui me poursuivra longtemps, le remords d'avoir brisé la vie et souillé l'honneur de la plus noble et de la plus pure des femmes. Si au moins son fils eût été coupable, rebelle ou hérétique, j'eusse été plus forte pour la perdre; à mes yeux, c'eût été la colère de Dieu tombant sur une famille impie, mais il n'en est rien et je le savais quand, d'accord avec vous pour lui arracher par la terreur l'aveu d'une faute dont elle était innocente, je tenais sans cesse mes regards attachés sur son fils.

— Ne craignez-vous point qu'on ne blâme une telle précipitation?

— C'est ce qui arrivera sans nul doute; mais la lenteur pourrait nous perdre, je préfère le blâme. Je vous ai fait venir pour vous prier de vous rendre immédiatement chez Van Baëlen notre juge, que vous préparerez d'abord en lui racontant dans le plus grand détail tout ce qui s'est passé, puis vous lui direz que je le prie de venir me voir. Je vous le répète, il faut que dans trois jours madame Roosendal soit embarquée pour l'Amérique.

Paolo quitta Cornélia en proie à une indicible anxiété: où trouver en trois jours les dix mille ducats, faute desquels tout son plan allait échouer? C'était une difficulté de plus ajoutée à toutes celles qui, depuis le matin, venaient l'assaillir coup sur coup.

Il se creusa la tête pour trouver une issue à cette terrible position, passa en revue tous les gens qu'il connaissait dans Anvers, et résolut de les voir tous successivement avant de se rendre près de madame Roosendal, qui, toute réflexion faite, ne pouvait le faire appeler que pour lui demander le prix de son sacrifice, c'est-à-dire la fameuse liste des chefs de l'association des foulons.

Il fallait donc avant toute chose retirer cette liste des mains de Gil Munos, et pour cela se procurer la somme exigée par celui-ci.

XL

LE JUGEMENT.

Tout cédait, dans Anvers, à la volonté de Cornélia; aussi, suivant le désir qu'elle en avait exprimé, madame Roosendal paraissait-elle dès le lendemain devant le tribunal, présidé par maître Van Baëlen.

Si à cette époque, à la fois si terrible et si glorieuse pour elle, la Flandre compta beaucoup de cœurs généreux, toujours prêts à braver l'échafaud pour arracher leur pays à la sanglante tyrannie des Espagnols, elle rencontra aussi quelques citoyens timides, toujours disposés à courber la tête sous le joug, à prêter au besoin leur concours au despotisme, dans la crainte d'en devenir les victimes.

Maître Van Baëlen était bien connu pour appartenir à cette dernière catégorie; et c'est à son caractère craintif qu'il avait dû d'être élevé à la haute position qu'il occupait alors. Grâce à cet instrument docile, Cornélia dirigeait à sa guise les jugements du tribunal, auquel elle paraissait donner une complète indépendance en lui donnant un Anversois pour président.

Dans un entretien, dont le but apparent était de s'éclairer avec lui sur l'affaire qui préoccupait toute la ville et à laquelle elle paraissait prendre elle-même un vif intérêt, Cornélia avait laisse maître Van Baëlen pénétré de ses sentiments et tout à fait convaincu de la culpabilité de madame Roosendal.

Ce fut donc avec une opinion toute faite et bien arrêtée qu'il prit place dans son fauteuil à l'heure du jugement.

L'affluence était considérable; la vaste salle des séances était comble.

Quand Van Baëlen donna ordre que l'accusée fût introduite, il se fit un silence si profond, si solennel, qu'on eût dit que la vie venait de se retirer subitement de toutes ces poitrines.

Ce fut un effet étrange et saisissant ; Van Baëlen lui-même en fut ému, et ce ne fut pas sans un certain trouble qu'il tourna ses regards vers la porte par laquelle devait entrer Madeleine.

Elle entra lentement, et à son aspect un murmure d'admiration parcourut toute l'assemblée. Jamais, dans tout l'éclat de sa fraîcheur, elle n'avait paru aussi belle qu'en ce moment.

Entièrement décolorés, ses traits semblaient plus purs de lignes, son teint avait une transparence qui donnait à son type quelque chose de surnaturel, et ses grands yeux noirs, brillants sur cette belle pâleur, avaient nne douceur et une pureté divines.

Dans sa souffrance, il y avait une telle sérénité, qu'on eût cru voir rayonner sur son front l'auréole des martrys.

Cornélia, qui se tenait dans le coin le plus sombre de la salle, s'était attendue à l'effet que produirait son entrée, effet auquel elle ne put se soustraire elle-même; mais elle savait fort bien que madame Roosendal allait renouveler devant le tribunal l'aveu qu'elle avait fait au sein de sa fête, et que, quelles que fussent les sympathies de la foule, elle serait bien obligée de se rendre à l'évidence de cette preuve,

Tout se passa comme elle l'avait prévu.

Interrogée par Van Baëlen, Madeleine s'avoua coupable et fut condamnée.

Paolo éprouva un immense soulagement en entendant prononcer l'arrêt. N'ayant pu trouver les dix mille ducats que demandait Gil Munos, il n'avait osé se rendre chez madame Roosendal et il craignait qu'au dernier moment elle ne vînt à douter de sa parole et ne déclarât hautement la vérité devant tout le peuple accouru pour assister à son jugement.

Ce fut un moment terrible pour Madeleine, que celui où on lui lut la sentence et où elle connut enfin, dans son horrible nudité, la peine qu'elle allait subir.

Van Baëlen prononça l'arrêt d'une voix tremblante, car il avait été longtemps l'ami de Guillaume Roosendal, et s'était laissé aller comme les autres au charme qu'exerçait Madeleine sur tous ceux qui l'approchaient.

Nous avons dit ailleurs quel était le châtiment infligé aux adultères, nous ne le répéterons donc pas ici.

Par une faveur exceptionnelle, jusque-là sans exemple, on donna pour prison à madame Roosendal sa propre demeure, afin qu'elle passât au milieu des siens les vingt-quatre heures qui devaient s'écouler entre le jugement et son départ d'Anvers.

Mais Madeleine, en rentrant chez elle, s'était renfermée dans sa chambre, après avoir donné ordre à Pepito d'aller prévenir le comte Popoli qu'elle désirait lui parler, et recommandé à Périne de ne laisser pénétrer personne près d'elle.

Alors les trois femmes, Marthe, Périne et Zora, étaient venues s'accroupir au seuil de cette chambre, et, la tête dans leur tablier, elles n'avaient pas cessé de pleurer.

Christian vint bientôt et voulut voir sa mère, mais Périne lui fit part de l'ordre positif qu'elle venait de recevoir, d'interdire sa porte à tout le monde, et surtout à lui et à son père.

— A moi surtout! murmura Christian d'une voix brisée. Oh! pauvre mère, si elle refuse de me voir, c'est qu'elle veut mourir de douleur.

Et il se retira en sanglotant, mais il s'éloigna peu, et les trois servantes entendirent avec un serrement de cœur le bruit de ses pas dans la grande galerie où s'était passée la scène qui venait de jeter le deuil et la honte dans cette famille, la veille encore si heureuse et si honorée.

Il revint ainsi à trois reprises, toujours suppliant qu'on le laissât voir sa mère, et se retirant toujours devant l'inflexibilité de Périne.

Quant à Guillaume Roosendal, il n'était pas sorti de sa chambre depuis le mot fatal qui, comme la foudre, était, tombé sur son bonheur et l'avait réduit en poussière. Quelle impression avait-il éprouvée? De quels sentiments était-il animé vis-à-vis de Madeleine? C'est ce que tout le monde ignorait, mais la gravité de son caractère et l'austérité de ses principes; faisaient supposer naturellement que sa femme n'avait à attendre de sa part qu'une inexorable sévérité, et qu'il la laisserait partir sans lui témoigner la moindre compassion.

Au bout de deux heures, la porte de la chambre s'ouvrit, et Madeleine parut sur le seuil. Elle regarda avec un calme et une fixité étranges ses trois servantes groupées dans un coin, pleurant, sanglotant, la tête dans leurs genoux.

— Que faites-vous là, mes enfants? leur dit-elle d'une voix dont la douceur était profondément navrante, et pourquoi pleurez-vous?

— Hélas! chère maîtresse, répondit Périne, nous voulions vous faire nos adieux.

— Vos adieux?... Ah! oui, dit-elle en passant lentement la main sur son front.

Puis elle ajouta :

— Merci, mes enfants, merci. Vous m'avez toujours été fidèles et attachées, j'emporterai de vous un bon souvenir.

— Oh! la cruelle femme que la senora Cornélia! murmura Marthe.

— Que vous a-t-elle donc fait, mes enfants? demanda Madeleine, qui, le regard fixe et brûlant, semblait jeter au hasard ces paroles sans en comprendre le sens.

— Nous voulions vous suivre, chère maîtresse, répondit Zora; nous demandions la grâce d'aller vous servir là-bas... où ils vous envoient, et cette méchante créature nous a refusées impitoyablement.

— Pauvres femmes! oh! excellents cœurs! s'écria Madeleine, qui, retrouvant peu à peu la conscience d'elle-même, se sentit profondément attendrie devant cette preuve de dévouement.

Après un moment de silence, elle ajouta à voix basse:

— Les adieux, elles y ont songé, elles!

— Zora entendit ces mots, et comprenant la pensée de sa maîtresse :

— Notre jeune maître est venu bien souvent pour vous voir, dit-elle vivement, mais vos ordres étaient si positifs, que nous avons refusé de le laisser entrer, malgré ses prières, malgré ses larmes.

Madeleine se pencha tout à coup vers la jeune Bohême, lui posa la main sur l'épaule, et fixant sur elle un regard plein de feu :

— Ses larmes! tu l'as vu pleurer? dit-elle d'une voix dans laquelle on sentait rouler les sanglots.

— C'était à fendre le cœur, répondit Zora.

— Pauvre cher enfant! soupira Madeleine.

— Tenez, il est là, dans la galerie, entendez-vous ses pas? dit Zora.

Madame Roosendal prêta l'oreille, et l'on eût dit, à l'expression de son visage, qu'elle entendait une musique délicieuse.

— Un mot, et il sera ici, dit Zora en faisant un pas vers la galerie.

— Non, je ne veux pas, dit Madeleine d'une voix brève et ferme.

Elle ajouta tout bas :

— Il ne faut pas qu'il doute ; et s'il était là, me prodiguant ses caresses, pleurant à mes pieds, aurais-je le courage de lui dire que je suis la plus coupable des épouses et la plus dégradée des mères? Allons, il n'y faut plus songer.

Elle reprit aussitôt :

— Est-ce que le comte Popoli n'est pas encore venu ?

— Pas encore, répondit Périne.

Elle se tut; ses réflexions prirent aussitôt un autre cours, et elle murmura tout bas avec un sourire doux et triste :

— Il pleurait, pauvre enfant !

Elle ajouta bientôt, avec un accent plein de mélancolie :

— C'est le premier élan d'une âme désespérée ; mais la réflexion viendra, et puis on lui fera comprendre que l'amour et le respect dont il était pénétré pour sa mère doivent s'effacer désormais de son cœur et faire place à la haine et au mépris.

Elle se frappa le front et s'écria avec l'accent du plus violent désespoir :

— Oh ! c'est trop ! mon Dieu ! c'est trop !

Et elle resta longtemps le visage plongé dans ses deux mains.

XLI

LA PROCESSION.

Quand Madeleine releva la tête, une résignation pleine de calme et de grandeur avait fait place au désespoir.

— Pauvre créature que je suis, murmura-t-elle, j'ai accepté le sacrifice et je ne sais pas en subir les conséquences ! J'ai appelé le malheur sur ma tête, et je m'en détourne avec effroi ! N'ai-je pas renoncé moi-même, par cet horrible aveu, à l'amour de mon fils et de mon mari ?

Elle ajouta après un moment de silence :

— Mon mari ! Ah ! que de honte et de désespoir j'ai apporté dans sa maison !

Ses servantes la regardaient avec surprise, ne comprenant que vaguement les paroles qui lui échappaient et craignant qu'elle ne fût en proie au délire.

Madame Roosendal comprit leur pensée aux regards inquiets qu'elles échangeaient entre elles.

— Non, mes enfants, leur dit-elle, Dieu ne m'a pas fait la grâce de m'ôter la raison : il me l'a laissée pour que je sentisse bien tout le poids de mon malheur.

Elle reprit un instant après :

— Et... mon mari, où est-il ? que fait-il depuis?...

Elle n'eut pas la force d'achever, et Périne, qui l'avait comprise, lui en évita la peine.

— Depuis ce moment, répondit-elle, notre maître est resté renfermé dans son cabinet, et, comme vous, il ne veut voir personne, excepté son fils.

— Oui, murmura Madeleine d'une voix brisée, son fils, il peut le voir, lui !

— Hélas ! le pauvre enfant, il ne pense qu'à vous, dit Marthe ; il a passé dix minutes avec son père, et il ne cesse de rôder autour de votre porte. Pourquoi vous priver d'un bonheur?...

— Non, non, s'écria vivement Madeleine, ne me parle plus de lui, Marthe ; ce bonheur m'est défendu, il faut que je parte sans le revoir.

Elle secoua la tête et fit un geste comme pour chasser cette pensée ; puis elle reprit :

— Parlons de vous, mes enfants ; si vous avez pensé à moi, je ne vous ai pas oubliées, moi aussi, j'ai pensé aux adieux. Tenez, voyez plutôt.

Elle leur fit signe de la suivre dans sa chambre, et là, leur montrant divers objets étalés sur un meuble :

— Voilà ce que je vous laisse en partant, dit-elle ; je vous connais, vous m'aimez bien toutes trois, vous pleurerez quelquefois en pensant à moi ; eh bien ! j'ai voulu vous laisser ces souvenirs, ils vous parleront des derniers moments que nous aurons passés ensemble, et vous rappelleront que, bien loin d'ici, courbée sous la honte plus encore que sous le travail, votre maîtresse aussi se souvient de vous et pleure les heures heureuses qu'elle a connues parmi vous trois, dans cette maison où elle devait vieillir et qu'elle va quitter la rougeur au front, le déshonneur...

— Maîtresse! oh! assez, s'écria Zora tout en larmes.

Madeleine essuya ses yeux, et de cette voix douce et résignée, plus déchirante encore que les sanglots :

— Tenez, mes enfants, acceptez cela, dit-elle aux trois femmes.

Et elle donna à chacune quelques bijoux et quelques parties de sa garde-robe.

— Mes enfants, leur dit-elle ensuite, vous allez me faire une promesse.

— Oh ! parlez, parlez, chère maîtresse ! s'écria Périne.

— Vous le savez, mes enfants, tous les ans, au jour de Noël, après avoir assisté ensemble à la messe de minuit, nous nous réunissons dans la salle à manger où brûle entière la bûche réservée pour ce jour-là, nous prenons tous place comme une seule et même famille autour de la table chargée de mets préparés à l'avance, et alors maîtres et serviteurs sont un moment confondus dans une si parfaite égalité que jusqu'à la fin du repas il serait impossible de distinguer les uns des autres ?

Madame Roosendal s'interrompit un instant, puis elle reprit d'une voix qui s'altérait de plus en plus à mesure qu'elle parlait :

— Quand je ne serai plus là, mes enfants, cette coutume se continuera toujours; eh bien, promettez-moi de vous parer tous les ans, à Noël, mais ce jour-là seulement, pour qu'ils durent davantage, de tous les objets que vous venez de recevoir de moi : ce même jour, et à cette même heure, c'est-à-dire après la messe de minuit, moi aussi je célébrerai cette fête et je prononcerai vos noms tout bas ; je n'aurai pas de famille autour de moi, pas de bûche brûlant joyeusement dans l'âtre et éclairant de sa grande flamme le visage épanoui des convives; je serai seule, j'aurai froid; pour toute parure, j'aurai une robe de bure grossière, et ce jour-là j'arroserai de larmes bien amères le pain noir qui formera tout mon repas, mais je penserai que, bien loin de moi, trois cœurs dévoués, gonflés comme le mien de larmes et de sanglots...

Elle ne put continuer, les pleurs ruisselaient sur son visage et tombaient brûlants sur les mains de Zora, qui sanglotait à ses pieds.

Marthe et Périne s'étaient détournées et pleuraient aussi, la tête appuyée contre la muraille.

Elles furent arrachées à leur douleur par un bruit vague et prolongé qui se fit entendre dans la rue.

— Qu'est-ce? demanda Madeleine en essuyant ses larmes:

Zora se leva vivement et courut à la fenêtre.

— Que se passe-t-il dans la rue, Zora? lui demanda Madeleine.

— Je ne sais ce que c'est, maîtresse, répondit Zora, mais c'est un bien beau spectacle.

— Un beau spectacle! Que vois-tu donc?

— Une foule de peuple, vêtu comme aux plus grands jours de fête et précédé de bannières éclatantes avec des dessins étranges; ce sont, je crois, tous les corps de métiers.

— Ah! ...Et après, que vois-tu encore, demanda Madeleine avec une animation étrange dans la voix et dans le regard.

— Après, dit Zora, je vois venir les prêtres avec leurs riches habits rouge et or.

— Et ne vois-tu rien de remarquable parmi ces prêtres?

— Oui, oui, un dais magnifique, et sous ce dais un prêtre beaucoup plus richement vêtu que tous les autres.

— C'est cela, ah! c'est cela! murmura Madeleine en proie à une violente agitation.

Puis s'adressant de nouveau à Zora :

— Et que vois-tu venir derrière ce dais, lui dit-elle?

— Un groupe de femmes; ah! je les reconnais à leurs longues robes de soie, ce sont celles qui sont venues ici cette nuit, et l'une d'elles tient à la main la palme d'or que...

Un cri de douleur, échappé à madame Roosendal, arrêta la parole sur les lèvres de Zora.

— Ah! malheur! malheur! s'écria Madeleine, c'était moi qui, en recevant cette palme, devais être désignée à toute la ville comme la plus pure et la plus noble entre toutes les femmes, et au lieu de cet honneur, qui rejaillissait sur tous les miens, sur mon époux et sur mon fils, c'est la plus éclatante des hontes qui va tomber sur ma tête et les souiller eux-mêmes d'une tache ineffaçable. Demain, une autre procession parcourra la ville, et celle-là se composera de deux personnages, moi et le bourreau, moi, promenée pieds nus de carrefour en carrefour, comme la plus dégradée des créatures, le bourreau me montrant du doigt au peuple, et proclamant partout mon crime! Oh! horrible! horrible martyre!

Zora, Marthe et Périne se rapprochèrent d'elle, mais elle les éloigna d'un geste.

— La douleur est trop forte, retirez-vous, leur dit-elle en laissant tomber sa tête sur sa poitrine.

Elles sortirent toutes trois.

XLII

TENTATIVES.

On se souvient que madame Roosendal avait envoyé Pepito chez le comte Popoli, pou rprier ce dernier de se rendre immédiatement près d'elle.

Tout en parcourant les rues d'Anvers, Pepito réfléchissait à la position de madame Roosendal et aux moyens de la tirer de l'abîme où l'avait plongée une odieuse machination.

L'ineffable bonté de Madeleine, l'humanité dont elle avait fait preuve en recueillant et soignant Zora, au risque d'exciter la colère de Cornélia, la noblesse de sa nature, le martyre qu'elle subissait à cette heure, et peut-être aussi sa merveilleuse beauté dont il subissait le charme à son insu, toutes ces raisons avaient donné à la reconnaissance et à l'admiration du Bohême pour sa maîtresse un caractère d'exaltation qui concentrait son cœur, son âme et toutes ses facultés dans une seule pensée : celle de la sauver à tout prix.

— Évidemment, pensait-il, le marché conclu entre ma maîtresse et ce misérable Lazzaro est très-clair pour moi; madame Roosendal se condamne à une honte et à un désespoir éternels, à la condition de recevoir de Lazzaro, en échange du sacrifice qui sauve sa sœur et sa propre fortune, à lui, la liste des chefs de l'association des foulons, qui contient l'arrêt de mort de mon jeune maître. Il est certain que ma pauvre maîtresse doit éprouver une horreur profonde pour Lazzaro, et pourquoi désire-t-elle le voir? C'est qu'apparemment, Lazzaro n'a encore pu obtenir la terrible liste, que Gil Munos estime sans doute à un prix très-élevé, et madame Roosendal appelle Lazzaro pour la lui demander. Dans cette situation, que puis-je faire pour venir en aide à ma maîtresse ?

Il fut arrêté au milieu de ses réflexions par une foule considérable attroupée au coin d'un carrefour, et dans laquelle il remarqua des visages fort animés, mais il s'inquiétait fort peu de connaître la cause qui pouvait réunir et émouvoir tous ces gens; il passa donc tout droit et poursuivit ainsi le cours de ses pensées :

— De deux choses l'une, se dit-il, ou Lazzaro, ne pouvant se procurer la somme exigée par Gil Munos, celui-ci ne lâche pas la liste, et alors non-seulement ma maîtresse est perdue, mais le misérable Gil, voulant tirer parti de sa trouvaille, la porte à Cornélia, qui livre notre jeune maître à ses bourreaux; ou bien cette liste tombe enfin entre les mains de Lazzaro, qui la remet à madame Roosendal, et, celle-ci, trop loyale pour manquer à sa parole, accomplit le sacrifice jusqu'au bout : de toute façon, sa perte est donc inévitable si je ne trouve à l'instant même quelque moyen de combler l'abîme dans lequel elle va tomber.

Il rêvait à ce moyen, quand il se vit de nouveau arrêté

dans sa marche par un rassemblement de Flamands qui, comme les autres, paraissaient sous l'empire d'une vive agitation.

En s'ouvrant un passage à travers cette foule, Pepito entendit quelques mots qui piquèrent sa curiosité ; il écouta alors et apprit que le motif de cette animation était le rappel en Espagne du duc d'Albe, auquel Philippe II réprochait entre autres griefs, comme empiétant sur sa prérogative royale, le mouvement d'orgueil qui l'avait poussé à faire élever sa statue en bronze dans la forteresse d'Anvers.

Tout le monde se réjouissait de cette mesure, qui semblait annoncer, de la part du roi d'Espagne, l'intention d'entrer dans des voies tout opposées à celles qui avaient acquis au duc d'Albe une si sanglante célébrité, et l'on se disait tout bas que la senora Cornélia, ayant rivalisé de férocité avec le duc, le rappel de ce dernier entraînait fatalement la disgrâce de celle-ci.

Pepito, lui aussi, accueillit avec joie l'espoir de cette disgrâce, dans laquelle il vit l'aplanissement de bien des difficultés et le salut presque certain de madame Roosendal. Cependant, comme Cornélia pouvait conserver le pouvoir quelques jours encore et que l'humiliation de cette chute aurait pour résultat inévitable de la rendre plus terrible que jamais, Pepito jugea prudent de ne pas attendre cet événement, d'ailleurs très-incertain, et de chercher quelque expédient pour sauver à la fois sa maîtresse et son jeune maître.

Comme il allait entrer à l'hôtel du Conseil des Troubles, où, lui avait-on appris, le comte Popoli se trouvait à cette heure, Pepito vit venir d'un pas rapide Gil Munos, la mine sérieuse et l'air fortement préoccupé.

— Oh ! oh ! pensa le Bohême, notre ami Gil marche comme un homme qui se sait impatiemment attendu et qui lui-même a hâte d'arriver. Ou je me trompe fort, ou il vient pour conclure le marché, et, en ce cas, il a sur lui le papier que je payerais de la moitié de mon sang. Ah ! s'il était seul, avec quel empressement je lui ferai faire la connaissance de mon stylet !

Mais il y avait là une cinquantaine de soldats dispersés devant la porte et le long du corridor sombre qui conduisait dans l'intérieur de l'hôtel; Pepito dut donc laisser passer paisiblement Gil Munos.

— Que faire? pensa-t-il : songer à user de violence à son égard maintenant qu'il est protégé par tous ces soldats, c'est impossible ; imaginer quelque ruse, le temps manque ; attendons, il va bientôt sortir ; les circonstances m'inspireront peut-être.

Paolo était en ce moment avec Cornélia, et Gil Munos dut attendre à la porte.

Cornélia était entrée rayonnante dans la pièce qu'occupait Paolo depuis qu'elle l'avait fait nommer secrétaire du Conseil des Troubles.

— Vous avez sans doute quelque heureuse nouvelle, senora, lui dit Paolo, car je vois briller la joie dans vos yeux?

— Tenez, voyez plutôt, dit Cornélia, en lui présentant une lettre qu'elle tenait à la main.

Paolo ouvrit la lettre et reconnut avec surprise l'écriture du duc d'Albe, qu'il connaissait parfaitement.

— Une lettre du duc d'Albe ! dit-il en regardant Cornélia.

— Voyez ce qu'elle contient, reprit celle-ci avec un calme sous lequel perçait l'orgueil du triomphe.

La lettre du duc était ainsi conçue :

« SENORA,

« Le roi me rappelle; je m'incline avec respect devant son autorité souveraine, laissant à ceux qu'il en estimera plus dignes et plus capables le soin de gouverner ce pays d'hérétiques, et décidé à lui donner une nouvelle preuve d'attachement en l'éclairant sur le caractère de ceux qui ont voulu bâtir leur fortune sur ma ruine.

« Adieu, senora, que Dieu vous garde !

« Ferdinand-Alvarès DE TOLÈDE,

« DUC D'ALBE. »

Après la lecture de cette lettre, Paolo resta un peu soucieux.

— Eh bien! votre cœur ne bondit pas de joie à cette nouvelle? s'écria impétueusement Cornélia. Vous ne comprenez donc pas que la chute du duc d'Albe, c'est mon triomphe, à moi, et qu'avant qu'il ait franchi la frontière d'Espagne, je serai proclamée gouvernante des Pays-Bas?

— Je le crois comme vous, senora, répondit Paolo d'un ton qui n'exprimait pas une conviction profonde; mais presque tous les événements ont deux faces par où il faut les envisager pour n'être pas pris au dépourvu. Le duc d'Albe perd le gouvernement des Pays-Bas, et comme vos rapports et vos insinuations sont pour beaucoup, à coup sûr, dans la détermination de Philippe II, il est tout naturel de croire que vous êtes appelée à recueillir ce magnifique héritage. Voilà l'endroit de la médaille.

— Ce qui signifie que cette médaille a un envers? dit Cornélia d'un ton dédaigneux.

— Et cet envers, répliqua Paolo, c'est la haine du duc d'Albe et le serment de vengeance qu'il vous fait dans les termes les plus mesurés.

— Que m'importent la haine et la vengeance d'un homme qui a perdu tout crédit sur l'esprit du roi? N'est-ce pas lui, au contraire, qui doit tout redouter de moi, et ne reçoit-il pas à l'instant la preuve la plus claire, la plus foudroyante de la faveur dont je jouis près de Sa Majesté? Allez, son étoile, s'éteint, la mienne se lève; il est trop prudent politique pour ne l'avoir pas compris et pour oser entrer en lutte avec moi.

— Peut-être avez-vous raison, senora, et je reconnais comme vous que tout semble l'attester; mais si le duc d'Albe a été inhabile à gouverner, s'il a tout compromis par ses violences, qu'il ne faut attribuer qu'à son caractère, il est avant toute chose, et restera toujours aux yeux de Philippe le grand capitaine qui a triomphé sur vingt champs de bataille, et a maintenu le nom espagnol au point où l'avait porté Charles-Quint. Le roi d'Espagne est trop prudent pour se montrer ingrat envers un homme qui peut encore lui rendre des services si importants, et voilà pourquoi je déclare qu'il est dangereux de s'exposer à sa haine et à sa vengeance.

— Le roi d'Espagne a d'autres capitaines que le duc d'Albe, et je crois, moi, qu'il mettra son orgueil à le lui prouver.

— Fort bien ; mais s'il allait lui prouver le contraire en perdant quelques batailles.

— Oh! je ne sais pas répondre à tant d'objections, répliqua l'Espagnole, évidemment choquée de voir accueillir avec tant de froideur une nouvelle dans laquelle elle voyait un triomphe si certain.

— Elle ajouta aussitôt :

— Mais il est un moyen infaillible de paralyser les efforts du duc d'Albe, c'est de trouver enfin les chefs de cette fameuse association des foulons, et de faire parvenir la nouvelle de leur exécution à Madrid avant que le duc y soit entré, et voilà ce dont il faut nous occuper sans relâche.

—Vous avez raison, senora, répondit Paolo un peu troublé.

— Il faut mettre tous nos espions en campagne à cet effet, leur recommander de concentrer tous leurs efforts sur cette affaire, et, quant à présent, promettre une magnifique récompense à celui qui découvrira un de ces chefs; une fois celui-là entre nos mains, la torture le fera parler, et nous aurons bientôt les autres. Je vous quitte pour donner mes instructions à cet égard; vous-même, Paolo, vous nous seconderez de tout votre pouvoir, car notre fortune est là, et dans trois jours j'aurai découvert les coupables; je vous le jure, rien ne me coûtera pour y réussir. Gouvernante des Pays-Bas, c'est-à-dire presque reine! s'écria Cornélia; avec une pareille perspective, il n'est pas d'obstacles qu'on ne puisse renverser, c'est comme si je tenais ces hommes dans ma main.

Elle sortit laissant Paolo atterré, car si Christian tombait en son pouvoir avant que madame Roosendal eût subi sa peine et quitté la Flandre, celle-ci révélait toute la vérité, Régina était perdue et son union avec Cornélia devenait impossible.

Or, non-seulement ce mariage lui offrait un avenir splendide, illimité, mais il y trouvait un refuge contre les conséquences de certaine erreur de jeunesse que lui avait rappelé Pepito et dont la nature lui eût rendu Philippe II inexorable, car si le lecteur s'en souvient, il s'agissait d'un vol sacrilége.

XLIII

DEUX VIEUX AMIS.

Paolo était sous l'empire de ces tristes pensées, quand Gil Munos fut introduit près de lui.

Gil le quittait au bout de dix minutes, et nous saurons bientôt quel avait été le résultat de cette courte entrevue.

Après Gil Munos, ce fut Pepito qui se présenta devant Paolo.

Le Bohême avait vu sortir Gil, et dans l'air de satisfaction que respiraient les traits du soldat, il avait cru reconnaître que celui-ci venait de livrer enfin ses papiers à un prix avantageux.

— Alors, dit-il, c'est à notre ami Lazzaro qu'il faut nous adresser.

Paolo parut un peu surpris de voir entrer son ancien compagnon, mais s'il en fut contrarié, ce qu'on pourrait affirmer sans crainte, il n'en laissa rien percer.

— Ah ! c'est toi, Pepito, lui dit-il, aurais-tu besoin de mes services ?

— Justement, monseigneur, répondit le Bohême, c'est un service, un très-grand service que je viens réclamer de vous à cette heure ; mais permettez.

Il s'en fut à la porte qui donnait sur une galerie sombre et déserte, la ferma à double tour et revint près de Paolo.

— Que signifie cette précaution ? demanda celui-ci.

— Elle signifie que je suis un homme prudent, voilà tout.

— Fort bien ; dis-moi maintenant ce qui t'amène.

— C'est ce que je vais faire en quelques mots.

Il reprit, après avoir considéré Paolo en silence pendant quelques instants :

— Monseigneur, je ne vous apprendrai rien de nouveau en vous disant que j'ai été jadis un chenapan digne de la corde, et que beaucoup de pauvres diables suspendus entre ciel et terre l'avaient moins mérité que moi. Que voulez-vous ? c'était dans le sang et dans les coutumes, j'avais sucé le vol avec le lait, et loin de me le faire envisager comme une honte, on me le montrait comme une ressource toute naturelle, comme un métier tout aussi honorable qu'aucun autre, et même plus noble, en ce qu'il exigeait de l'esprit et de l'audace, et ne me tenait pas, comme une bête de somme, toujours attaché à la même place et courbé sous le même fardeau. Je me mariai, et ma nouvelle position ne changea rien à ma manière de vivre ; ma femme, étant née Bohême comme moi, ne pouvait s'étonner, et encore moins s'indigner de me voir faire ce qu'avaient fait sous ses yeux son père et ses frères. Il fallait donc un miracle pour m'éclairer sur l'infamie de mon existence et me faire comprendre toute l'ignominie des actes que j'accomplissais chaque jour avec le calme de la plus parfaite innocence. Le miracle eut lieu, un ange me fut envoyé, cet ange, c'est madame Roosendal, que vous voulez perdre et que je veux sauver.

— Ah çà, je crois que tu rêves, mon pauvre Pepito ; est-ce moi qui ai divulgué la faute de madame Roosendal, ou est-ce elle-même qui a déclaré publiquement avoir été la nuit chez le prince Farnèse?

— Oh ! je sais qu'en apparence vous êtes complétement étranger au malheur qui a frappé la famille Roosendal, mais j'ai mes raisons pour penser différemment. D'abord, je ne saurais admettre qu'à moins d'y être contrainte, une femme, coupable ou non, reconnaisse avoir commis une pareille faute, et qu'elle choisisse, pour un tel aveu, le jour où elle réunit chez elle les gens les plus considérables de la ville, l'heure même où sa vertu est honorée d'une distinction jusque-là sans exemple.

— Dans une âme aussi noble, aussi loyale que celle de madame Roosendal, répliqua Paolo, le remords explique tout.

— Le remords, monseigneur, dit Pepito, peut en effet pousser une femme à un pareil aveu, mais non devant son fils, non devant une immense assemblée, car ce scandale aurait justement pour effet de doubler ses torts vis-à-vis de son mari, en rendant son déshonneur public. Madame Roosendal a donc subi une terrible, une inexorable contrainte; voilà ce que tout le monde eût dû deviner, et ce que j'ai seul compris, moi que vous accusez de rêver. Une fois sur cette voie, j'ai cherché à qui pouvait profiter le déshonneur de madame Roosendal, et alors, de réflexions en réflexions, de découvertes en découvertes, je suis arrivé à ce résultat : la senora Cornélia, pour conserver l'estime de Philippe II, et rester aux yeux de tous l'austère et inflexible catholique chez laquelle le cœur se tait en face du devoir, ne peut prendre un époux que dans une famille irréprochable; mon ami Lazzaro, vu les souvenirs qu'il a semés dans le passé, a le plus grand intérêt à s'unir à la senora Cornélia, et voilà que la comtesse Régina, sa sœur, vient tout à coup, par un éclatant scandale, contre-carrer les intérêts de mon ami Lazzaro et la passion de la senora Cornélia. Il est donc évident que l'atroce combinaison dont ma maîtresse est victime part de cette double source, Lazzaro et Cornélia.

— Voilà un raisonnement qui fait au moins honneur à ton imagination, mon cher Pepito, dit Paolo en essayant de sourire, mais puisque tu inventes si bien, tu as dû trouver le moyen magique à l'aide duquel j'ai pu résoudre madame Roosendal à un parti aussi extraordinaire?

— Je l'ai trouvé, en effet, et n'ai eu besoin, pour cela, d'aucun effort d'imagination. Oh! c'est fort simple : le nom de mon jeune maître se trouve inscrit sur une liste de conjurés dont vous avez eu connaissance, et vous avez donné le choix à madame Roosendal entre la mort de son fils et son propre déshonneur.

Pour le coup, Lazzaro ne put dissimuler sa surprise.

Pepito reprit aussitôt, avant de lui laisser le temps de répliquer :

— Cette liste était il y a une heure encore entre les mains

de Gil Munos, qui vous l'a vendue, il n'y a qu'un instant, et le service que je viens vous demander, c'est de vouloir bien me la livrer.

Paolo était anéanti de surprise.

— Si le prince Farnèse existait encore, reprit Pepito, un seul mot de sa bouche jetterait la lumière sur cette affaire et remettrait chaque chose et chaque personnage à sa place, mais comme vous avez jugé à propos de vous en débarrasser à l'aide de Gil Munos et de son compagnon, il ne me reste plus d'autre ressource que de venir vous prier très-humblement de me céder cette liste.

Paolo regardait fixement Pepito et ne trouvait pas un mot à répondre.

— Mais c'est Satan en personne que ce maudit Bohême! murmura-t-il entre ses dents.

— Satan! dit Pepito, dont l'ouïe, aussi fine que celle du sauvage, avait saisi ces mots, oui, Satan est dans cette affaire, mais il est de ton côté, mon ami Lazzaro, il est entre toi et la senora Cornélia.

Il reprit d'un air dégagé :

— Allons, tes instants sont précieux; donne-moi la liste et je te laisse.

— Mais je n'ai pas cette liste! s'écria Paolo, hors de lui.

Pepito se rapprocha de lui. Ses traits avaient pris tout à coup une expression effrayante.

— Lazzaro, lui dit-il, tu m'as vu quelquefois à l'œuvre, et tu sais si je suis homme à reculer quand j'ai résolu quelque chose. Je te répète que je veux sauver madame Roosendal du piége infâme où tu l'as fait tomber, et j'ajoute que si tu ne me livres à l'instant même la liste que je te demande, tu es un homme mort.

Paolo recula brusquement de quelques pas.

— Tu n'as donc pas compris pourquoi j'avais fermé cette porte? reprit Pepito.

Puis, tirant son stylet de sa manche, où il l'avait tenu caché jusque-là :

— Si tu jettes un cri, ce sera le dernier. Et maintenant, je suis pressé; hâtons-nous.

— Puisque tu sais tout, lui dit Paolo, tu ne peux ignorer que cette liste, je ne la demande à Gil Munos que pour la remettre à madame Roosendal.

— Je sais cela.

— Alors, que gagnes-tu à venir me la demander toi-même, et à vouloir me l'arracher par la violence? Que madame Roosendal la reçoive de tes mains ou des miennes, n'est-ce pas absolument la même chose?

— Pas absolument, mon ami Lazzaro, et je vais essayer de te le prouver. Si tu remets toi-même ce papier à madame Roosendal, c'est la conclusion du marché par lequel elle échange avec toi son honneur contre le salut de son fils : sa perte est donc consommée sans retour; si, au contraire, c'est à moi qu'elle doit la vie de son enfant, elle se trouve dégagée vis-à-vis de toi et peut révéler toute la vérité. Est-ce clair, et comprends-tu maintenant que je sois décidé à ne sortir d'ici qu'en emportant ce papier dans ma poche ou en te laissant étendu mort sur ce carreau?

— Je comprends parfaitement cela, répondit Paolo, mais tu t'adresses mal, mon pauvre Pepito.

— Que veux-tu dire?

— Je veux dire que ce papier n'est pas entre mes mains.

— Gil Munos sort d'ici.

— Oui, avec la fameuse liste qu'il n'a pas voulu me laisser et qu'il ira livrer à don Gonzalvo, si demain, à midi, je ne lui ai pas compté dix mille ducats.

—Et je ne l'ai pas suivi! s'écria Pepito avec colère, quand il m'eût été si facile de l'assaillir dans quelque rue déserte!

— L'occasion est passée et ne se représentera pas, car Gil est trop prudent pour porter sur lui un papier aussi précieux, et, pour plus de sûreté, ce n'est pas chez lui qu'il le dépose; il m'en a prévenu.

— Pourrais-tu me donner la preuve qu'il ne t'a pas laissé cette liste? demanda Pepito après un instant de silence.

Paolo réfléchit quelques instants.

— Tu vas l'avoir tout de suite, répondit-il.

Il traça quelques lignes sur un papier qu'il montra ensuite à Pepito; elles étaient ainsi conçues :

« Plus que jamais je compte avoir demain matin les dix mille ducats. Viens me voir et apporte la pièce avec toi. »

— Il vient de rentrer, et il demeure dans l'hôtel, reprit Paolo. Je vais lui envoyer cet écrit, et tu sauras, par sa réponse, s'il est bien vrai que cette pièce soit encore entre ses mains.

Il frappa sur un timbre.

Pepito courut ouvrir la porte, qu'il avait fermée à double tour, et aussitôt un domestique parut.

— Cette lettre de suite à son adresse, et apportez la réponse en toute hâte, dit Paolo en lui remettant la lettre.

Le valet sortit.

— C'était là le motif de ta visite, Pepito? demanda Paolo à son compagnon.

— Non, c'est une idée qui m'était venue en chemin; j'étais envoyé ici par ma maîtresse, qui te prie de passer chez elle.

— Je comprends, elle a hâte de tenir cette liste fatale; eh bien, elle l'aura demain. J'ai demandé cette somme de dix mille ducats à Régina, qui s'est presque engagée à me les donner. Mais je tiens à rassurer moi-même madame Roosendal, et tu peux lui dire que je serai chez elle dans un instant.

Le domestique parut en ce moment.

— Eh bien? lui demanda Paolo.

— Le soldat m'a répondu qu'il apporterait la pièce à l'heure convenue, dit le domestique, qui se retira aussitôt.

— Malédiction! c'était vrai! s'écria Pepito; j'ai pu les sauver tous, et j'ai laissé passer cet homme. Adieu!

Il s'élança vers la porte et disparut.

XLIV

UNE RESSOURCE INATTENDUE.

Quand il fut seul, Paolo se demanda s'il allait se rendre l'invitation de madame Roosendal, à laquelle il était fort embarrassé de n'apporter qu'une promesse, après lui avoir déjà manqué de parole. Cependant il ne tarda pas à reconnaître que la prudence exigeait qu'il la vît, ne fût-ce que pour la soutenir dans son héroïque sacrifice; mais il résolut de se rendre d'abord chez Régina, pour savoir jusqu'à quel point il pouvait compter sur elle.

Il trouva la jeune femme en proie à une tristesse qui se manifestait tantôt par une humeur sombre et taciturne, tantôt par des impatiences fiévreuses et des accès de colère qui finissaient toujours dans les larmes.

— Mariette, disait-elle à sa femme de chambre, j'espérais que cette heure passée près de lui, et non-seulement cette heure, mais la nuit entière, était à moi seule, qu'elle resterait, comme il me l'avait juré lui-même, radieuse et éblouissante dans sa vie, comme un matéore dans l'immensité du ciel; je croyais que mon image flotterait éternellement jeune, éternellement suave à ses yeux ravis au-dessus du tourbillon d'images éphémères qu'il enveloppait dans un même souvenir, et quand je songe qu'une femme est venue effacer d'un souffle l'impression que j'étais si fière et si heureuse de lui avoir laissée dans l'âme, quand je me figure cette femme aspirant le charme de sa voix, buvant la passion de son regard, à l'heure même où je le croyais plongé tout entier dans l'ivresse que nous venions de partager et que je prolongeais avec délices; oh! vois-tu, Mariette, quand toutes ces pensées se pressent dans ma tête, qu'elles brûlent et dévorent comme des langues de feu, il me vient des tentations effroyables, des mouvements de haine dont la violence m'épouvante, une fois la crise passée, et je crois que si, à cette heure, je tenais sous la pointe du poignard qu'il m'a donné cette Madeleine Roosendal...

Régina se tut et plongea brusquement sa tête dans ses deux mains.

C'est à ce moment que Paolo fut introduit près d'elle.

— Eh! bon Dieu! s'écria-t-il, frappé de l'altération de sa physionomie, comme vous voilà noire et sinistre, ma chère Régina; que vous est-il donc arrivé?

— Quelque chose dont vous ne serez jamais menacé,

répondit froidement Régina. Mais laissons cela et dites-moi ce qui vous amène.

— Eh! mais le plaisir de vous voir, apparemment.

— Cela va sans dire, mais passons au vrai motif; en d'autres termes, quel service venez-vous me demander?

— Aucun.

— Cela m'étonne.

— Je viens seulement vous rappeler celui que vous avez bien voulu me promettre.

— Moi! je vous ai promis...

— Dix mille ducats pour demain.

— Où voulez-vous que je les prenne, ces dix mille ducats?

— Mais dans la caisse de votre époux, qui, grâce à moi, n'a plus rien à vous refuser désormais.

— Et sous quel prétexte puis-je lui faire une pareille demande?

— Des prétextes! est-ce que vous en avez besoin; allez, il sera trop heureux de saisir cette occasion de réparer une partie des torts dont il s'est rendu coupable envers vous.

— C'est précisément pour cela que je ne lui demanderai rien.

— Comment! s'écria Paolo stupéfait.

— Les torts sont tout entiers de mon côté; le comte a été trompé, et la dissimulation est trop opposée à mon caractère pour que je consente à pousser plus loin la comédie. Ne comptez donc pas sur moi pour cela.

— Vous m'aviez pourtant promis, Régina...

— Je pensais à tout autre chose, car j'en ai perdu le souvenir. Mais, je vous le répète, je ne vous rendrai pas un pareil service. Non-seulement je ne demanderai pas cette somme à mon mari, mais je la refuserais même s'il me l'offrait; c'est un parti bien résolu.

— Je ne vous comprends pas, Régina.

— Et vous ne me comprendrez jamais, répliqua la jeune femme avec un accent dédaigneux; vous m'avez jugée sur les légèretés, les caprices et les contradictions de mon caractère, sans regarder ce qu'il y avait au fond, et vous vous êtes étrangement mépris sur ma nature.

— Si vous saviez combien il est important pour moi de trouver cette somme !

— Vous allez me dire qu'il y va de votre avenir, dit Régina avec un sourire ironique ; je vous répondrai à cela que tout ce qui est fortune et ambition me touche fort peu.

— Et si, faute de ces dix mille ducats, vous étiez menacée vous-même de perdre la brillante position à laquelle vous vous êtes si bien façonnée qu'on jugerait que vous n'en avez jamais connu d'autre ?

— Je vous ai dit un jour que j'étais complétement indifférente aux jouissances du luxe et au succès de vanité qu'il procure. Ce que je voudrais, ce qui fait l'éternel objet de tous mes rêves et de toutes mes aspirations, c'est quelque grande émotion du cœur, quelque belle passion de l'âme, quelque immense et douloureux dévouement, quelque chose enfin qui me fasse sentir la vie, qui me remue profondément, qui m'arrache, par des joies célestes ou des torrents de larmes, au terre à terre où je rampe et me mine de langueur et d'ennui. Or, que je trouve cela dans l'opulence ou dans la misère, peu m'importe.

— Allons, dit Paolo d'un air découragé, je l'ai toujours pensé, il y a là quelque chose de dérangé.

Et il se toucha le front.

— En effet, répliqua Régina, j'habite une belle maison, j'y suis entourée de bien-être, vêtue de soie et de velours, on m'habille, on me transporte, on m'éviterait même au besoin la peine de penser, et je ne me trouve pas heureuse! évidemment, il y a là un peu de folie.

— Enfin, folie ou non, je vois qu'il n'y a pas à compter sur vous aujourd'hui, dit Paolo.

— Voilà ce que vous avez dit de plus sensé, répliqua Régina.

— Adieu donc, je vais chercher ailleurs.

— Adieu.

Mais, une fois seul, Paolo n'eut pas besoin de longues réflexions pour se convaincre qu'il n'avait aucune chance de trouver ailleurs ce que venait de lui refuser Régina, et il retomba dans une violente perplexité à la pensée de l'entrevue que lui demandait madame Roosendal.

— Dix mille ducats, s'écria-t-il dans un accès de fureur ; songer que ma fortune, et quelle fortune! dépend de cette misérable somme, et ne pouvoir la trouver!

Comme il arrive souvent quand l'esprit est vivement surexcité, il trouva tout à coup une idée dans ce débordement de colère, et après l'avoir examinée un instant, il s'écria, dans un élan de joie :

— Oui, oui, c'est cela, courons vite chez madame Roosendal.

Et il s'y rendit aussitôt.

La porte lui fut ouverte par Périne.

— Ah! c'est vous, enfin, monsieur le comte, lui dit la fidèle servante, dont les yeux rougis attestaient éloquemment la douleur; ma pauvre maîtresse vous demande depuis hier. Sans doute elle espère en vous... Oh! je vous en supplie, monsieur le comte, sauvez-la, et vous nous rendrez la vie à tous! Si vous saviez quelle désolation dans cette demeure! Si vous voyiez la douleur de notre jeune maître, le désespoir de M. Guillaume, qui va et vient pâle et muet comme un fantôme... Ah! cela vous fendrait le cœur!

— Croyez que je suis profondément affecté d'un si grand malheur, répondit Paolo d'un ton pénétré, et soyez assurée que je n'épargnerai rien pour y mettre fin, ou au moins pour l'adoucir autant qu'il sera en mon pouvoir.

— Venez, monsieur le comte, dit Périne en marchant devant lui, et que le ciel seconde vos efforts.

Elle le conduisit dans un salon où se trouvait Madeleine, et dont elle referma la porte après l'avoir introduit.

XLV

SUCCÈS.

A l'aspect de Paolo, les traits décolorés de Madeleine se couvrirent d'une vive rougeur.

— Voilà bien longtemps que je vous attends, monsieur le comte, lui dit-elle d'une voix brève.

— Je vous demande mille excuses pour un retard tout à fait involontaire, dit Paolo avec une politesse aussi calme, aussi dégagée que si rien d'extraodinaire ne fût survenu entre lui et madame Roosendal.

Puis il reprit en s'inclinant, une seconde fois :

— Et maintenant, madame, veuillez m'instruire, je vous prie, du motif pour lequel vous m'avez fait venir.

Madeleine le regarda avec un mélange de surprise et d'indignation qui faillit lui faire perdre contenance.

— Pourquoi je vous ai fait venir! s'écria-t-elle enfin, vous ne le devinez pas?

— Nullement, répondit Paolo, qui avait retrouvé tout son sang-froid.

— Quoi! reprit Madeleine, le regard toujours fixé sur lui, vous m'avez contrainte à m'avouer coupable d'un crime odieux dont vous me savez innocente, et vous ne comprenez pas ce que je vous veux!

— Je vous le répète, madame, je ne le devine pas.

— Je me suis assise sur le banc des criminels ; j'ai subi une condamnation honteuse; je vais être traînée par la ville, montrée au peuple comme la plus dégradée des créatures, moi, moi, Madeleine Roosendal, dont la conscience est aussi intacte que celle d'un enfant, moi dont le nom était cité de tous comme un type d'honneur et de pureté, et vous me demandez pourquoi je vous ai fait venir!

— J'attends humblement que vous veuillez bien me l'apprendre.

— Eh bien! j'ai voulu vous dire qu'il m'est impossible de consommer l'horrible sacrifice que j'ai accepté quand la peur me rendait folle; voilà pourquoi je vous ai appelé.

Quoique très-effrayé d'une pareille résolution, Paolo conserva un visage impassible.

— A votre gré, madame, répondit-il ; mon intention n'est pas de vous contraindre.

— Serait-il vrai! s'écria Madeleine frappée de surprise.

— Rappelez-vous, madame, que je vous ai donné le

choix entre un aveu... pénible, j'en conviens, et la dénonciation de votre fils à la senora Cornélia; ce choix, je vous le laisse encore; je suis tout prêt à déclarer et prouver même votre innocence de manière à lui rendre toute sa splendeur première, mais à la condition, bien entendu, de remettre à Cornélia certain papier...

— Oh! jamais! jamais! s'écria Madeleine avec un geste plein d'énergie.

— Alors, madame, sachez vous résigner.

— Mais vous êtes donc sans pitié, vous ne comprenez donc pas toute l'horreur de ma position.

— Je vous assure, au contraire, que je suis profondément touché de votre désespoir et que votre position m'inspire le plus vif intérêt.

— Alors pourquoi vous acharner à ma perte ! Quel est le motif qui peut vous dicter cette odieuse et inexplicable conduite?

— Je vais vous le dire, madame. Vous avez entendu messire Louis de Ristaël déclarer publiquement chez vous que la comtesse Régina de Ristaël, ma sœur, avait été vue sortant la nuit de chez le prince Farnèse?

— Oui, je me rappelle cela.

— Eh bien! comme il m'est impossible de nier cette aventure, comme je suis forcé de reconnaître l'existence de cette femme, de ce masque et de tout le scandale qui s'en suit, et que, d'un autre côté, je tiens à ce que ma sœur sorte entièrement pure de cette affaire, il faut de toute nécessité que je fasse retomber la faute sur une autre, et cette autre, ce ne pouvait être que vous.

— Et pourquoi cela?

— Parce que, dans son admiration pour vous, ma sœur, qui avait appris par hasard quel masque vous deviez porter, s'en était fait faire un exactement semblable; parce que plusieurs personnes, votre mari, entre autres, ont su qu'à la fête de don Gonzalvo, vous aviez eu un entretien d'un quart d'heure avec le prince Farnèse, parce qu'enfin vous avez quitté la fête et l'hôtel du Conseil quelques instants après lui, que vous avez été vue par plusieurs personnes au moment où vous sortiez avec tous les signes d'une violente agitation, et que, pendant votre absence, messire Roosendal vous a cherchée partout sans vous trouver ; or, ces détails devaient naturellement se représenter à tous les esprits et paraître autant de preuves de la faute dont vous vous avoueriez coupable.

Madeleine considéra avec épouvante par quelle fatale combinaison les faits les plus simples et les démarches les plus innocentes se réunissaient pour l'accabler.

— Oh ! c'est horrible ! horrible ! s'écria-t-elle en serrant avec force son front entre ses mains.

Puis, s'adressant brusquement à Paolo :

— Mais puisque je suis innocente, lui dit-elle, votre sœur est donc coupable?

Pour moi et pour vous, oui, répondit Paolo, mais de sa considération dépendent tous mes projets d'avenir, c'est vous dire qu'il faut que vous portiez le scandale et le châtiment de sa faute, et que rien au monde ne saurait me faire changer de résolution sur ce point.

— Mon Dieu ! mais songez donc à ce que vous exigez de moi, monsieur le comte ; mais c'est un crime, un crime épouvantable que vous voulez accomplir là

— Je vous assure, madame, que je ne me fais nullement illusion sur l'odieux de ma conduite, mais je suis dévoré d'ambition, et ne parlez ni de pitié ni de justice à un ambitieux, c'est un langage qui ne saurait le toucher. Je vous le répète, ma fortune dépend de votre perte, rien au monde ne saurait vous y soustraire.

Il y eut un long silence pendant lequel madame de Roosendal resta longtemps anéantie et comme écrasée sous le poids d'un malheur qu'elle voyait désormais inévitable.

Elle releva enfin la tête et s'adressant à Paolo qui l'examinait avec inquiétude :

— Je suis résignée, lui dit-elle, mais vous comprenez que je veux être complétement rassurée sur le sort de mon fils ; or, sa sûreté est attachée tout entière à ce papier que vous me vendez si cher et que vous avez promis de me livrer ; donnez-le moi.

— Je ne demanderais pas mieux, répondit Paolo, malheureusement...

— Et bien? demanda Madeleine avec inquiétude.

— Malheureusement, je vois surgir à cet égard un obstacle que je n'avais pas prévu.

— Un obstacle! ah! parlez, parlez vite.

— Quand je vous ai dit que ce papier était en mon pouvoir, je le considérais ainsi, le sachant aux mains d'un homme dans lequel j'avais toute confiance et qui avait promis de me le livrer. Je me trompais, cet homme est un misérable qui n'a pas honte de me demander dix mille ducats d'une pièce dont le hasard l'a rendu maître.

— Et vous hésitez à le lui acheter?

— Je n'hésiterais nullement si j'avais dix mille ducats, mais je ne les ai pas, et, depuis hier, j'ai tenté vainement des efforts surhumains pour me les procurer.

— Mon Dieu! mon Dieu, que me dites-vous là, murmura Madeleine, en se laissant tomber sur un siége.

Écrasée par ce nouveau coup, elle laissa tomber sa tête sur sa poitrine et resta immobile, l'œil fixe et sans regard.

Paolo l'examinait à la dérobée et on devinait à l'expression de son visage qu'il roulait quelque projet dans sa tête.

—Écoutez, dit-il tout à coup et en étudiant l'effet de ses paroles sur les traits de madame Roosendal, il me vient une idée.

— Voyons, dit vivement Madeleine.

— Vous jouissez d'une grande considération dans la ville, et il n'est pas un Anversois qui ne s'empressât de me prêter cette somme sur votre recommandation...

— Il y a trois jours, oui, répliqua, Madeleine, mais aujourd'hui que je suis flétrie, aujourd'hui que, par le seul fait de ma condamnation, je cesse d'être la femme de Guillaume, c'est impossible, j'échouerais partout.

— Et vous ne voyez aucun autre moyen? insinua Paolo.

Madeleine passa la main sur ses yeux et se mit à réfléchir.

Les traits contractés, Paolo attendait sa réponse avec tous les signes de la plus violente anxiété.

Après quelques instants de silence, madame Roosendal se leva tout à coup, le regard brillant d'espoir.

— J'aurai les dix mille ducats, s'écria-t-elle.

— Je m'en doutais bien, murmura Paolo en respirant à pleine poitrine, il n'y a que le cœur d'une mère pour trouver des inspirations.

Le front de Madeleine s'était assombri de nouveau.

— Oui, je trouverai cette somme, disait-elle comme se parlant à elle-même, mais à quel prix! encore une nouvelle, une affreuse torture; mon cœur les aura connues toutes,

— Ainsi, lui dit Paolo, je puis compter sur la somme?

— Oui, répondit Madeleine sans détourner la tête.

— Quand dois-je revenir pour cela?

— Dans une heure.

— Dix minutes après la liste sera entre vos mains.

— C'est bien; veuillez me laisser seule maintenant, lui dit Madeleine, qui semblait tombée depuis quelques instants sous l'empire d'une profonde préoccupation.

— Un mot encore et je me retire, dit Paolo. Quand j'ai découvert l'existence de cette liste, il ne tenait qu'à moi de livrer votre fils, dont le nom se trouve précisément inscrit en tête de ses complices, et, si dure que soit la condition que j'y ai mise, vous me savez gré, n'est-ce pas, d'avoir sauvé votre enfant de la torture et de la mort?

— Oui, quel que soit le supplice que vous m'avez infligé, je vous remercie du fond de l'âme, répondit Madeleine.

— Eh bien! si je vous demandais de me donner dès à présent une garantie contre toute tentation de votre part de révéler la vérité ?

— N'avez-vous pas ma parole?

— Sans doute, mais le désespoir de quitter tout ce qu'on aime, les larmes d'un fils, la douleur d'un mari, tout cela est bien émouvant ; le cœur se brise, le secret s'en échappe et il se trouve qu'on a trahi sa parole sans le vouloir.

— Que faut-il donc pour vous rassurer?

— Quelque chose de très-simple. Voyez-vous, madame, les gens peu scrupuleux sur les moyens d'atteindre le but qu'ils se proposent, et je veux bien avouer que je suis de ceux-là, savent fort bien reconnaître et apprécier chez les autres les sentiments qui sont éteints en eux, et c'est cette science du cœur humain, c'est cette science de ses grandeurs et de ses faiblesses, qui fait toute leur force. Ainsi, madame, d'une femme telle que vous, la meilleure garantie que je puisse désirer contre un changement de résolution, c'est un serment. Tendez la main vers cette image du Christ et jurez qu'à partir de cette heure, vous ne révélerez jamais, soit en secret, soit publiquement, un seul mot de ce qui a été convenu entre nous, et je serai complétement rassuré.

Madame Roosendal tendit la main vers le crucifix et dit :

— Sur le salut de mon fils, je le jure!

— Fort bien, c'est le meilleur gage que je puisse désirer. Laissez-moi maintenant vous donner un conseil avant de vous quitter. N'oubliez pas, chaque fois que vous vous trouverez en face de messire Guillaume Roosendal, que vous devez apporter tous vos efforts à le convaincre de votre culpabilité, et que s'il soupçonnait la vérité, il n'hésiterait pas une minute entre la mort de son fils et la réhabilitation de son honneur.

Il salua Madeleine et sortit.

— Allons, se dit-il, tout s'arrange à merveille, madame Roosendal elle-même fournit les dix mille ducats que je désespérais de trouver, et son serment me garantit contre toutes les tentatives de Pepito. Ma cause est irrévocablement gagnée désormais.

XLVI

MADELEINE ET REGINA.

Paolo était sorti depuis dix minutes environ, et Madeleine se disposait à rentrer dans sa chambre, quand Périne vint la prévenir qu'une femme demandait à lui parler.

— Une femme, qui est-elle, t'a-t-elle dit son nom? demanda Madeleine?

Avant que Périne n'eût répondu à cette question, la porte restée entr'ouverte s'ouvrait toute grande et livrait passage à celle qui venait d'être annoncée.

C'était Régina.

Elle s'arrêta au milieu de la pièce, fixa sur Madeleine un regard dans lequel, à travers une ardente colère, se faisaient jour les sentiments les plus opposés, puis se tournant vers Périne :

— Laissez-nous seules, lui dit-elle avec autant d'autorité que si elle eût été chez elle.

Périne la regarda avec surprise, puis, sur un geste de Madeleine, elle sortit.

Regina toisa madame Roosendal d'un air sombre, et après un moment de silence, elle lui dit en se posant en face d'elle :

— Me connaissez-vous, madame?

— Vous êtes la comtesse de Ristaël, répondit Madeleine qui, en tout autre temps, eût été effrayée de l'expression sinistre empreinte sur les traits de Regina, mais sur laquelle la crainte n'avait plus de prise.

— Et sachant qui je suis, vous ne devinez pas ce qui m'amène? reprit Regina.

— Je ne le devine pas, répondit Madeleine, à laquelle la grandeur de son désespoir donnait un calme imposant.

— Je vais donc vous le dire.

Elle promena ses regards autour d'elle ; puis elle reprit, après quelques instants de silence :

— Il y a trois jours encore, madame, je serais entrée dans cette maison comme dans un temple et me serais inclinée devant vous comme devant une image sacrée ; il y a trois jours, il me semblait que l'atmosphère de cette demeure eût suffi pour purifier mon cœur et mon âme de toutes leurs mauvaises passions et que votre seule parole eût eu le pouvoir de me communiquer quelques-unes de vos vertus, car, vous allez bien rire, madame, vous étiez sans cesse présente à mon esprit, j'avais fait de vous le plus pur et le plus parfait idéal de la femme, je ne voyais pas une tache dans votre vie, pas une ombre sur votre vertu, et quand les mauvais instincts bouillonnaient en moi et me poussaient dans la voie du mal, c'était vous que j'implorais tout bas, comme d'autres implorent la Vierge, pour chasser les tentations funestes. N'est-ce pas, madame, que j'étais bien folle et que j'avais été étrangement inspirée dans le choix de mon idéal?

Une larme tremblait aux cils de Madeleine, mais elle trouva la force de comprimer sa douleur, et répondit avec une douceur qui fit tressaillir Regina :

— Allez toujours, madame, quelles que soient les insultes dont on m'abreuve, j'ai perdu le droit de m'en offenser. D'ailleurs, des affronts plus sanglants encore ne m'attendent-ils pas, et ne dois-je pas apprendre à les souffrir?

Cette résignation touchante, cette voix pénétrante et suave causèrent à Régina une émotion qu'elle eut beaucoup de peine à dominer. Elle y parvint cependant, et se reprocha même de s'être laissé surprendre ainsi en se rappelant tout à coup les preuves nombreuses et accablantes qui attestaient si clairement la faute de madame Roosendal.

— Moi aussi j'ai commis des fautes, reprit-elle, ma jeunesse n'a été qu'une suite d'erreurs et de folies, mais nul n'avait pris soin de guider mon inexpérience et de développer mon cœur; j'étais née et j'avais grandi sur les grands chemins, abandonnée tout enfant par mes parents, n'ayant personne à aimer ni à honorer en ce monde, Ah! si comme vous j'avais eu une famille, si comme vous j'avais grandi à l'ombre d'une mère, croyez-moi, madame, j'aurais aimé la vertu avec passion, j'aurais professé un culte pour tous les devoirs que j'ai ignorés, plutôt que méconnus; je n'aurais pas flétri toute une vie honorable par une heure de délire passée chez un prince Farnèse, comme vous l'avez fait il a trois jours.

— Quoi! s'écria Madeleine, incapable de se maîtriser à ces dernières paroles, quoi! c'est vous qui osez m'adresser un pareil reproche!

— Oui; car si, comme vous, j'ai passé une heure chez le prince Farnèse, je n'ai à me reprocher que d'avoir cédé à une fantaisie, condamnable sans doute, mais dont je puis me rappeler le souvenir sans honte ; et puis je ne me cachais pas sous un masque de vertu, je ne volais pas l'admiration et l'encens de toute une ville. Oh ! tenez, madame, votre conduite a été bien infâme, et vous ne savez pas tout ce que vous m'avez fait souffrir; aussi je vous jure qu'il me faut une vengeance. Laquelle ? je n'en sais rien encore, mais je veux qu'elle soit éclatante et terrible.

Un sourire d'une mélancolie navrante passa sur les lèvres de Madeleine.

— Vous voulez une vengeance, madame, répondit-elle, je veux vous la fournir moi-même et je vous la promets dix fois plus éclatante et plus terrible que vous n'eussiez pu l'imaginer.

Pour la seconde fois Régina sentit sa colère se fondre sous l'impression de cette voix si pure et si harmonieuse.

— Asseyez-vous demain à votre balcon, madame, reprit Madeleine, et de là vous verrez passer une femme couverte de bure, la tête voilée, marchant pieds nus, suivie de la populace et précédée du bourreau, cette femme, ce sera Madeleine Roosendal.

— Vous! s'écria Régina en la regardant vivement.

— Et si votre haine n'est pas encore satisfaite, poursuivit Madeleine, alors suivez cette femme jusqu'au port, là vous verrez d'abord le bourreau lui mettre l'épaule nue, et, avec un fer brûlant, lui imprimer sur la chair une flétrissure ineffaçable.

— Oh! c'est affeux.

— Puis, recevant pour tous adieux les insultes du peuple, vous la verrez monter sur le vaisseau qui emmène au loin les créatures dégradées dont la Flandre se débarrasse comme d'une lèpre.

— Mon Dieu! mon Dieu! murmura Régina, fixant sur Madeleine un regard effaré.

— Si votre vengeance n'est pas encore assouvie, puisque vous la voulez terrible, suivez du regard le vaisseau qui s'éloignera à toutes voiles, et vous verrez cette femme à genoux sur le bâtiment, cherchant à travers les larmes qui voilent sa vue, son enfant, son époux, sa famille, ses serviteurs groupés sur le rivage, et envoyant un dernier adieu à ces êtres adorés qui sont toute sa vie ici-bas et qu'elle ne reverra jamais; et quand elle aura disparu, emportant dans son cœur le désespoir et la mort, alors peut-être votre haine n'aura-t-elle plus rien à désirer.

— Madame, reprit Régina, je vous écoute et cherche vainement à vous comprendre; pourquoi subiriez-vous un pareil supplice?

— Pourquoi? Mais parce que j'ai été vue sortant la nuit de chez le prince Farnèse, parce que je viens d'être condamnée comme adultère, et que tel est le châtiment réservé aux adultères.

Régina fut stupéfaite de l'air calme et indifférent avec lequel madame Roosendal venait de prononcer ces paroles.

— C'est étrange, murmura-t-elle, une telle femme parler ainsi d'une pareille action!

Et elle se mit à l'étudier attentivement dans tout ce qui trahit la pensée, dans le regard, dans la voix, dans la physionomie.

— Oh! reprit vivement Madeleine, se méprenant sur la cause du silence que gardait Régina, le doute n'est pas permis, on m'a reconnue au masque que je portais cette nuit-là, et à ce témoignage se joignent des preuves plus évidentes encore.

Cette insistance à vouloir se montrer coupable d'une faute qu'elle n'eût dû avouer qu'en balbutiant et la rougeur au front, porta au comble la surprise de Régina.

— Qui donc vous a accusée, madame? demanda-t-elle à Madeleine.

— Moi-même, et je ne pouvais faire autrement, devant la preuve palpable de mon crime, devant ce masque apporté par le comte Popoli, votre frère, auquel je ne puis en vouloir d'avoir dévoilé la vérité, puisque c'était pour vous laver de la calomnie à laquelle vous avait exposée la ressemblance de votre masque avec le mien.

Cette dernière phrase passa comme un éclair dans l'esprit de Régina, et lui laissa vaguement entrevoir quelque sombre et horrible trame.

— Et si je n'étais pas coupable, reprit Madeleine d'une voix animée, est-ce que je renoncerais volontairement à l'amour de mon mari, à l'aspect de mon fils? Est-ce que je me laisserais chasser de ma ville natale comme la dernière des créatures?

Mais tandis qu'elle tentait ainsi de porter la conviction dans l'âme de Régina, celle-ci suivait une autre idée.

— Le comte Popoli, s'écria-t-elle tout à coup, mais il sort d'ici à l'instant même, je l'ai vu, de ma fenêtre, franchir le seuil de votre porte. Que venait-il faire ici?

— Il avait à me communiquer des choses que je ne puis révéler, répondit Madeleine avec embarras.

— Ah! murmura tout bas Régina, Paolo, qui avait un si grand intérêt à me montrer innocente; Paolo, qui s'est écrié tout à coup, en regardant mon masque : « Je connais la coupable, et elle va se nommer elle-même; » Paolo qui contraint une femme si haut placée dans l'admiration de toute une ville à avouer publiquement une telle honte; Paolo, qui sort d'ici à l'instant et qui vient de me demander dix mille ducats sans me dire à quoi il les destinait! Oh! il y a là-dessous un mystère qu'il faut que je pénètre absolument.

Après un moment de silence, Madeleine dit à Régina:

— Vous étiez venue pour vous venger, madame, croyez-vous que le sort n'y ait pas largement pourvu et vous reste-t-il quelque nouvelle torture à imaginer contre moi?

— Oui, répondit Régina en accentuant chaque parole, je crois qu'il me reste quelque chose à faire.

— Quoi donc? demanda Madeleine.

— Vous le saurez plus tard. Mais il vous reste peu d'instants à passer avec votre famille, et je vous en ai déjà trop fait perdre; adieu, madame.

Madeleine s'inclina, et, à un coup frappé sur le timbre, Périne entra.

— Périne, lui dit Madeleine, allez dire à mon mari que je le prie de m'accorder dix minutes d'entretien.

Périne s'éloigna pour exécuter cet ordre, et madame Roosendal accompagna Régina jusqu'à l'escalier, conservant toujours dans sa démarche, dans ses traits, dans son regard, une noblesse que la douleur rendait plus remarquable encore et qui acheva de jeter des doutes dans l'esprit de Régina.

XLVII

LES DEUX ÉPOUX.

Au bas de l'escalier, Régina rencontra Pepito qui se promenait d'un air sombre et préoccupé dans le large vestibule qui aboutissait à la porte de la rue. A l'aspect de Régina, il s'arrêta, parut hésiter un instant, puis vint droit à elle.

— Madame, lui dit-il avec un mélange de respect et de fermeté, je vous attendais.

— Qu'as-tu à me dire? répondit Régina avec hauteur.

— Des choses qui vous blesseront peut-être et dont je vous demande humblement pardon d'avance, dit Pepito, mais il y va de l'honneur, du repos, de la vie même de ma maîtresse, et fussiez-vous la reine d'Espagne, je n'hésiterais pas à dire la vérité.

— Dis-la donc sans détour, répondit vivement Régina, car j'ai hâte de la connaître, et l'on pourrait nous surprendre ici.

— Eh bien! madame, permettez-moi donc de vous dire que le Tribunal qui a condamné ce matin ma maîtresse comme adultère a commis la plus coupable méprise et la plus odieuse injustice, car la femme qui est allée la nuit chez le prince Sylvio et y a oublié son masque, cette femme que j'ai vue de mes propres yeux et que nul ne soupçonne, quand ma pauvre maîtresse, innocente et pure comme la Vierge va subir à sa place le plus terrible des châtiments, eh bien! cette femme...

— Achève...

— Eh bien! dit brusquement Pepito, c'est vous, madame, et vous le savez bien.

— Peut-être as-tu raison, répliqua Régina, et je ne veux pas nier ce que tu as vu; mais ta maîtresse aussi est allée chez le prince dans la même nuit, puisqu'elle en a fait l'aveu public.

—C'est faux, je vous le jure, s'écria Pepito avec élan.

— Cependant madame Roosendal a quitté la fête de don Gonzalvo au milieu de la nuit, et on l'a vue prendre la direction de la rue où habite le prince.

— C'est vrai.

— Où allait-elle donc seule, à pareille heure et de ce côté?

— Dans la rue même où est située la maison du prince Farnèse.

— Et chez qui?

— Je vous le dirai quand vous m'aurez juré de ne révéler ce secret à qui que ce soit.

— Je te le jure.

— Eh bien! elle allait chez le chevalier de Soulas pour le supplier de détruire sous ses yeux la liste des conjurés sur laquelle se trouvait inscrit le nom de son fils.

—Oui, ce doit être là la vérité, s'écria Régina dont le regard rayonna tout à coup.

Puis elle reprit :

—Mais qui peut affirmer cela?

—Moi, qui l'ai vue.

— Toi, et comment se fait-il?...

— J'avais accompagné la famille Roosendal chez don Gonzalvo, et voyant sortir ma maîtresse seule, au milieu de la nuit, je la suivis de loin pour la protéger au besoin. C'est grâce à cette circonstance que je vous vis entrer chez le prince Farnèse, dont la maison fait face à celle qu'habitait le chevalier de Soulas.

—Oui, oui, tout cela est clair jusqu'à l'évidence, murmura Régina d'une voix vivement émue.

Elle ajouta :

— Mais pourquoi ta maîtresse s'est-elle avouée coupable d'une faute dont elle était innocente; et pourquoi toi-même n'as-tu pas révélé au Tribunal les circonstances dont tu avais été témoin?

— Je connais le motif qui a dicté à madame Roosendal le secret de cette étrange conduite, et quant à moi, elle m'a imposé le silence sur tout ce que je sais à cet égard.

— Alors tu ne peux me faire connaître la vérité?

— Je ne le puis.

Régina réfléchit quelques instants.

— Écoute, dit-elle à Pepito, tu es bien convaincu, n'est-ce pas qu'on ne saurait rien ajouter au malheur qui frappe madame Roosendal, et que la mesure est bien comblée?

— Hélas! que pourrait-elle redouter de plus?...

— Alors tu n'hésiteras pas à m'accorder ce que je vais te demander, quand je te dirai qu'il y va de son intérêt!

— Non, répondit Pepito, mais j'avoue que de votre part cela m'étonne, car, enfin, la première ou plutôt la seule cause de tous ses malheurs, c'est vous.

— Enfin, tu le reconnais toi-même, on ne peut plus rien contre elle ; que risques-tu donc?

Pepito examina en silence le visage de Régina et parut décidé par le sentiment qu'il exprimait en ce moment.

— Je consens, dit-il ; que voulez-vous de moi?

— Nous sommes mal ici pour cela, rentrons et je vais te le dire.

Pendant ce temps, madame Roosendal, sur la réponse que lui avait rapportée Périne, se rendait près de son mari.

Soit hasard, soit avec intention, Guillaume Roosendal attendait sa femme dans la petite salle qu'elle avait toujours affectionnée, où elle passait ses journées entières, et dont l'intérieur se trouvait intimement lié à toutes les scènes, à toutes les émotions qui avaient laissé leur trace dans son existence depuis le jour de son mariage.

Aussi tremblait-elle si fort quand elle entra dans cette pièce que, sentant ses jambes fléchir, elle se hâta de prendre un siége. Alors elle leva lentement les regards sur son mari dont la vue la fit tressaillir.

Les traits pâles et altérés, Guillaume Roosendal avait puisé dans le malheur une grandeur et une dignité qui le rendaient imposant.

Il y eut entre les deux époux un long silence, silence

douloureux et solennel que chacun hésitait à rompre. Tant de choses s'étaient passées depuis trois jours ! Un abîme si profond s'était creusé entre eux, qu'ils étaient devenus presque étrangers l'un à l'autre et ne savaient plus comment s'adresser la parole.

Ce fut Guillaume qui parla le premier.

— Madeleine, dit-il, vous avez désiré me voir, et je voudrais pouvoir vous dire que j'y ai consenti avec plaisir, mais vous ne le croiriez pas ; vous savez bien qu'une entrevue entre nous ne pouvait être que profondément pénible puisqu'elle devait nous rappeler ce que nous avons été et ce que nous sommes désormais l'un pour l'autre.

A ces paroles, prononcées d'une voix tout imprégnée de larmes contenues, et si opposées au langage qu'elle redoutait d'entendre, Madeleine, émue jusqu'au plus profond du cœur, courba la tête et ne put proférer une parole.

— Vous paraissez souffrir, Madeleine? lui dit Guillaume en se rapprochant de quelques pas.

— Oui, répondit Madeleine sans relever la tête, cette douceur, cette générosité dans une âme si cruellement éprouvée me brisent le cœur ; vos reproches m'eussent fait moins de mal.

— Des reproches, reprit Guillaume sur le même ton, et pourquoi vous en ferais-je, Madeleine? Ah ! ils n'égaleraient jamais, j'en suis sûr, ceux que vous vous adressez vous-même, lorsque vous vous rappelez le passé et que vous vous demandez tout bas ce que j'avais fait, moi, pour mériter que vous jetiez dans ma vie tant de honte et tant de désespoir, pour que vous fassiez ma vieillesse si sombre et si isolée, quand je m'étais accoutumé à la rêver si belle et si radieuse ; pour que vous laissiez à votre enfant le souvenir d'une mère qu'il n'osera plus nommer, quand il la vantait à tout le monde avec tant de joie et d'orgueil.

— Assez ! oh ! assez ! Guillaume, s'écria Madeleine en tombant à genoux et fondant en larmes ; ah ! si vous saviez !...

— Tout ce que cette faute vous a apporté de larmes et de souffrances, Madeleine ? Hélas ! je m'en suis fait une idée et vous ai plaint bien sincèrement, car plus on tombe de haut, plus la chute est douloureuse, et quelle femme a jamais perdu autant que vous? Quel ange s'est jamais dépouillé de tant d'éclat et de pureté! Oh! si les larmes pouvaient laver la honte, Madeleine! si la grandeur du repentir pouvait effacer la faute, votre âme aurait recouvré toute son innocence, je le sais, car vous vous êtes bien amèrement repentie, n'est-ce pas? car ces yeux ont versé bien des pleurs; mais les hommes sont impitoyables, ils n'oublient rien, leur mémoire est de bronze pour certaines fautes; elles s'y gravent pour toujours.

— Ah! c'est trop, balbutia Madeleine en levant sur son mari des regards profondément attendris, pas un cri, pas une plainte!

— Je ne suis pourtant pas de marbre, Madeleine, j'ai pleuré, j'ai beaucoup pleuré, mais sur vous, plus encore que sur moi; connaissant la beauté de votre âme, l'élévation et la noblesse de vos sentiments, je n'ai pu m'expliquer votre chute qu'en l'attribuant à un moment de vertige et je trouve que vous payez bien cher un accès de folie.

Madeleine se releva tout à coup et porta ses regards vers la porte vitrée d'un cabinet qui donnait sur le jardin, et par lequel elle voyait souvent arriver Christian.

— J'ai cru entendre un bruit là, dit-elle.

Au même instant on frappait à la porte donnant sur le corridor.

— Non, c'est de ce côté, dit Guillaume.

Et il alla ouvrir.

Un homme entra; c'était le contre-maître de Guillaume Roosendal.

Il paraissait extrêmement troublé.

— Pardon de vous déranger, messire Guillaume, dit le brave homme, qui avait vieilli dans la fabrique de Guillaume Roosendal, mais c'est de la part de tous les ouvriers que je viens vous trouver; ils viennent d'apprendre une nouvelle à laquelle ni eux, ni moi, nous ne pouvons croire.

— Quelle est donc cette nouvelle, Willems?

— On dit que vous vendez la fabrique et que nous allons avoir un autre maître.

Madeleine tressaillit à cette parole, car elle savait quelle large part tenait dans l'affection, dans la vie, dans les habitudes de Guillaume cette fabrique qu'il avait fondée et dont la prospérité était pour lui un vif sujet d'orgueil, et ces ouvriers qu'il avait formés lui-même et qui étaient pour lui comme une seconde famille.

Ce fut donc avec une véritable anxiété qu'elle attendit la réponse de son mari.

— Tu peux dire à tes camarades que cette nouvelle est vraie, répondit Guillaume avec émotion ; j'ai passé la nuit dernière à mettre mes affaires en ordre, et demain messire de Brouck, à qui j'ai tout vendu, viendra me remplacer dans cette maison, que je quitterai avec mon fils pour me rendre en France, où nous allons nous fixer.

— Ah! mon Dieu ! qu'est-ce que vous me dites là, messire, dit Willems en soupirant.

— Mais, sois tranquille, j'ai songé à toi et à tes excellents camarades, reprit Guillaume, et vous resterez tous, payés et traités comme vous l'étiez par moi.

— C'est égal, dit le vieux contre-maître en se retirant la tête basse et l'air accablé, ce n'est plus la même chose.

— C'est donc vrai que vous allez quitter cette demeure où nous avons été si heureux? dit Madeleine.

— C'est pour cela qu'il me serait impossible d'y demeurer un jour de plus, répondit Guillaume.

La porte s'ouvrit de nouveau et un homme de cinquante ans environ entra lentement, l'air grave et triste.

C'était le comte de Nuyter.

— Le comte! murmura Madeleine en cachant son visage dans ses deux mains. Oh! mon Dieu ! que vient-il faire et de quel nouveau malheur sommes-nous menacés?

XLVIII

NOUVELLES TORTURES.

Le comte de Nuyter s'inclina en silence devant madame Roosendal, puis s'adressant à Guillaume :

— Messire Roosendal, lui dit-il, voulez-vous m'accorder quelques minutes d'entretien ?

— J'attendais votre visite, monsieur le comte, répondit Guillaume, et je suis tout à votre disposition.

Et il fit quelques pas vers la porte. Mais Madeleine s'élança au-devant de lui.

— Guillaume, monsieur le comte, leur dit-elle à tous deux, si vous ne voulez me faire mourir d'anxiété, je vous en supplie, que cet entretien ait lieu en ma présence.

Les deux hommes échangèrent un regard.

— Mais, dit le comte, c'est qu'il s'agit d'une affaire qui, je le crains, vous intéressera fort peu.

— M. le comte a raison, reprit Guillaume ; au reste, ce ne sera pas long, et je reviens tout à l'heure.

Les regards de Madeleine allaient de l'un à l'autre et semblaient fouiller jusqu'au fond de leur pensée.

— Non, non s'écria-t-elle, vous me trompez tous deux; restez et parlez devant moi. Il s'agit d'une nouvelle torture, je le prévois; eh bien! je me sens la force de la subir.

Puis montrant un siége au comte de Nuyter :

— Veuillez vous asseoir, monsieur le comte, lui dit-elle; mettez de côté toute espèce de ménagements, et faites-nous connaître le motif qui vous amène.

— J'aurais désiré que cet entretien se passât entre moi et M. Roosendal, dit le comte ; mais puisque vous l'exigez, madame, je vais parler,

Il reprit après un moment de silence :

— M. Roosendal et vous, madame, le jour où vous m'avez

fait l'honneur de me demander la main de mon enfant pour votre fils, c'est avec une joie profonde que j'ai donné mon consentement à cette union, et j'avais la même hâte que vous de la voir conclure. Mais depuis, ajouta-t-il en jetant un regard à la dérobée du côté de Madeleine, j'ai réfléchi ; il m'a semblé que Sabine était bien jeune encore, et que sa santé...

Un cri de madame Roosendal l'interrompit tout à coup.

— Ah ! j'ai compris, dit-elle d'une voix déchirante et les traits bouleversés, vous voulez rompre leur mariage, et c'est moi, toujours moi!... Ah! Seigneur, Seigneur! vous me frappez sans relâche et sans pitié !

Puis s'adressant au comte avec une énergie fiévreuse :

— Monsieur le comte, lui dit-elle, ah! je vous en supplie, ne faites pas le malheur de mon enfant, ne me laissez pas ce remords dans le cœur. Je vais partir loin des miens, loin de mon pays, pour une contrée mortelle, où le désespoir, le souvenir, l'isolement me tueront bientôt; laissez-moi emporter pour unique consolation la joie de savoir au moins mon enfant heureux.

— Madame, répondit le comte d'un ton pénétré, vous ne sauriez croire à quel point je regrette de ne pouvoir me rendre à votre prière, mais une infranchissable barrière s'élève désormais entre nos deux enfants, et il m'est impossible...

— Oh ! vous reviendrez sur cette cruelle détermination, monsieur le comte, vous comprendrez qu'on ne saurait ainsi réduire au désespoir deux pauvres enfants...

Elle s'interrompit, son front rayonna tout à coup, puis elle s'écria avec un accent triomphant :

— Tenez, Guillaume vient de prendre un parti qui va tout arranger; il quitte la Flandre avec Christian, ils vont demeurer en France ; là, les deux jeunes gens peuvent s'unir sans qu'on le soupçonne ici, et quand plus tard on l'apprendra, le scandale dont je suis la seule cause et dont je dois seule être victime, sera effacé de toutes les mémoires. Vous comprenez cela, n'est-ce pas?

— Hélas! madame, répondit le comte, l'amour maternel vous égare et vous inspire des propositions inacceptables le mystère est impossible pour un acte aussi grave, il doit au contraire s'accomplir au grand jour et être porté à la connaissance de tous.

— Ce sera un coup terrible pour notre enfant, il est vrai, Madeleine, dit Guillaume, mais il n'en pouvait être autrement, et ce malheur me paraissait tellement inévitable que j'attendais d'heure en heure la visite de M. le comte comme je viens de le lui dire.

— Mais il me maudira, s'écria Madeleine en sanglotant, et il aura raison, car ne lui aurai-je pas tout ravi en ce monde, la considération et le bonheur!

— Hélas, madame, vous ne serez pas seule à souffrir; Sabine pleure depuis que je lui ai fait part de cette résolution; ses larmes m'ont brisé le cœur. Je vous jure qu'il m'a fallu une grande force d'âme pour résister à ses prières.

Pendant quelques instants, il y eut un silence pénible, interrompu de temps à autre par les sanglots de Madeleine.

— Oh! mais cela ne se peut pas, s'écria tout à coup celle-ci en se levant avec tous les signes de la plus violente agitation, je ne l'aurai pas arraché aux horreurs d'une torture pour le rejeter dans une autre; non, non, c'est impossible, je ne le veux pas!

— Que signifient ces paroles? lui demanda Guillaume avec surprise, et de quelle torture voulez-vous parlez?

Madeleine resta un moment anéantie, tremblant d'avoir trahi son secret.

— Eh! reprit-elle vivement, ne voyez-vous pas que le désespoir me rend folle, et que je ne sais plus ce que je dis!

Les traits de Madeleine étaient si profondément altérés par la douleur, que le comte de Nuyter se sentit vivement ému.

Il se leva, craignant de ne pouvoir résister à de nouvelles instances.

— Vous partez, lui dit Madeleine en attachant sur lui un regard brûlant d'angoisse, et vous me laissez avec cette horrible pensée qui va dévorer mon cœur comme une flamme, qui va accroître encore un malheur que je croyais parvenu à son dernier terme.

— Encore une fois, madame, répondit le comte, je suis au désespoir de ne pouvoir vous donner une meilleure parole en vous quittant, mais ma détermination est irrévocable.

— Ah! c'est mourir cent fois! s'écria Madeleine en se laissant tomber sur un siége.

Le comte de Nuyter salua et sortit.

XLIX

LA FIN DE LA COUPE.

Guillaume Roosendal s'assit dans un coin, et les regards fixés sur Madeleine avec un mélange de souffrance et de résignation, il attendit qu'elle sortît de l'accablement dans lequel toutes ses facultés paraissaient anéanties.

Au bout de quelques instants, elle revint à elle, et se tournant vers son mari :

— Guillaume, lui dit-elle avec une mélancolie qui avait quelque chose de solennel, croyez-vous que Dieu m'ait châtiée assez cruellement.

— J'aurais voulu, pour tout au monde, vous épargner cette torture et toutes celles qui vous attendent, Madeleine, répondit Guillaume, car Dieu sait qu'après le premier cri arraché par l'excès de la souffrance, il ne me resta plus pour vous qu'une immense et profonde pitié au fond du cœur. Mais pourquoi nous appesantir sur des peines auxquelles nous ne pouvons plus espérer de nous soustraire et qu'il ne nous reste plus qu'à envisager avec courage? Nous avons peu de temps désormais à passer ensemble, Madeleine, veuillez donc me faire part du motif pour lequel vous avez désiré me parler, et quel que soit le désir que vous m'exprimiez au moment d'une séparation qui déchire mon cœur et brise toute ma vie, soyez certaine que je me ferai un devoir de l'accomplir.

A ces paroles, la pâleur de Madeleine se dissipa pour faire

place à une vive rougeur. Le motif pour lequel elle avait demandé cette entrevue à Guillaume, c'étaient les dix mille ducats nécessaires pour avoir la terrible liste, sans laquelle la vie de Christian était toujours menacée, et au moment d'aborder en pareil sujet, elle se sentait défaillir, comprenant tout ce qu'il soulevait de délicatesse et de difficultés.

Elle resta donc longtemps silencieuse, ne sachant comment entamer cet entretien.

— Vous hésitez, Madeleine, lui dit Guillaume, en se rapprochant d'elle : ne vous ai-je pas dit que vous pouviez compter sur moi quel que fût votre désir?

— Eh bien, écoutez-moi donc, Guillaume, dit enfin Madeleine, et si étrange que vous paraisse ma demande, ne vous hâtez pas trop de me juger.

— Parlez, dit Guillaume, étonné de ce préambule et de l'embarras que paraissait éprouver Madeleine.

— Guillaume, j'ai besoin de dix mille ducats.

— Vous! Madeleine, s'écria Guillaume stupéfait.

Madeleine ne répondit pas,

— Je ne vous demanderai pas, reprit froidement Guillaume, ce que vous voulez faire de cette somme; vous partez dans quelques heures, elle ne peut donc servir qu'à adoucir l'horreur de votre position quand vous serez là-bas, loin de nous.

— Ah! s'écria Madeleine, rouge d'indignation, vous me méprisez donc bien, Guillaume, pour me croire capable d'un pareil sentiment!

— Je ne l'admettais qu'avec un cruel serrement de cœur, Madeleine, mais que voulez-vous? n'ai-je pas appris à douter de tout depuis deux jours! Si l'on m'eût dit alors, il n'y a qu'une femme dans Anvers, une seule, qui soit incapable de faillir, j'aurais répondu sans hésiter, et tout le monde l'eût pensé comme moi, cette femme, c'est Madeleine Roosendal!... et cependant!... Ah! tenez, Madeleine, la foudre tombant à mes pieds m'eût produit moins d'effet, je vous le jure, que cet aveu tombé de votre bouche, et plus de vingt fois depuis il m'est arrivé de me demander si cette épouvantable scène n'était pas un rêve ou le souvenir de quelque histoire entendue jadis. C'est que cela est si prodigieux et si incroyable, que je sens éclater ma tète chaque fois que j'y songe, et que je suis toujours sous le coup de la surprise dont j'ai été frappé à cette déclaration inouïe.

— Oh ! combien vous avez dû me haïr, Guillaume !

— Ce que j'ai éprouvé, Madeleine, après l'éblouissement qui m'a tout montré autour de moi comme une vision de feu, c'est une défaillance intérieure, un ébranlement moral dont l'effet fut si puissant, qu'il me semblait que tout ce qui est pensée, énergie et sentiment se retirait de moi comme l'eau d'un fleuve se retire de son lit. J'avais perdu tout ce qui faisait ma force, ma grandeur et mon orgueil, en perdant ma confiance en vous, ma foi dans votre infaillibilité. Vous étiez la source pure et fortifiante où je puisais ma vertu, et la source étant tarie, je sentais se flétrir et se dessécher tout ce qu'il y avait de noble et d'élevé chez moi. La crise passée, je mé suis retrouvé ce que j'étais la veille, ce que vous m'avez fait, Madeleine, car c'est à vous que je dois de savoir sentir et penser ; c'est à votre contact que je me suis dépouillé des petitesses et des grossièretés d'une nature cupide, que je me suis élevé, moi, épais et lourd commerçant, au-dessus de la plupart de mes semblables. Le souvenir de ce phénomène a pénétré subitement dans mon esprit comme une lumière et l'a éclairé, et j'ai compris que la femme qui avait pu opérer une pareille transformation par la seule grandeur de son caractère devait toujours, même après sa faute, rester imposante pour tous, digne de respect et d'admiration pour celui qui lui devait un tel bienfait. C'est pour cela, Madeleine, que, loin de vous haïr, j'ai pleuré sur vous et sur moi ; sur vous qui, victime d'un égarement, d'un vertige inexplicable, allez être confondue, pure et sublime, parmi les plus immondes créatures ; sur moi qui, séparé de vous et incessamment dévoré par la pensée de votre martyre, ne serai plus sur terre qu'une ombre qui s'effacera peu à peu jusqu'au jour où sa trace ne se verra plus.

Madeleine contemplait son mari tandis qu'il parlait et elle semblait l'écouter encore quand il eut fini.

— Guillaume, lui dit-elle enfin avec un accent pénétré, vous êtes le plus noble caractère que j'aie jamais rencontré et vous méritiez d'être heureux ; le ciel a été cruel et injuste envers vous en vous rendant victime de la plus déplorable fatalité. Un jour, quand les circonstances le permettront, je révèlerai la vérité tout entière, ce jour-là vous éprouverez à la fois une grande joie et vous pleurerez toutes les larmes de votre cœur.

— Cette vérité, pourquoi m'en faire un mystère? demanda Guillaume.

— Le jour où il me sera permis de tout dire, vous comprendrez pourquoi j'ai dû me taire aujourd'hui.

— Soit, je respecte les motifs qui vous imposent cette réserve, mais je veux vous convaincre de la sincérité des sentiments que je viens de vous exprimer, Madeleine, et la meilleure preuve que je puisse vous en donner, c'est de vous apprendre que j'ai remis, il y a une heure, vingt mille ducats au capitaine du bâtiment qui doit vous emporter, pour être déposés par lui entre les mains du gouverneur de l'île que vous allez habiter, car à vous, comme aux pauvres femmes qui vont être emportées par le même bâtiment, il est défendu de posséder seulement une pièce de monnaie.

— Merci, Guillaume, de votre généreuse intention, répondit Madeleine émue, mais je ne puis accepter ce bienfait; je veux avoir là-bas l'existence de mes misérables compagnes, et les faveurs que me procurerait cette somme seraient pour moi une honte et une torture de plus.

— Et cependant, vous me demandiez tout à l'heure dix mille ducats?

— Je vous les demande encore, Guillaume.

— Et vous ne les emportez pas avec vous?

— Je ne les emporte pas.

— Mais alors, qu'en voulez-vous et qu'en pouvez-vous faire d'ici à quelques heures?

— Je vous supplie, non-seulement de ne pas me le demander, mais encore de ne pas même chercher à le savoir.

Guillaume garda quelques instants le silence en proie aux sentiments les plus divers.

— Quand vous faut-il cette somme? demanda-t-il à Madeleine?

— Avant une heure.

— Vous l'aurez dans un instant, Christian va vous l'apporter.

— Christian! murmura Madeleine, dont les traits s'altérèrent tout à coup; non, non, pas lui, envoyez-moi cela par un autre.

— Pourquoi?

— Parce que sa vue m'ôterait toute ma force et que j'en ai grand besoin au moment du départ.

Guillaume se dirigea lentement vers la porte; Madeleine qui le suivait du regard, comprit qu'il était sous l'empire d'une lutte intérieure, et elle se sentit dévorée d'inquiétude quand elle le vit revenir sur ses pas.

— Tenez, Madeleine, lui dit Guillaume après un moment d'hésitation, il faut que je vous dise toute ma pensée : cette somme de dix mille ducats demandée par vous dans un pareil moment et le mystère que vous gardez sur l'usage que vous en voulez faire, me causent une impression pénible qui ne fera que s'accroître quand vous ne serez plus là, et laissera toujours planer l'ombre funeste du doute sur la grandeur de mon désespoir. Renoncez-y donc, je vous en supplie, et laissez-moi, pure et entière, cette volupté des cœurs brisés, la joie amère de ma douleur; renoncez-y, Madeleine, pour que rien ne ternisse dans mon esprit l'auréole que je verrai briller sans cesse sur votre front foudroyé, pour que nul souvenir fâcheux ne vienne arrêter le cours de mes larmes et suspendre la souffrance par la réflexion. Ce que je vous demande, Madeleine, ce n'est pas d'alléger mon malheur, mais au contraire de ne pas l'amoindrir; c'est de me le laisser dans toute sa force et dans toute sa sainteté.

Madame Roosendal avait écouté cette prière avec une douloureuse émotion; à chaque phrase de cet entretien, elle pénétrait plus avant dans l'âme de son mari, dont la réserve et la gravité habituelles lui avaient à peine laissé entrevoir jusqu'à ce jour les hautes qualités, et c'est au moment où cette âme s'éclairait et se montrait à elle dans toute sa grandeur qu'elle allait achever de la briser.

— Madeleine, j'attends votre décision, lui dit Guillaume avec l'expression d'une profonde anxiété.

— Guillaume, vous me déchirez le cœur, répondit Madeleine en détournant la tête.

— Je comprends, reprit froidement Guillaume, vous persistez dans votre demande.

— Il le faut, murmura Madeleine à voix basse.

— C'est bien, dans un instant la somme vous sera remise.

Et cette fois il sortit d'un pas ferme et sans retourner la tête.

— Seigneur, mon Dieu ! s'écria Madeleine en jetant au ciel un regard effaré, quand donc aurai-je épuisé la coupe?

Elle reprit au bout d'un instant :

— Mais pourquoi me plaindrais-je? Christian est désormais sauvé, je viens de vaincre le dernier obstacle qui s'opposait à son salut, ne songeons plus qu'à cela, et sachons enfin m'accoutumer à la souffrance, puisqu'à partir de ce jour, elle doit être mon inséparable compagne jusqu'à l'heure où je tomberai dans les bras de la mort.

Elle sonna, Pepito parut.

— Pepito, lui dit Madeleine, tu vas te rendre à l'instant même chez le comte Popoli, tu lui diras que j'ai réussi et que je l'attends.

— J'y cours, répondit le Bohème.

Il sortit et s'élança en effet, toujours courant, à travers les rues d'Anvers, mais dans une direction opposée à celle de l'hôtel du Conseil des Troubles où Cornélia retenait impitoyablement Paolo, sous le prétexte que le Conseil ne pouvait se passer de ses services.

Pepito s'arrêta en face d'une maison d'assez médiocre apparence, y entra et demanda à parler à messire Louis de Ristaël. On le conduisit à une chambre où il trouva le jeune homme en train de maudire et d'accabler le sort des plus violentes épithètes; aussi reçut-il Pepito d'une façon peu gracieuse.

— Qui es-tu et que me veux-tu? lui dit-il en le toisant avec humeur.

— Je suis votre providence, et je veux vous tirer de l'embarras qui, en ce moment même, trouble si singulièrement votre sérénité accoutumée, répondit Pepito en s'inclinant humblement.

— Je crois, sur mon âme! que tu te permets de railler, s'écria messire Louis de Ristaël.

— Nullement, je viens vous rendre une fortune que vous considérez comme perdue sans retour.

— Toi?

— Moi-même; il n'y a que deux hommes dans Anvers qui puissent affirmer, parce qu'eux seuls l'ont vue, que c'est bien la comtesse Régina de Ristaël, et non madame Roosendal, qui a passé une heure, la nuit, chez le prince Farnèse, et ces deux hommes sont, vous d'abord, et moi ensuite.

— Ah! tu pourrais affirmer que tu l'as vue? s'écria messire Louis, en changeant de ton tout à coup.

— C'est à dire que je l'ai vue, en effet, mais que je ne puis l'affirmer qu'après que vous aurez accompli certain message dont le résultat doit décider votre fortune et mon bonheur, à moi.

— Quel est ce message?

— Savez-vous quel est l'homme qui remplace le duc d'Albe dans le gouvernement des Pays-Bas? Je le sais, moi, c'est don Louis de Zuniga de Requesens, grand commandeur de Castille; je sais de plus qu'il arrive à Bruxelles aujourd'hui même, ce que tout le monde ignore encore ici, à cette heure, même don Gonzalvo, même la senora Cornélia, qui compte toujours être nommée gouvernante des Pays-Bas, mais qui a eu le tort de compter sans moi.

— Ah! ça, tu es donc un personnage? demanda Louis de Ristaël tout stupéfait.

— Je suis le domestique de la famille Roosendal.

— Et tu prétends...

— Accomplir des choses qui vous paraîtraient impossibles. C'est pourquoi il vaut mieux attendre que les faits parlent d'eux-mêmes. Mais nous n'avons pas une minute à perdre; voici le message, faites seller un cheval, partez dans dix minutes, revenez cette nuit avec la réponse de don Louis de Requesens, et l'héritage du comte de Ristaël est à vous.

— Quelle récompense veux-tu si nous réussissons?

— L'oubli.

— Comment!

— Le souvenir d'un service rendu par un pauvre diable comme moi ne pourrait que vous humilier et vous porter à me nuire; oubliez donc, et nous sommes quittes. Adieu.

Il sortit et courut tout d'une traite chez Paolo, auquel il rendit compte de la commission dont l'avait chargé sa maîtresse.

Revenons maintenant à madame Roosendal que nous avons laissée seule.

Elle était absorbée dans les plus douloureuses pensées, quand elle crut entendre un léger bruit du côté de la porte vitrée qui donnait sur les jardins.

C'était la seconde fois que ce bruit la frappait; Madeleine croyait pourtant s'être trompée, quand la porte s'ouvrit, et à sa grande surprise, elle vit paraître une femme.

C'était Regina, qui entra gravement et vint se poser devant elle.

Madeleine se leva à son approche et la regardant avec une résignation touchante :

— Venez-vous encore me parler de haine et de vengeance lui dit-elle.

— Je viens vous demander pardon et vous adorer comme la plus noble et la plus sainte des femmes, répondit Régina en tombant à ses genoux.

— Que faites-vous? s'écria Madeleine stupéfaite de cette action.

Elle voulut la relever, mais Regina s'y opposa, et saisissant le bas de sa robe, elle la porta à ses lèvres avec un respect qui ressemblait à une véritable adoration.

— Relevez-vous de grâce, reprit Madeleine, et dites-moi quelle est la cause d'un changement aussi étrange?

— J'étais là, j'ai tout entendu, et je sais que vous êtes innocente de la faute dont vous êtes accusée, répondit Régina.

— Oh ! ne dites pas cela, ne croyez pas cela, s'écria Madeleine avec une sorte de terreur.

— Eh! madame, reprit Régina, ne voyez-vous pas que vous trahissez votre secret par cette crainte de voir votre innocence reconnue? Coupable ou non, quelle est la femme qui, dans cette position, prendrait ainsi soin de constater elle-même sa faute? Oh ! je l'ai compris, vous avez appelé vous-même sur votre tête le désespoir et la honte; mais j'ai deviné une partie du secret et suis résolue à le pénétrer tout entier.

— Grand Dieu ! mais quel est donc votre projet ?

— Ecoutez-moi et vous allez le savoir. Ma vie entière s'est passée dans une indépendance absolue, dans l'ignorance la plus complète de tout ce qui est devoir, convenance ou morale; et pourtant, au milieu même de tous mes déréglements, j'ai senti grandir et se développer en moi un culte profond, une passion sans bornes pour la vertu parfaite, un idéal longtemps introuvable, que j'avais cru imaginaire et que je viens de rencontrer en vous. Eh bien ! madame, je voulais un but élevé, une émotion puissante, un grand souvenir dans ma vie, et je trouve tout cela réuni dans la mission que je m'impose, de réhabiliter la plus pure et la plus héroïque des femmes, odieusement et honteusement méconnue, mission que j'accomplirai, je le jure, fût-ce en me faisant justice à moi-même, car c'est moi et moi seule qui suis coupable.

— Je vous en supplie, s'écria Madeleine en saisissant avec force la main de Régina, s'il est vrai que mon malheur vous ait inspiré quelque sympathie, renoncez à cette idée.

— Tenez, madame, c'est mon frère, le comte Popoli qui vous tient dans sa main et vous contraint à cet épouvantable sacrifice.

— Qui peut vous faire croire?...

— Plusieurs observations qui me reviennent à l'esprit ; et d'abord cette somme de dix mille ducats que vous venez de demander à votre mari et qui se trouve être exactement la même qu'il me priait de lui donner il y a une heure.

— Mais il n'y a là qu'un hasard.

— Non, car Paolo sort d'ici ; et d'ailleurs une fois sûre d'avoir la somme, vous lui faites dire aussitôt que vous avez réussi et le pressez de venir vous trouver. Ah! si vous aviez pour moi quelque estime, vous m'ouvririez votre cœur, mais je ne suis digne que de votre mépris, et votre silence me le fait cruellement sentir.

— Ne croyez pas cela, répliqua Madeleine ; soyez assurée, au contraire, que la plus vive sympathie m'entraîne vers vous ; mais la noblesse même de votre âme me force de vous cacher un secret dont la découverte m'exposerait à un malheur cent fois pire que celui qui m'a frappée.

— Ce secret, je le saurai malgré vous. Adieu, madame, il s'agit de votre fils, je l'ai compris, je saurai bien découvrir le reste.

Régina sortit, laissant Madeleine en proie à la plus terrible anxiété.

L

LES APPRÊTS DU SUPPLICE.

Enfin, l'instant fatal était venu! il était dix heures, et c'était à midi que devait commencer la procession infâme à travers la ville.

Les préparatifs du supplice, aussi terribles, aussi émouvants que le supplice même se faisaient depuis le matin sous les yeux de madame Roosendal, qui avait vu le bourreau franchir le seuil de sa demeure et apporter chez elle la robe de bure et le voile épais dont elle devait être couverte et qui avaient déjà servi à cent femmes perdues.

Devant sa demeure, les deux aides du bourreau, vêtus de rouge des pieds à la tête, causaient nonchalamment étendus au soleil, et l'un d'eux jouait avec un fer dont la forme étrange étonnait et inquiétait Madeleine qui s'était demandé vingt fois à quoi il pouvait servir.

C'était le fer qui, dans deux heures, devait s'appliquer brûlant sur son épaule.

Et pourtant ce qui la préoccupait par-dessus tout, ce n'était pas ces horribles détails : une autre pensée l'absorbait tout entière et la rendait presque insensible à ce qui eût dû la glacer d'horreur.

Elle attendait avec une anxieuse impatience le comte Popoli auquel elle avait remis la veille les dix mille ducats en échange desquels il devait lui rapporter la précieuse liste et qui n'était pas revenu.

C'est que Paolo avait réfléchi, qu'en dépit de son serment, Madeleine, dans le délire du désespoir, pouvait laisser échapper son secret malgré elle, et il avait jugé prudent d'attendre, pour lui remettre cette liste, la minute même où elle mettrait le pied sur le bâtiment qui devait l'emporter.

Voilà pourquoi Madeleine restait clouée près de sa fenêtre regardant à travers les rideaux tous les gens qui se croisaient dans la rue, et se désespérant de ne pas voir paraître le comte Popoli.

Tout à coup, son attention fut distraite par des cris étranges qui retentissaient au loin, mais qui se rapprochaient rapidement; c'était une immense clameur qu'on eût prise pour un chœur de démons, tant l'expression en était féroce.

Evidemment c'etait une foule considérable qui venait dans la direction de sa demeure; mais cette foule où allait-elle et quelle pouvait être la cause de la colère qui se trahissait dans ses cris?

C'est ce que Madeleine ne tarda pas à comprendre; bientôt elle vit déborder la horde furieuse, et elle devint horriblement pâle à l'aspect du tableau qui s'offrit tout à coup à ses regards.

La troupe se composait de quatre ou cinq individus appartenant à la dernière classe du peuple, couverts de haillons, les traits torturés par l'habitude des plus honteuses passions et rendus plus repoussants encore par l'état de féroce exaltation où les avait mis l'ivresse; ils suivaient, en les accablant de huées et de grossières injures, une vingtaine de femmes couvertes de robes et de voiles exactement semblables à ceux dont Madeleine allait être revêtue.

Deux aides du bourreau, habillés de rouge, marchaient devant ces malheureuses créatures, armés de fouets dont ils frappaient celles dont la marche était trop lente.

— Oh! mon Dieu, murmura Madeleine en cachant son visage dans ses deux mains, pour ne plus voir cet affreux spectacle, voilà donc le cortége qui va m'accompagner à travers les rues d'Anvers! Voilà donc les compagnes parmi lesquelles doivent s'écouler les jours qui me restent à vivre; les dernières parmi les filles perdues, l'écume de l'écume. Oh! c'est affreux!

En ce moment, Pepito entra, tenant à la main une lettre qu'il remit à Madeleine. Elle était de Paolo et contenait ces mots :

« Le papier est entre mes mains, et, au moment où vous quitterez Anvers, je tiendrai ma parole; vous savez, au reste, qu'il m'est impossible d'y manquer. »

Cette dernière réflexion rassura madame Roosendal, dont la pensée se reporta alors sur sa propre position.

Elle remarqua, pour la première fois, que des groupes nombreux s'étaient formés devant la porte, et devenaient de plus en plus compactes, à mesure que l'heure de l'odieuse cérémonie se rapprochait. Dans ces groupes, elle distingua des figures qui lui étaient connues, et s'aperçut, en frémissant, que la plupart exprimaient plus de curiosité que de compassion. Son martyre était un spectacle pour eux, et ils s'impatientaient de l'attendre.

— Voilà donc ce qu'il y a dans le cœur humain! murmura-t-elle avec une profonde amertume.

La porte s'ouvrit de nouveau, et Madeleine vit entrer ses trois servantes; elles étaient vêtues de noir, et leurs traits étaient si pâles, si profondément altérés par la douleur, par les larmes qu'elles n'avaient cessé de répandre depuis la fatale catastrophe, qu'on eût dit que c'étaient elles-mêmes qui allaient marcher au supplice.

L'une d'elles, Zora, se tenait derrière les deux autres et cachait un objet sous les plis de sa mante.

— Que caches-tu donc là avec tant de soin, Zora? lui demanda Madeleine.

Zora baissa les yeux et balbutia quelques paroles inintelligibles.

Un douloureux sourire effleura les lèvres de Madeleine.

— Va, ma pauvre enfant! lui dit-elle, le bourreau n'y mettra pas tant de mystère tout à l'heure, car c'est lui qui, de ses mains souillées, doit me revêtir l'horrible toilette que tu dissimules si bien sous ta mante. La main du bourreau! oh! cette pensée me révolte.

— Non, ce ne sera pas lui, chère maîtresse, répondit Zora.

— C'est impossible, dit Madeleine; ce détail se trouve dans l'arrêt. Oh! ils n'ont rien oublié!

— Et cependant, dit à son tour Périne, Zora a dit vrai; c'est nous, nous, vos fidèles servantes, qui accomplirons ce douloureux office.

— Cependant, je le répète, c'est le droit du bourreau.

— Oui, mais ce droit, il l'a vendu!

— Qui donc le lui a acheté? demanda vivement Madeleine.

Périne garda le silence.

— Vous ne répondez pas, dit Madeleine en s'adressant particulièrement à Marthe.

Marthe détourna la tête.

— Que signifie ce silence? demanda Madeleine étonnée.

— Eh bien! je vais vous le dire, s'écria Zora; Périne et Marthe ont supplié le bourreau de leur céder le soin de cette triste toilette, et, comme il refusait impitoyablement, disant qu'il risquerait de perdre son emploi, elles ont réuni tout ce qu'elles ont fait d'économies depuis leur entrée chez vous et le lui ont donné; alors il a consenti.

— Et, dit vivement Périne, comme Zora n'avait pas d'économies, elle, la pauvre enfant, et qu'elle voulait aussi contribuer pour sa part au rachat de cet odieux droit du bourreau, elle lui a donné tout ce qu'elle a reçu de vous et de mademoiselle Sabine de Nuyter.

Il y eut un moment de silence; Madeleine regardait les trois femmes et ne pouvait parler.

— Oh! mes enfants! murmura-t-elle enfin les yeux humides, quel baume vous répandez sur les plaies de mon cœur et quels souvenirs j'emporte avec moi!

Elle reprit bientôt après un moment d'hésitation :

— Christian a-t-il encore demandé à me voir ce matin?

Périne, à laquelle s'adressait cette question, parut éprouver quelque embarras à répondre.

— Bien, ne réponds pas, j'ai compris, dit Madeleine avec un calme déchirant.

Elle ajouta tout bas :

— Il ne doit plus rien à une mère telle que moi, c'est justice.

Puis se tournant vers Marthe :

— Où est-il à cette heure?

— Il est par la ville, et il y a une heure environ, Pepito l'a vu sortir de chez la senora Cornélia.

— Oui, un dernier effort pour obtenir ma grâce, son devoir lui imposait cette démarche; mais son cœur eût dû lui dire que j'avais besoin de le voir, de l'embrasser une fois encore avant de m'ensevelir dans cette robe, dans ce linceul d'infamie, et, malgré ma défense, malgré mes ordres formels! Ah! j'avoue que j'avais espéré... Il n'y faut plus songer.

Elle ajouta :

— Et mon mari, que fait-il?

— Ses préparatifs de départ.

— Déjà!

— Il veut avoir quitté Anvers avec notre jeune maître avant...

Périne n'osa achever,

— Seule, murmura Madeleine, les regards fixés à terre, toute seule avec mon désespoir; pas un être pour pleurer avec moi, et m'adresser un dernier adieu au moment où je quitterai le rivage

Puis, s'adressant à ses suivantes :

— Mais je suis ingrate, et vous serez là toutes trois, n'est-ce pas?

— Jusqu'à la dernière heure, répondit Périne, jusqu'à ce qu'il ne reste plus trace du vaisseau qui vous emmènera loin de nous.

— Merci, mes enfants, merci.

— On frappe, dit Zora en se tournant vers la porte.

— Lui! peut-être, dit Madeleine, avec un frisson qui traduisait toute sa pensée.

Elle n'osait dire : le bourreau!

— Non, répliqua Zora, il n'est pas encore l'heure, et puis on a frappé trop doucement.

— Va ouvrir, Zora, dit Madeleine.

Zora obéit, et l'on vit entrer une jeune fille.

C'était Sabine.

Elle s'élança vers Madeleine, le visage ruisselant de pleurs, et se jeta dans ses bras en s'écriant :

— Ma mère! ma mère!

— Votre mère! que voulez-vous dire, ma chère Sabine? demanda Madeleine, un peu remise de l'émotion à laquelle elle s'était laissée aller.

Alors, à travers les larmes et les sanglots qui entrecoupaient son récit à chaque mot, Sabine raconta à madame Roosendal qu'après avoir tout tenté pour fléchir son père, elle avait renoncé enfin à l'espoir de changer sa résolution, quand ce matin, une lettre lui avait été, apportée, et après l'avoir lue, il avait appris à Sabine, stupéfaite, qu'il revenait sur sa détermination et consentait à son mariage avec Christian. Ils étaient partis aussitôt pour se rendre chez messire Roosendal, près duquel Sabine avait laissé son père pour venir embrasser Madeleine.

— Mon Christian va donc être heureux! s'écria Madeleine les traits rayonnants; oh! maintenant, je suis forte contre la douleur, ou plutôt je ne la sentirai plus, et c'est presque avec joie que je vais subir ma peine et partir pour mon exil.

Puis, pressant Sabine dans ses bras :

— Et vous, chère enfant, lui dit-elle, n'abîmez pas ces

beaux yeux qu'il contemple avec tant de bonheur; ne pleurez pas sur moi, car je ne suis plus à plaindre, car en songeant à vous deux, là-bas, je me représenterai mille tableaux charmants; j'oublierai tout ce qui se passera autour de moi pour vivre avec ma pensée, pour m'élancer vers vous et jouir avec ivresse de votre félicité. C'est tout à l'heure que j'étais malheureuse, mais maintenant j'emporte des rêves pour vingt années.

Sabine voulut obéir à Madeleine et elle sourit à travers ses larmes.

— Non, non! s'écria-t-elle aussitôt en se suspendant à son cou; le bonheur est impossible pour nous désormais, il sera toujours empoisonné par la pensée de ce que vous souffrirez loin de nous.

— Le temps efface bien des choses, ma chère Sabine, répliqua Madeleine en portant affectueusement sa main sur les cheveux de la jeune fille.

— Oh! vous savez bien que vous serez éternellement présente à la pensée de Christian, répondit Sabine, et qu'il n'aura pas une minute de bonheur tant que durera votre supplice.

Pepito vint prévenir Sabine que son père la demandait.

La jeune fille embrassa Madeleine avec transport, sanglota longtemps la tête sur son épaule, et s'arracha enfin de ses bras tout en larmes et suivit Pepito.

Quand le Bohême l'eut conduite au salon où se tenaient son père et Guillaume Roosendal, il s'élança hors de la maison et courut à la demeure de Louis de Ristaël.

C'était la dixième fois à peu près depuis le matin.

Et, pour la dixième fois, il lui fut répondu que Louis de Ristaël n'était pas de retour de Bruxelles.

— Oh! malheur! malheur! s'écria Pepito en proie à la plus violente anxiété, il ne revient pas et l'heure fatale approche, et bientôt il sera trop tard. Peut-être n'a-t-il pu être admis immédiatement près de don Louis de Requesens; peut-être lui est-il survenu quelque accident; oh! que ne suis-je parti moi-même! Il est vrai que ma présence était également indispensable ici. Mais s'il tarde encore deux heures, tout est perdu sans retour. Oh! que faire! que faire!

C'était dans la rue que Pepito se livrait à ces réflexions, tout en marchant devant lui au hasard et sans savoir où il allait.

Quand il chercha à reconnaître quel chemin il suivait, il s'aperçut qu'il était à cinquante pas de l'hôtel du Conseil des Troubles.

Ce hasard lui suggéra une idée.

— Allons! s'écria-t-il, tout est perdu, nous ne pouvons nous sauver qu'à force d'audace ; essayons.

Et il s'en fut trouver Cornélia.

Elle était en conférence avec Paolo, et le Bohême trouva qu'ils avaient l'air radieux et triomphant.

— Que viens-tu faire ici? lui demanda Cornélia avec ce regard clair et glacial qui intimidait tant de gens.

— Je venais vous faire une proposition, répondit Pepito d'un ton dégagé, mais à la mine satisfaite que je vous trouve à tous deux, je crains que vous ne commettiez l'imprudence de la refuser.

— Alors garde-la pour toi et laisse-nous.

— C'est ce que je devrais faire, mais vous m'inspirez un véritable intérêt et je veux vous sauver malgré vous.

— En vérité ?

— Je ferai tous mes efforts pour cela, du moins ; vous n'aurez à vous en prendre qu'à vous-mêmes si vous laissez échapper l'occasion.

— Allons, parle, dit Cornélia, ta folie finit par me distraire.

— Je parierais, s'écria Pepito avec un sourire dédaigneux, que vous croyez avoir atteint les trois buts que vous poursuivez depuis quelques jours : la perte de madame Roosendal, le salut de la comtesse Régina, et votre prochaine union, trois choses qui semblent parfaitement séparées et qui cependant sont intimement liées entre elles et ne forment qu'un seul et même corps.

— Supposons que tu aies deviné juste, répliqua Cornélia.

— En ce cas, gracieuse senora, je me fais un devoir de

vous apprendre que vous vous êtes engagée dans une mauvaise voie et un plaisir de vous offrir le moyen d'en sortir aussi heureusement que possible. Hâtez-vous, tandis qu'il en est temps encore, d'arrêter la scandaleuse injustice par laquelle on veut souiller l'honneur de madame Roosendal; déclarez qu'il y a eu erreur dans le jugement qui l'a condamnée, et vous pourrez échapper l'un et l'autre au danger qui plane à cette heure sur votre tête sans que vous puissiez rien faire pour le conjurer, car vous ignorez de quel côté il doit venir. Si vous refusez, ma maîtresse sera sauvée en dépit de vous; la comtesse Régina prendra sa place, comme c'est de toute justice; votre effroyable combinaison sera dévoilée dans tous ses détails, et vous serez perdus tous deux sans retour. Voilà ma proposition; vous avez cinq minutes pour l'accepter.

— C'est trop, répondit Cornélia : une seconde me suffit pour refuser.

Elle ajouta avec un sourire ironique :

— Si madame Roosendal est sauvée malgré nous, pourquoi viens-tu nous demander sa grâce?

— Pourquoi? répliqua Pepito qui comprit la force de l'objection et chercha un argument pour la rétorquer; d'abord, c'est pour empêcher un commencement d'exécution dont le souvenir pèserait éternellement sur le cœur de ma maîtresse, et ensuite c'est pour vous fournir un moyen de mériter votre salut, car, après tout, je ne tiens pas à vous perdre et ne le ferai qu'autant que vous m'y contraindrez.

— Allons, décidément, tu es un pauvre bouffon ; tes plaisanteries sont monotones. Laisse-nous, lui dit Cornélia avec un geste souverainement méprisant.

La partie était perdue, Pepito le sentit, mais il voulut pousser son rôle jusqu'au bout.

— J'avais bien dit que vous n'accepteriez pas, dit-il; Dieu aveugle les gens dont il a décidé la ruine. Adieu, dans deux heures, nous nous reverrons, et alors, vous regretterez avec des larmes de sang d'avoir dédaigné la main que je vous tendais.

Et il sortit la tête haute, le sourire aux lèvres, mais la mort dans l'âme.

— C'était ma dernière ressource dit-il en regagnant la maison, et maintenant, si messire Louis de Ristaël n'est pas de retour dans une heure, nous ne pouvons plus compter que sur un miracle.

LI

MÈRE ET FILS.

Pendant ce temps, Madeleine Roosendal, quoique résignée à son sort, reculait autant que possible le moment de revêtir l'odieuse livrée que lui avaient apportée ses servantes.

— Le bourreau est là, madame, et il nous a recommandé de nous hâter si nous ne voulons qu'il vienne nous remplacer, disait Périne.

— J'ai encore une heure à moi, répondit Madeleine, je veux l'employer à prier, et il me semble que je ne pourrais élever mon âme vers Dieu, si je sentais sur moi cette robe infâme ; laissez-moi donc seule un instant.

Les trois femmes se disposèrent à sortir.

Un bruit se fit entendre dans la cour et résonna lourdement dans toute la maison.

— Qu'est-ce que c'est que cela ? demanda Madeleine.

— Une voiture que notre maître, messire Roosendal, a pu se procurer à grands frais.

— Alors il part ? balbutia Madeleine.

— Ce bruit l'annonce, répondit Périne.

— Et il emmène son fils, reprit Madeleine, qui devint d'une pâleur mortelle. Christian part aussi, et il part sans avoir tenté un effort pour me revoir, pour m'embrasser. Oh! ils peuvent faire de moi ce qu'ils voudront maintenant, mon cœur est brisé, il ne sentira plus l'humiliation ni la souffrance.

Périne fit un signe à Marthe et à Zora, et toutes trois sortirent sans bruit.

— Parti! murmurait tout bas Madeleine, le regard fixé devant elle, parti sans avoir jeté dans mon désespoir une parole, une caresse, une larme que j'eusse retenue et renfermée comme on renferme une perle au fond de son écrin. C'en est fait, mon Dieu! il m'a effacée de son souvenir.

Et le visage tourné contre la muraille, elle resta perdue dans sa douleur et noyée dans ses larmes.

Elle était dans cet état depuis cinq minutes, quand la porte s'ouvrit doucement.

C'était Christian qui entrait.

— Ma mère! murmura-t-il d'une voix si basse qu'on pouvait à peine l'entendre.

Madeleine se retourna vivement.

— Christian! mon enfant! s'écria-t-elle, en s'élançant vers lui.

Elle le serra dans ses bras avec une espèce de frénésie, le couvrant de caresses et l'inondant de ses larmes.

— C'est que je croyais ne pas te revoir, dit-elle en le contemplant avec ravissement, et je suis folle, folle de joie, vois-tu!

— Vous avez pu croire que je partirais sans vous embrasser, ma mère?

— J'ai pensé que ton père te l'avait défendu, mon Christian, et que toi-même tu n'éprouvais plus désormais pour ta mère... Enfin que veux-tu? depuis hier, je n'ai pas revu Guillaume; toi aussi, tu semblais me fuir; on eût dit vraiment que j'étais frappée d'anathème et qu'il y avait danger à m'approcher.

Christian prit les mains de Madeleine dans les siennes, et la regardant avec l'expression de la plus profonde tendresse :

— Ma mère, lui dit-il, laissez-moi vous raconter une vieille histoire, un souvenir qui ne s'est jamais effacé de mon esprit, quoiqu'il date de bien loin.

— Je t'écoute, mon Christian, mais quelle étrange idée!

— Il y a donc bien des années de cela, reprit Christian, un pauvre enfant tomba malade et fut en quelques jours à deux doigts de la mort. Comme il était fils unique, ses parents appelèrent les plus habiles médecins qui, après une longue consultation, déclarèrent la maladie mortelle et contagieuse, et engagèrent très-fortement le père et la mère à s'éloigner pour un temps du lit de leur enfant. Quoi qu'il n'eût guère que sept ans alors, celui-ci comprit tout ce qui se disait, et il pleura beaucoup à la pensée que son père et sa mère allaient l'abandonner à des soins étrangers. Le père s'éloigna, les domestiques aussi, la mère après eux, et le pauvre enfant se vit entouré de visages inconnus. La tristesse et le découragement entrèrent dans son âme, et il sentit qu'il allait mourir de cet abandon beaucoup plus que de la maladie. Mais la nuit suivante, il entendit dans sa chambre un léger bruit, un frôlement familier à ses oreilles; il ouvre les yeux, et il voit, penché au-dessus de sa tête, le doux visage de sa mère qui, sans songer que l'haleine de son enfant contient la mort, le couvre de baisers et s'asseoit à son chevet jusqu'au jour. Elle vint ainsi toutes les nuits, et l'enfant sentait que la vue et les soins de sa mère retenaient la vie près de lui échapper ; enfin il fut sauvé, et les médecins se firent honneur de cette cure que la mère seule avait opérée.

— Mais cet enfant? murmura Madeleine d'une voix altérée.

— C'est moi, dit Christian, et la mère c'était vous.

— Cher enfant! murmura Madeleine profondément attendrie, tu t'es souvenu de cela, et tu as voulu embrasser ta mère avant une séparation qui doit être éternelle. Oh! Dieu est bon, et j'étais bien coupable de douter de lui.

— Pauvre mère! quel martyre! un dur travail, l'isolement, la honte!...

— Oh! ne me plains pas trop, j'ai maintenant la pensée de ton bonheur pour me consoler, dit Madeleine en donnant à sa voix un accent de gaieté, car votre union est décidée, je le sais. Sais-tu que vous ferez un beau couple à vous deux! Vois-tu, je me transporterai ici en pensée pour ce grand jour, et je vous suivrai pas à pas, je me figurerai être à l'église, agenouillée derrière toi, joignant ma prière à la tienne, te pressant sur mon cœur après la cérémonie, t'accompagnant pas à pas... Ah! ce sera un beau jour pour moi.

Mais, en prononçant ces derniers mots, Madeleine ne put contenir ses larmes.

— Pauvre mère! dit Christian, si au moins, là-bas, vous aviez près de vous un cœur dévoué pour vous rendre la fatigue plus légère, pour partager vos douleurs et confondre ses larmes avec les vôtres.

— Tais-toi, enfant, tais-toi! Pourquoi offrir à ma pensée l'image d'un bonheur impossible?

Et essuyant vivement ses yeux :

— Allons, dit-elle, va, Christian, va rejoindre ta fiancée.

— Ma fiancée a près d'elle des amis, des parents; elle n'est pas seule comme vous.

— Mais ton père t'attend; la voiture est prête. Va le rejoindre.

— Mon père est un homme et peut supporter la douleur.

Madeleine regarda Christian avec surprise.

— Je ne te comprends pas, lui dit-elle.

Christian pressa avec force les mains de Madeleine, et, la contemplant avec extase :

— Vous ne comprenez pas, ma mère! murmura-t-il d'une voix tremblante d'émotion, vous ne comprenez pas qu'aujourd'hui la pauvre créature, abandonnée de tous, celle dont on redoute l'approche comme si elle répandait une contagion funeste, celle-là, ma mère, c'est vous! Vous ne comprenez pas que celui qui doit être là, près d'elle, lui prodiguer ses caresses, ses consolations et ne plus la quitter, c'est son fils, c'est moi.

— Ne plus nous quitter!... Que veux-tu dire?...

— Je veux dire que le même bâtiment va nous emporter tous deux; je viens d'obtenir cette grâce de la senora Cornélia.

— Oh! mon enfant! mon enfant! s'écria Madeleine, folle de bonheur.

Elle le pressa dans ses bras avec une tendresse frénétique, et ses larmes, des larmes de joie, ruisselaient sur le visage du jeune homme.

— Oh! cette heure-là rayonnera sur toute ma vie, elle comblera mon cœur d'une éternelle ivresse, s'écria Madeleine dans l'exaltation d'une joie insensée, et maintenant, va, va rejoindre Sabine, car il me suffit que tu aies eu cette sainte pensée; tu comprends bien, n'est-ce pas, que je n'accepterai pas un pareil sacrifice quand le bonheur t'attend ici?

— Mon bonheur sera près de vous, ma mère, et ma résolution est inébranlable.

— Mais Sabine, Sabine qui t'aime!

— Je vous l'ai dit, Sabine a une famille et des amis, et vous êtes seule, vous, ma mère.

— Non, non, cela est impossible, je ne le veux pas, c'est ta présence qui me rendrait malheureuse en me mettant au cœur un remords sans fin, tandis que, loin de toi, ce souvenir me soutiendra contre toutes les souffrances, et fera de moi, dans mon exil, la plus heureuse des mères.

— Je vous le répète, ma mère, mon parti est pris, vous me trouverez sur le port, et c'est appuyée sur mon bras que vous monterez sur le bâtiment qui doit nous emmener.

— Et moi... répliqua Madeleine.

Elle fut interrompue par deux coups frappés à la porte.

La porte s'ouvrit et Pepito vint annoncer à Madeleine qu'une femme, les traits voilés par sa mante, demandait à lui parler à l'instant.

— Adieu, ma mère! à bientôt, dit Christian en sortant.

Alors la femme annoncée par Pepito entra et resta seule avec Madeleine.

LII

L'EXPIATION.

Une foule immense était attroupée devant la demeure de Guillaume Roosendal.

Midi sonnait à l'horloge de l'Hôtel-de-Ville, et, au dernier coup, une vive agitation se manifestait dans tous les groupes, car c'était l'heure à laquelle la victime devait sortir, couverte de son voile et de sa robe de bure, et précédée du bourreau et de ses deux aides.

En effet, Madeleine était prête. Après avoir revêtu l'infàme livrée, seule, sans le secours de ses servantes, elle avait quitté sa chambre, était entrée dans le vaste corridor où l'attendaient tous ses domestiques, et apercevant le bourreau à travers les deux trous pratiqués dans son voile, à la hauteur des yeux, elle l'avait abordé en faisant signe qu'elle était prête à le suivre.

Mais comme ils allaient partir, Pepito s'approcha du bourreau et le pria d'attendre dix minutes encore.

— Impossible! répondit celui-ci, l'ordre est formel, midi sonnant; c'est signé de la main de la senora Cornélia, dont l'humeur n'est pas commode, et je ne puis m'exposer...

— Je prends tout sur moi, répliqua Pepito, et m'engage à faire de vous un excellent rapport à certain personnage dont la protection voos vaudra mieux que celle de la senora Cornélia.

— Et comment se nomme ce haut personnage? demanda Jean Christophe d'un air incrédule.

— On l'appelle Philippe...

— Philippe... Philippe quoi?

— Philippe II, roi d'Espagne.

Et Pepito lui montra la signature de Philippe II, au bas

des quelques lignes qui recommandaient Pepito à la protection de ses gouverneurs.

Jean Christophe, prenant le Bohême pour quelque grand d'Espagne déguisé, le salua très-humblement et n'hésita pas à lui accorder les dix minutes qu'il demandait.

Pepito partit aussitôt comme un trait.

Il retournait pour la centième fois chez Louis de Ristaël, et un pressentiment qui venait de lui entrer au cœur avec toute la force d'une certitude, lui disait qu'à cette heure suprême, il allait enfin rencontrer celui qui devait lui apporter le salut de sa maîtresse.

Il revenait au bout de dix minutes, comme il s'y était engagé, mais pâle, couvert de sueur et portant sur ses traits l'expression d'un accablement sans bornes.

Son pressentiment l'avait trompé, et son dernier espoir était détruit.

— Je ne vous retiens plus, dit-il au bourreau.

Celui-ci alluma un cierge du poids de dix livres, que tenait un de ses aides, et le remit à madame Roosendal, puis la porte de la rue fut ouverte toute grande, et la foule vit enfin s'avancer la condamnée, précédée du bourreau et de ses aides, et suivie de tous ses domestiques vêtus de noir et sanglotant.

Le peuple l'accueillit par un silence religieux, tous les visages exprimaient la plus profonde compassion, quelques sanglots se faisaient même entendre çà et là, et l'on peut affirmer que celui qui, dans cette foule, se fût permis une parole ou un cri injurieux, eût été écrasé sur la place.

Plus de deux mille personnes servaient de cortége à la victime, et l'on n'entendait autre chose que le bruit confus de quatre mille pieds effleurant le pavé.

On s'arrêta au premier carrefour ; là, l'un des aides tira des sons lugubres et prolongés d'une trompe qu'il tenait à la main, puis le bourreau, montrant du doigt Madeleine à la foule, proclama à haute voix le crime dont elle s'était rendue coupable et la peine à laquelle elle avait était condamnée.

Et cette cérémonie se renouvela à tous les carrefours que

le cortége rencontra sur son passage avant d'arriver au port.

La place, si encombrée de curieux qu'il semblait impossible que le bourreau pût s'y tracer un passage, était dominée par trois points, d'abord l'échafaud dressé pour la condamnée, puis une immense estrade réservée aux Espagnols de distinction et au sommet de laquelle le comte d'Avila, gouverneur d'Anvers, don Gonzalvo Rivarès, la senora Cornélia et le comte Popoli occupaient les places d'honneur; puis enfin le bâtiment qui devaient emporter Madeleine et dont les sabords touchaient au quai ; là étaient rangées les vingt compagnes de la condamnée, toujours couvertes du voile et de la robe de bure.

Ce fut à grand peine, en effet, que le bourreau put faire une trouée dans cette foule et parvenir à l'échafaud, dont on le vit enfin gravir les degrés avec ses deux aides et la condamnée.

Les domestiques de Madeleine étaient arrivés aussi au pied de l'échafaud, où ils trouvèrent Christian qui avait tenu parole à sa mère.

Une fois sur l'échafaud, l'un des aides plongea dans un réchaud, plein de charbon, allumé depuis longtemps, le fer dont la forme bizarre avait un instant occupé l'attention de madame Roosendal, puis le bourreau s'approcha de celle ci, détacha le bouton qui retenait sa robe au cou, la rabattit et mit brusquement son épaule gauche à nu.

Madeleine resta impassible et cinq minutes se passèren ainsi, la foule haletante d'émotion et attendant avec un mélange de curiosité et d'horreur le moment où le bourreau allait imprimer sur cette épaule un stigmate ineffaçable.

Enfin, Jean Christophe tira le fer du réchaud, s'approcha de la condamnée et le posa sur sa chair qui, en brûlant, rendit un bruit qui fit courir un frisson par toute la foule.

Un léger cri, arraché par la douleur, fut la seule manifestation qui jusque-là eût échappé à la condamnée.

Quelques instants après, elle descendait de l'échafaud derrière Jean Christophe.

En posant le pied sur le sol, elle se trouva en face de Christian, dont les traits étaient couverts d'une pâleur mortelle, et qui faisait de violents efforts pour ne pas laisser déborder sa douleur devant la foule.

— Prenez mon bras, ma mère, lui dit-il.

Madeleine appuya sa main sur son épaule, et toujours précédés du bourreau, il se dirigèrent vers le bâtiment.

Pepito les suivit ainsi que Marthe, Périne et Zora, tous les quatre pleurant et sanglotant.

Mais à la douleur du Bohème se joignait un remords.

— Oh! tout cela est ma faute, murmurait-il tout bas; si j'étais parti à la place de ce Louis de Ristaël, elle était sauvée.

Au moment où Madeleine était descendue de l'échafaud, Paolo lui-même avait quitté la place qu'il occupait près de Cornélia et s'était dirigé vers le bâtiment.

Il y arrivait en même temps que madame Roosendal.

Il attendit qu'elle fût sur le pont, y monta derrière elle, et tirant alors un papier de son pourpoint :

— Tenez, madame, lui dit-il, nous sommes quittes.

La condamnée examina attentivement le papier à travers les trous de son voile, et, quand elle se fut assurée que c'était bien la liste des conjurés, portant en tête la signature de Christian Roosendal, elle se tourna vers Paolo et lui touchant légèrement l'épaule.

— Merci, mon frère, lui dit-elle d'une voix pleine et sonore.

A cette parole, à cette voix, dont le timbre lui était si familier, Paolo resta immobile et comme pétrifié par la surprise.

— Mais non, non, s'écria-t-il tout à coup avec force, c'est impossible.

Et s'approchant de la condamnée, il souleva brusquement le voile qui cachait ses traits.

C'était Régina.

Le type de sa beauté s'était transformé; grave et imposante, elle regardait fièrement Paolo, et l'on eût dit que son regard le pétrifiait, tant il paraissait atterré.

La même impression était sur tous les visages, et tout le monde se demandait avec stupéfaction comment la comtesse de Ristaël pouvait avoir pris la place de madame Roosendal, condamnée comme adultère.

Quant à Christian, les regards fixés snr Régina, il se demandait s'il ne devenait pas fou.

Régina fit signe qu'elle voulait parler, et un profond silence se fit aussitôt sur toute l'étendue de la place.

— Vous tous qui m'entendez, dit-elle en élevant la voix, je déclare ici que madame Roosendal est innocente du crime pour lequel elle a été condamnée, et que j'ai voulu subir sa peine, parce que c'est moi qni suis coupable. Je déclare que madame Roosendal est la plus pure des femmes, et qu'elle a été victime d'une odieuse trame dont je ne veux pas faire connaître les auteurs.

— Mais ma mère ?... demanda Christian à Régina.

— Votre mère... répondit Régina en jetant les yeux autour d'elle.

Puis tendant la main dans une direction :

— Tenez, dit-elle, la voilà.

Christian regarda de ce côté et vit sa mère traversant la foule qui se rangeait d'elle-même pour lui livrer passage.

La mére et le fils se rencontrèrent au pied de l'échafaud et se jetèrent dans les bras l'un de l'autre.

Alors de tous les points de la place partirent des cris de joie et de triomphe.

Cornélia était immobile et muette; les bras croisés sur la poitrine, les dents serrées l'une contre l'autre, les yeux étincelants, on devinait que la rage dévorait son cœur.

Tout à coup Paolo, qui le front contracté et le regard, fixé sur Régina, semblait méditer quelque sinistre projet, s'élança d'un bond sur celle-ci et lui arracha le papier qu'il venait de lui remettre, quand il avait cru s'adresser à Madeleine; puis se tournant à son tour vers le peuple :

— Eh bien! oui, s'écria-t-il, moi aussi, je le déclare et le proclame hautement, oui, madame Roosendal est innocente et victime d'une erreur; mais son fils est coupable : il a conspiré contre le roi d'Espagne. et en voici la preuve : c'est la liste des chefs de l'association des foulons, et son nom y figure en tête.

Un cri aigu accueillit cette horrible accusation; c'était Madeleine qui l'avait jeté, et l'on crut qu'elle allait mourir sous le coup de l'angoisse qui venait de lui tordre le cœur, tant était effrayante la contraction de ses traits.

— Oh! le malheureux! murmura Régina en jetant un regard de mépris à Paolo.

Quant à Pepito, il étreignait sous ses habits le manche de son stylet, qui ne le quittait jamais, et, un moment, il fut sur le point de s'élancer sur Paolo et de le lui planter dans le cœur. Il en fut empêché par la nécessité de rester près de sa maîtresse et de lui porter secours au besoin.

— Mon enfant! mon enfant! ils vont le tuer! ils vont le torturer! s'écria Madeleine en se jetant sur Christian, et enlaçant ses bras autour de son cou.

Pendant ce temps, Paolo s'était empressé de faire passer la liste à Cornélia par un soldat espagnol.

Celle-ci la saisit avidement, la parcourut d'un regard, et ses traits rayonnèrent d'une joie sinistre quand elle y reconnut la signature de Christian.

— Le fils payera pour la mère, et il payera largement, murmura-t-elle.

Puis s'adressant aux soldats qui entouraient l'estrade :

— Qu'on arrête ce rebelle, leur dit-elle en désignant du doigt Christian.

Dix soldats se détachèrent et se mirent en devoir d'obéir.

— Oh! mon Dieu! s'écria Madeleine à moitié folle de douleur, personne ne viendra donc à notre aide. Pepito! Pepito! mais défendez-le donc.

Mais à la grande surprise de Madeleine, le Bohême ne répondit même pas; immobile, penché, l'oreille tendue, son esprit semblait tout entier absorbé ailleurs, et il murmurait des paroles incohérentes, comme s'il eût été frappé de folie.

— Oui, oui, disait-il, c'est bien cela, je ne me trompe pas... je reconnais...

Puis s'élançant tout à coup vers l'échafaud, il en gravit

les degrés avec une incroyable rapidité et, une fois au sommet, porta ses regards dans une direction,

L'attention de la foule s'était portée sur lui, et tout le monde était convaincu que sa raison s'égarait.

Au bout de quelques instants, il s'écria avec une exaltation extraordinaire :

— Oui, oui, c'est cela, je l'avais bien dit, le galop, le galop, c'est lui, le voilà !...

Au même instant, on entendit le galop d'un cheval lancé ventre à terre dans la direction du port. La peur s'empara de ceux qui se trouvaient du côté d'où venait le bruit, et, dans la crainte d'être broyés sous les pieds du cheval, tous se rangèrent et laissèrent un large espace libre.

Un cavalier s'y précipita aussitôt, rapide comme le vent et s'arrêta court à dix pas de l'estrade.

C'était Louis de Ristaël, le visage pourpre, couvert de sueur et de poussière.

— Qui êtes-vous et d'où venez-vous? lui demanda Cornélia avec sa hauteur accoutumée.

— Ce que je suis importe peu, répondit Louis de Ristael, mais d'où je viens, voilà l'important. Or, j'arrive de Bruxelles avec deux ordres de don Luiz de Requesens, le nouveau gouverneur des Pays-Bas.

— Hein ! s'écria Cornélia atterrée.

Elle reprit tout à coup :

— Vous êtes insensé, il n'y a pas de gouverneur des Pays-Bas ; don Luiz de Requesens est simplement chargé d'une mission, et je la connais.

— Ou du moins vous croyez la connaître.

— Allons, donnez ces ordres, dit Cornélia en avançant la main.

— Un instant, dit Louis de Ristaël, en tirant deux papiers de sa poche, je suis chargé, non de vous les remettre, mais de vous les lire.

— Hâtez-vous donc.

Le jeune homme déplia les papiers et se prépara à les lire à haute voix.

Le silence était solennel, car tout le monde comprenait

instinctivement qu'il allait se passer quelque chose de grave.

Louis de Ristaël lut donc un écrit ainsi conçu :

« Moi, don Luiz de Requesens, gouverneur des Pays-Bas, donne ordre au comte d'Avila, gouverneur d'Anvers de faire arrêter et emprisonner le nommé Lazzaro, se disant comte Popoli, convaincu d'un vol sacrilége, dont il aura à rendre compte au tribunal de la sainte Inquisition. «

Paolo jeta un cri de fureur et chercha un issue pour fuir, mais la foule formait une muraille vivante qu'il était impossible de franchir, et il vit bientôt venir à lui deux soldats envoyés par le comte d'Avila.

— Je continue, reprit Louis de Ristaël.

Il lut :

« J'ordonne, de plus, au comte d'Avila, de faire également arrêter et emprisonner la senora Cornélia, fille du mendiant Gomez, et non de don Gonzalvo Rivarès, dont on a trompé la bonne foi, ainsi qu'il sera prouvé par le Bohème Pepito; ladite Cornélia étant accusée d'avoir mis son autorité au service de sa passion pour Lazzaro, en faisant condamner madame Roosendal pour un crime dont elle la savait innocente. «

Enchanté de se voir débarrassé d'une femme devant l'énergie de laquelle il avait toujours été contraint de s'effacer, le comte d'Avila s'empressa de lui envoyer deux soldats, comme il venait de le faire pour Lazzaro.

— Soit, dit Cornélia à haute voix et en lançant sur Madeleine un regard féroce, nous sommes perdus : mais cette femme, cause de tous nos malheurs, souffrira mille morts le jour où son fils sera soumis à la torture, car il est convaincu d'avoir conspiré et rien ne saurait le sauver : c'est là ma consolarion.

Madame Roosendal frissonna de terreur à ces horribles paroles et vit déjà son fils déchiré par le fer des bourreaux.

— Hélas ! dit Louis de Ristaël, cette consolation, il faut que je vous l'enlève. Ce second écrit est une proclamation par laquelle don Luiz de Requesens annonce aux habitants des Pays-Bas que, voulant entrer dans une voie opposée à celle qu'avait cru devoir adopter son prédécesseur, il accorde une amnistie générale à tous les Flamands accusés de rébellion ou d'hérésie.

Cette nouvelle circula de bouche en bouche avec une miraculeuse rapidité et une immense clameur s'éleva bientôt de toutes parts, parmi laquelle on entendait les cris de : Vive le roi d'Espagne ! A bas la Cornélia !

Pepito s'était rapproché de celle-ci :

— Eh bien ! lui dit-il, je vous avais prédit que je serais vengé avant que la trace du fouet de vos bourreaux fût effacée sur la chair de Zora ; j'ai bien tenu parole, n'est-ce pas ? Et maintenant mon rôle d'espion est fini ; je ne l'avais pris que pour protéger ma maîtresse et venger Zora. J'ai réussi, je n'en ai plus que faire. Adieu, gracieuse senora, et bonne chance.

Les soldats chargés par Cornélia d'arrêter Christian, s'étaient retirés à la lecture de l'acte d'amnistie, et Madeleine voyant se dissiper en quelques instants tous les malheurs qu'elle avait redoutés, était éperdue de joie.

— Oh ! rentrons, rentrons vite, ma mère, lui dit Christian, tu ne saurais croire quelle fête je me fais de me retrouver avec toi, dans notre demeure, après ces cruelles émotions.

— Ton impatience n'égale pas la mienne, répondit madame Roosendal ; mais le bonheur ne doit pas nous rendre ingrats, et il y a là une pauvre femme, une noble créature qui vient de racheter une vie d'erreurs par une action sublime ; si nous sommes heureux, c'est à elle que nous le devons ; je veux qu'elle sache que nous ne l'oublierons jamais.

Elle se dirigea aussitôt vers le bâtiment, gravit l'escalier de bois qui conduisait au pont, et là, aux yeux du peuple, dont plus que jamais elle était devenue l'héroïne, et qui suivait tous ses mouvements avec intérêt, elle se jeta dans les bras de Régina, qui l'embrassa en pleurant.

— Allez, lui dit celle-ci, c'est moi qui vous dois de la reconnaissance, car vous avez éveillé mon âme, et je vais vivre aussi heureuse que vous dans la sérénité de ma conscience.

Après dix minutes d'épanchement, Madeleine partit avec Christian, et tous furent reconduits en triomphe par le peuple.

Ils aperçurent de loin trois personnes qui les attendaient sur le seuil : Guillaume, le comte de Nuyter et Sabine.

— Oh! ma chère et noble Madeleine dit Guillaume à sa femme, qui eût pensé que tu pouvais grandir encore! Il ne te manquait que le martyre, et tu viens de le traverser. Mais combien n'ai-je pas à rougir, et comment pourras-tu jamais me pardonner de t'avoir soupçonnée?

— Je veux considérer cela comme un rêve, n'en parlons plus, dit Madeleine avec un sourire dans lequel s'épanouissait toute son âme.

Elle reprit aussitôt :

— Cependant, il y a une bonne âme, énergique et dévouée, à laquelle nous devons notre salut, Christian et moi, et que je veux récompenser, non selon son mérite, mais suivant mon pouvoir.

Elle se retourna et appela Pepito, qui s'approcha tout rouge et tout honteux.

— Voilà notre sauveur à tous, dit Madeleine à son mari. Comment lui prouverons-nous notre reconnaissance?

— C'est bien simple, répondit Guillaume.

Et s'adressant à Pepito.

— Ne m'as-tu pas dit que tu avais du goût pour la fabrique et que ton plus beau rêve était de pouvoir passer ta vie parmi nous? lui demanda Guillaume.

— Oui, messire Guillaume.

— Bien, mais après ce que tu as fait pour nous, tu ne peux plus être mon ouvrier.

— Ah! fit naïvement Pepito.

— Je ne puis davantage chasser mon vieux contre-maître pour te mettre à sa place.

— Sans doute, mais alors...

— Alors je n'ai plus d'autre emploi pour toi que celui d'associé.

Pepito resta effaré de surprise, et il fut bien longtemps à se faire à cette idée.

Huit jours après ces événements, don Luiz de Requesens venait visiter Anvers. Tous les notables, tous les corps de métiers allèrent le recevoir aux portes de la ville et, comme cela avait eu lieu pour l'évêque de Liége, douze femmes furent désignées pour marcher en tête du cortége et offrir une branche d'olivier au nouveau gouverneur des Pays-Bas.

Mais cette fois, c'était Madeleine Roosendal qui tenait la branche d'olivier!

FIN.

TABLE

CLICHY. — Impr. de Maurice LOIGNON et Cie, rue du Bac-d'Asnières, 12.

TROIS ANS

D'ESCLAVAGE

CHEZ LES PATAGONS

RÉCIT DE MA CAPTIVITÉ

Par A. GUINNARD

Un volume avec carte et portrait. — Prix : 3 fr. 50 c.

LE GRAND VENEUR

Par A. AUFAUVRE

Un Volume. — Prix. . . 3 fr. 50 c.

(EN PRÉPARATION)

SÉRIE A 2 FR. 50 C. LE VOLUME

LES BOHÊMES DU DRAPEAU

Types de l'Armée d'Afrique, par Ant. CAMUS

ZÉPHIRS, TURCOS, SPAHIS, TRINGLOS

Vignettes par J. DUVAUX. — 2e édition, 1 vol.

JÉROME LE TROMPETTE

ÉPISODE DE LA GUERRE DE CATALOGNE (1810)

Par L. DE BEAUREPAIRE. — 1 vol.

MANJO LE GUERILLERO

(SUITE DE JÉRÔME LE TROMPETTE)

Par le même. — 1 vol.

LES SALONS D'AUTREFOIS

SOUVENIRS INTIMES

Par madame la comtesse de BASSANVILLE

Préface de M. Louis Énault

PREMIÈRE SÉRIE

MADAME LA PRINCESSE DE VAUDEMONT-ISABEY
MADAME LA COMTESSE DE RUMFORT
MONSIEUR DE BOURRIENNE

Un Volume

DEUXIÈME SÉRIE

LA PRINCESSE BAGRATION — LA COMTESSE MERLIN
MADAME DE MIRBEL — MADAME CAMPAN

Un Volume

TROISIÈME SÉRIE
(EN PRÉPARATION)

CE QU'IL EN COUTE POUR VIVRE

ROMAN DE MŒURS CONTEMPORAINES

Par Berlioz-d'Auriac. — 1 vol.

RÉCITS

DES LANDES & DES GRÈVES

Par Théodore PAVIE

Un volume.

UN VOYAGE A PÉKIN

SOUVENIRS DE L'EXPÉDITION DE CHINE (1860-61).

Par G. de KEROULLÉE

Attaché à l'Ambassade extraordinaire de France en Chine (1860-1861). — 1 volume.

QUAND LES POMMIERS

SONT EN FLEUR

NOUVELLES ET FANTAISIES, PAR BATHILD BOUNIOL

Un volume

LA BRETAGNE

PAYSAGES ET RÉCITS, PAR EUGÈNE LOUDUN

Un volume

UN VOYAGE A NAPLES

SCÈNES DE LA VIE NAPOLITAINE

Par madame la comtesse de BASSANVILLE. — 1 vol.

LA NOBLESSE DE NOS JOURS

Par A. GOUET. — 1 vol.

(EN PRÉPARATION)

L'HOMME D'ARGENT

PAR LE MÊME. — Un VOLUME

LE BIVOUAC DES TRAPPEURS

RÉCITS DES PRAIRIES, PAR BÉNÉDICT-HENRY RÉVOIL

Un volume

JEAN-LE-SEPTEMBRISEUR

HISTOIRE DE CHAUFFEURS (1797)

Par A. AUFAUVRE. — Un vol.

(EN PRÉPARATION)

LE FIL DE LA VIERGE

PAR LE MÊME. — Un Vol.

(EN PRÉPARATION)

LES CONFESSIONS D'UN ÉTRANGLEUR

TRADUIT DE L'ANGLAIS, PAR W. HUGHES. — 1 vol.

(EN PRÉPARATION)

CAIN ET CIE

ROMAN DE MŒURS, PAR BERLIOZ D'AURIAC.—1 vol.

(EN PRÉPARATION)

LE ROI DE RATONNEAU

PAR LE MÊME. — 1 vol.

(EN PRÉPARATION)

LA LÉGION ÉTRANGÈRE

DEUXIÈME SÉRIE DES

BOHÊMES DU DRAPEAU

Par Ant. CAMUS. — 1 vol.

(EN PRÉPARATION)

MAISON A LOUER

PAR CH. DICKENS

CONTES ÉNIGMATIQUES

PAR HAWTHORNE.

Traduits par BÉNÉDICT-HENRY REVOIL.— Un vol.

LES TROIS FIANCÉES

PAR EMMANUEL GONZALÈS. — 1 vol.

LA PUPILLE DU DOCTEUR

Par G. D'ÉTHAMPES. — 1 vol.

LA CHAMBRE ROUGE

PAR Mme LA COMTESSE DE BASSANVILLE

Un volume

SÉRIE A 2 FRANCS LE VOLUME

LES MASQUES NOIRS

DRAMES ET NOUVELLES

Par AMÉDÉE AUFAUVRE. — 1 vol

LES ENFANTS DE LA NEIGE

Par le même. — 1 vol.

COEURS DE FEMMES

Par ÉMILE RICHEBOURG. — 1 vol.

OTTO GARTNER

ROMAN INTIME, PAR MARIN DE LIVONNIÈRE. — 1 vol.

LA CHAMBRE DES OMBRES

Par le même. — 1 vol.

(EN PRÉPARATION)

UN PHILOSOPHE

Par le même. — 1 vol.

(EN PRÉPARATION)

UN GENTILHOMME CATHOLIQUE

ROMAN DE MŒURS CONTEMPORAINES

Par Ch. D'HÉRICAULT. — 1 vol.

LE MOUTON ENRAGÉ

Par G. DE LA LANDELLE. — 1 vol.

LES QUARTS DE NUIT

CONTES ET RÉCITS D'UN NAVIGATEUR

PAR LE MÊME. — 1 vol.

REINE DU FOYER

PAR L. DÉPRET. — 1 vol.

(EN PRÉPARATION)

Clichy. — Impr. de Maurice Loignon et Cie, rue du Bac-d'Asnières, 12.

CHEZ LE MÊME ÉDITEUR

TROIS ANS D'ESCLAVAGE CHEZ LES PATAGONS, *Récit de ma captivité*, par A. Guinnard, 1 vol. avec portrait et carte. 2e édition. . . . . 3 fr. 50

SÉRIE A 2 FR. 50 C. LE VOLUME

LE DOUANIER DE MER, par Élie Berthet . . . . 1 vol.
LES TROIS FIANCÉES, par Emmanuel Gonzalès. . . . . 1 vol.
LA BOURGEOISE D'ANVERS, par Constant Guéroult. . . . . 1 vol.
LA NOBLESSE DE NOS JOURS, par Amédée Gouët . . . . 1 vol.
L'HOMME D'ARGENT, par le même. . . . . 1 vol.
LA LÉGION ÉTRANGÈRE. 2e série des *Bohêmes du Drapeau*, par A. Camus. 1 vol.
LE BIVOUAC DES TRAPPEURS, par Bénédict-Henri Révoil. . . . . 1 vol.
MAISON A LOUER, par Ch. Dickens, traduit par B.-H. Révoil. . . . . . 1 vol.
LA PUPILLE DU DOCTEUR, par G. d'Ethampes. . . . . 1 vol.
JÉROME LE TROMPETTE, par L. de Beaurepaire. . . . . 1 vol.
MANJO LE GUERILLERO (suite de *Jérôme*), par le même . . . . 1 vol.
LES BOHÊMES DU DRAPEAU, par Antoine Camus, 2e édition, avec vignettes. 1 vol.
LA CHAMBRE ROUGE, par Mme la comtesse de Bassanville. . . . . 1 vol.
LES SALONS D'AUTREFOIS, par la même. 1re série, 2e série, 3e série, chacune 1 vol.
UN VOYAGE A NAPLES, par la même. . . . . 1 vol.
CE QU'IL EN COUTE POUR VIVRE, par Berlioz d'Auriac. . . . . 1 vol.
RÉCITS DES LANDES ET DES GRÈVES, par Théodore Pavie. . . . . 1 vol.
UN VOYAGE A PÉKIN (Souvenirs de l'expédition de Chine), par G. de Kéroulée. 1 vol.
LA BRETAGNE, paysages et récits, par Eugène Loudun. . . . . 1 vol.
QUAND LES POMMIERS SONT EN FLEUR, par Bathild Bouniol . . . . 1 vol.

Pour paraître prochainement :

La Belle Drapière, par Élie Berthet.
La Fille du Cabanier, par le même.
Le Réfractaire, par le même.
Les Exploits d'un Marquis, par Moléri.
Caïn et Cie, par Berlioz d'Auriac.
Le Roi de Ratonneau, par le même.

SÉRIE A 2 FR. LE VOLUME.

LES AMOURS A COUPS D'ÉPÉE, par Gourdon de Genouillac. . . . . 1 vol.
NOUVEAUX QUARTS DE NUIT, par G. de la Landelle. . . . . 1 vol.
LE FIL DE LA VIERGE, par Amédée Aufauvre. . . . . 1 vol.
CŒURS DE FEMMES, par Emile Richebourg . . . . 1 vol.
LE MOUTON ENRAGÉ, par G. de la Landelle. . . . . 1 vol.
UN GENTILHOMME CATHOLIQUE, par C. d'Héricault. . . . . 1 vol.
LES MASQUES NOIRS, par Amédée Aufauvre. . . . . 1 vol.
LES ENFANTS DE LA NEIGE, par le même . . . . 1 vol.
OTTO GARTNER, par Marin de Livonnière. . . . . 1 vol.
LES QUARTS DE NUIT, nouvelle édition, par G. de la Landelle. . . . . 1 vol.

Pour paraître prochainement :

Un Revenant de Californie, par Edouard Auger.
La Chambre des Ombres, par Marin de Livonnière.
Jean le Septembriseur, par Amédée Aufauvre.
Les Mystères d'un Ménage, par le même.
Un Philosophe, par Marin de Livonnière.

SÉRIE A 1 FR. LE VOLUME.

LA FRÉGATE L'INTROUVABLE, (101e maritime), par G. de la Landelle. 2e édit. 1 vol.
LES COUSINES DE L'INTROUVABLE, par le même. . . . . 1 vol.

SOUVENIRS D'UNE VIEILLE CULOTTE DE PEAU.

Les Étapes du Père la Ramée. . . . . 1 vol.

En préparation :

VOYAGE AUTOUR DE LA CHAMBRÉE. — Zigzags militaires, par un Troupier.

Pour paraître incessamment :

LES DRAMES DE L'AMÉRIQUE

Devant former une collection de 18 jolis vol grand in-18, se vendant séparément 2 fr. le volume. — Riche couverture illustrée en couleurs.

La Sirène de l'Enfer. — L'Ange des Prairies. — Les Ecumeurs de Mer. — Un Gil-Blas mexicain. — Le Chef des Ottawas. — La Fille du Pionnier. — La Ceinture d'Or. — Le Trappeur Bill-Bidon. — La Tribu des Sioux. — La Fiancée du Squatter. — Blanc et rouge. — L'Aventurier Kil-Karson. — Le Chasseur du Kentucky. — Les Fils de l'Oncle Tom. — Les Captives. — L'Oncle Ezéchiel. — L'Enfant d'adoption. — Les Fantômes du Désert.

PARIS. — IMP. V. GOUPY ET Ce, RUE GARANCIÈRE, 5.

www.ingramcontent.com/pod-product-compliance
Ingram Content Group UK Ltd.
Pitfield, Milton Keynes, MK11 3LW, UK
UKHW012155240726
13966UKWH00002B/350

9 782011 777645